国家社会科学基金教育学一般课题"应用型高校教师离岗创业的动力机制与制度路径研究"成果

# 应用型高校教师离岗创业的动力机制与制度路径

罗红艳　唐玉香　吴　丹　等◎著

科学出版社

北　京

## 内 容 简 介

本书运用访谈和问卷调查等方法,对离岗创业政策在应用型高校的执行效果和影响因素进行实证调研与分析,以动力机制分析模型与框架为依据进行问卷编制,通过对应用型高校教师离岗创业动力不足进行归因分析,探究应用型高校教师离岗创业动力不足的深层根源,探索激发教师离岗创业的动力机制,通过内外联动动力激发,解决应用型高校教师离岗创业动力不足的问题。此外,本书考察了美国、英国创业型大学和德国应用技术型大学在学者企业家创业、科技成果转化、创业服务组织建设以及产学研合作等方面的经验,对我国应用型高校教师离岗创业在制度设计上的价值选择、改革思路以及具体路径方面具有重要的现实意义。

本书可供应用型高校教师离岗创业问题的研究者、相关决策者,以及有离岗创业意愿的高校教师参阅。

---

**图书在版编目(CIP)数据**

应用型高校教师离岗创业的动力机制与制度路径/罗红艳等著. —北京:科学出版社,2023.11
ISBN 978-7-03-076801-8

Ⅰ. ①应… Ⅱ. ①罗… Ⅲ. ①高等学校-教师-创业-研究-中国 Ⅳ. ①G645.1

中国国家版本馆 CIP 数据核字(2023)第 205697 号

---

责任编辑:崔文燕/责任校对:贾伟娟
责任印制:徐晓晨/封面设计:润一文化

科学出版社 出版
北京东黄城根北街 16 号
邮政编码:100717
http://www.sciencep.com

北京建宏印刷有限公司 印刷
科学出版社发行 各地新华书店经销
\*
2023 年 11 月第 一 版 开本:720×1000 1/16
2023 年 11 月第一次印刷 印张:14 1/4
字数:260 000
**定价:99.00 元**
(如有印装质量问题,我社负责调换)

# 目 录
CONTENTS

**第一章　过程与结构：应用型高校教师离岗创业政策的历史演进与理论** ………… 1

　　第一节　应用型高校教师离岗创业政策的历史演进 ……………………… 3
　　第二节　应用型高校教师离岗创业政策的理论逻辑 ……………………… 13
　　第三节　应用型高校教师离岗创业的理论基础 …………………………… 22

**第二章　假设与验证：应用型高校教师离岗创业政策的效度检测** …………… 31

　　第一节　应用型高校教师离岗创业政策执行效度的调研 ……………… 33
　　第二节　研究设计 …………………………………………………………… 39
　　第三节　调查分析结论 ……………………………………………………… 57

**第三章　模型与框架：应用型高校教师离岗创业的动力系统与作用机制** ……… 59

　　第一节　应用型高校教师离岗创业的动力系统 …………………………… 61
　　第二节　模型构建与假设提出 ……………………………………………… 76
　　第三节　本章小结 …………………………………………………………… 80

**第四章　描述与剖析：应用型高校教师离岗创业动力现状的
　　　　　实证调查与问题表征** ……………………………………………… 83

　　第一节　研究设计 …………………………………………………………… 85

第二节　变量构建及量表设计 …………………………………… 92

第三节　应用型高校教师离岗创业动力现状分析及问题表征 …… 101

第四节　应用型高校教师离岗创业动力的影响因素分析 ………… 111

第五节　研究结果与结论 …………………………………………… 116

## 第五章　归因与激励：应用型高校教师离岗创业动力不足的根源探究与动力激发 …………………………………………… 119

第一节　应用型高校教师离岗创业动力不足的根源探究 ………… 121

第二节　应用型高校教师离岗创业的动力激发 …………………… 131

## 第六章　困境与理论：应用型高校教师离岗创业制度现状与发展路径 ……… 151

第一节　应用型高校教师离岗创业制度现状 ……………………… 153

第二节　应用型高校教师离岗创业发展路径 ……………………… 163

## 第七章　应用型高校教师离岗创业的域外启示与制度路径探索 …………… 175

第一节　美国创业型大学教师创业的启示 ………………………… 177

第二节　英国创业型大学教师创业的启示 ………………………… 190

第三节　德国应用技术型大学教师创业的启示 …………………… 198

第四节　应用型高校教师离岗创业的制度路径探索 ……………… 207

**后记** ………………………………………………………………………… 219

# 第一章

# 过程与结构：应用型高校教师离岗创业政策的历史演进与理论

高校教师离岗创业作为大学服务经济社会发展的重要方式，是实施创新驱动发展战略、推动"大众创业、万众创新"的重要举措，对发挥人才资源优势、促进科教与经济融合、推动经济社会发展转型具有重要意义。回顾我国高校教师离岗创业政策发展历程，发现该政策能够纳入国家政策议程具有历史必然性。因此，本章主要围绕应用型高校教师离岗创业政策的历史演进与理论逻辑展开论述。

# 第一节　应用型高校教师离岗创业政策的历史演进

政策的制定受到一定时期经济社会发展规律的制约，并随着时间的推移不断发生变化。通过对制度变迁理论的研究不难发现，社会的变化影响着政策的制定。当前我国经济社会发生着深刻变化，我国离岗创业工作也在很大程度上发生了改变。时代不同，政策的制定也发生了改变，因此政策的生成是动态变化的过程。不同时期政策文本的变动，反映着我国离岗创业政策的不断完善和与时俱进。目前，鲜有学者针对高校教师离岗创业政策变迁进行专门梳理，然而围绕学术创业、高校教师创业政策演变的已有研究成果却是很好的依据和参考。综合已有研究，本章以1983年"停薪留职"政策的出台为起点，以关键政策和重要事件为节点，将我国高校教师离岗创业的历史演进依次划分为"兴起：停薪留职"（1983—1995年）、"沉寂：改革转型"（1995—2015年）和"复兴：离岗创业"（2015年至今）三个阶段。

## 一、兴起：停薪留职（1983—1995年）

1983年印发的《劳动人事部、国家经委关于企业职工要求"停薪留职"问题的通知》对"停薪留职"政策的实施对象、期限、福利待遇、办理流程、期限届满返岗流程等内容做出了规定。文件中的相关规定已显现出国家对公职人员离开原岗位开展创新创业（即"双创"）活动的鼓励与支持，为我国"离岗创业"政策的提出开启了良好开端。文件首先对停薪留职申请的人员进行了界定，明确企业不需要的富余职工，允许停薪留职；并对办理停薪留职的时间做出规定，一般不超过两年。停薪留职人员在停薪留职期间，不升级，不享受各种津贴、补贴和劳保福利待遇。其在从事其他有收入的劳动时，原则上应按月向原单位缴纳劳动保险基金，其数额一般不低于本人原标准工资的20%；停薪留职期间计算工龄。

该政策的出台为当时企业职工开辟了一条新出路，是我国经济社会发展的一项重大制度创新，为之后的"下海潮"提供了重要的制度保障。停薪留职成为部分企业职工既不想放弃当前工作又想下海创业较为保险的选择。

1984年印发的《劳动人事部、国家经济委员会关于企业职工要求"停薪留职"问题的补充通知》对实施"停薪留职"政策的人员范围进行了明确规定，对当时政策执行过程中的存疑之处做出了答复。该通知指出，停薪留职的职工是指国营企业富余的固定职工。因此，不论是公务员还是中小学教师、高校教师等，凡属国营企业的富余固定职工均可申请停薪留职，政策实施对象涉及的范围较为广泛。1987年出台的《国务院关于进一步推进科技体制改革的若干规定》提出，进一步改革科技人员管理制度，放宽放活对科技人员的政策，为发展社会主义商品经济和科学技术事业造就一批新型企业家、事业家；各有关单位要有计划地组织科技人员，或支持和鼓励部分科技人员以调离、停薪留职、辞职等方式，走出科研机构、高等学校、政府机构，到城镇和农村，进入企业或开展创业活动，这被学界视为"离岗创业"政策的肇端。

1989年印发的《国务院批转国家教委等部门关于深化改革鼓励教育科研卫生单位增加社会服务意见的通知》明确规定，"高等学校开展社会服务，可以承包科技项目，参与科研写作，转让科技成果，开展技术、经济和法律等方面的咨询服务"。1992年，邓小平同志南方谈话把改革开放和现代化建设推向新阶段，当年10月召开的党的十四大提出"建立和完善社会主义市场经济体制"。这些无疑给想要寻求新的发展方向的人们吃下一颗定心丸，为大批企业职工下海经商做好铺垫。

以1993年颁布的《中华人民共和国科学技术进步法》（简称《科学技术进步法》）、1995年印发的《中共中央、国务院关于加速科学技术进步的决定》为标志，高校在科技创新、技术转移中的作用逐渐受到重视。1993年7月，第八届全国人民代表大会常务委员会第二次会议通过《科学技术进步法》，提出鼓励研究开发机构、高等院校、社会团体和科学技术工作者与国外科学技术界建立多种形式的合作关系，国家鼓励企业建立和完善技术开发机构，鼓励企业与研究开发机构、高等院校联合和协作，增强研究开发、中间试验和工业性试验能力。由此可以看出，为推动经济发展、实现科技兴国目标，国家鼓励加强高校院所[1]、研究

---

[1] 本书中，高校院所，高校、科研院所，高校和科研院所同义，未做强行统一。

机构与企业间的合作，实现产学研协调发展。1995年5月印发的《中共中央、国务院关于加速科学技术进步的决定》提出，大中型企业要普遍建立、健全技术开发机构，与科研院所、高等学校开展多种形式的合作，大力增强技术开发能力，逐步成为技术开发的主体；行业和地方也要根据各自的需要，通过科技机构的优化组合、人才分流，保持精干的科技力量从事具有共性、长远性的研究开发工作。由此可见，国家期望以企业发展助力科学研究，以科研人员流向企业实现企业的长远发展，协调产学研各环节互助互利、共同成长，在合作中实现共赢。

此阶段政策目标主要是追求科技进步，逐步放宽高校参与技术成果商品化活动。这一时期，社会刚由计划经济向市场经济转型，邓小平南方谈话和党的十四大报告鼓励创业，催生了轰轰烈烈的"下海潮"，显示这些政策对创业起到了明显的驱动作用。

## 二、沉寂：改革转型（1995—2015年）

1995年8月印发的《劳动部关于贯彻执行〈中华人民共和国劳动法〉若干问题的意见》有对停薪留职的规定：原固定工作中批准的停薪留职人员，愿意回原单位继续工作的，原单位应与其签订劳动合同；不愿回原单位继续工作的，原单位可以与其解除劳动关系。这些规定对"停薪留职"政策进行了完善，为之后"离岗创业"政策的出台埋下伏笔。但是在政策执行过程中，国家对科技人员深入企业开展科学研究、实现校企合作的方向没有变，高校院所与企业合作共赢的目标持续推进。1996年5月，第八届全国人民代表大会常务委员会第十九次会议通过《中华人民共和国促进科技成果转化法》（简称《促进科技成果转化法》），对深化企业与高校院所等事业单位的合作做出进一步安排，"国家鼓励研究开发机构、高等院校等事业单位与生产企业相结合，联合实施科技成果转化"。由此可见，高校应为政府与企业的科技发展贡献自己的力量。《促进科技成果转化法》首次以法律的形式对科技成果转化的内涵、原则、权利、义务关系进行了规范，并促进了大部分省级政府制定其地方条例。1999年3月印发的《国务院办公厅转发科技部等部门关于促进科技成果转化若干规定的通知》规定，"国有科研机构、高等学校及其科技人员可以离岗创办高新技术企业或到其他高新技术企业转化科技成果"，再次明确了离岗创业的形式，但没有明确的操作性规定。从该通知可以看出，国家旨在推动科技成果转化工作，让科研成果走出校园，走出研究机构，真正服务于人民的日常生活，这就急需高校院所的科技人员参与到企业中，助力企业产业升级和技术革新；同时鼓励高校院所的科技人员流向企业，开展研究或者创办企业，以推动科技成果转移转化工作。

虽然科技成果转移工作迫在眉睫，企业对高层次人才的需求始终处于无法满足的状态，但由于"停薪留职"政策在实施过程中自身妥协性的弱点，在一定程度上已不能适应地方经济的发展，因此有关地方政府综合区域发展现状，出台文件宣布停止办理停薪留职。地方层面的停办为之后国家层面出台文件停办停薪留职手续起到了推动作用，也为之后"离岗创业"政策的提出做了铺垫。例如，1999年4月，海南省人事劳动保障厅印发《关于进一步做好国有企业下岗职工基本生活保障和再就业工作的实施意见》，对不列入下岗职工统计的原办停薪留职、协议保留劳动关系、放长假的职工，已实现再就业的，原企业应与其解除劳动合同。未实现再就业的，按其协商后也可解除劳动合同。停薪留职、协议保留劳动关系、按规定休假、培训期满和放长假已超一年以上的人员，若企业不能安排上岗的，应签协议进入再就业服务中心，本人不愿回企业或不愿进中心的，原企业应与其解除劳动合同。今后一律不再办理停薪留职、协议保留劳动关系和放长假等不规范的劳动合同手续。1999年5月，福建省人民政府批转省劳动厅《关于国有企业下岗职工劳动关系调整有关问题的处理意见》的通知，提出对停薪留职人员，停薪留职期限未满的，可继续履行。停薪留职期满，按停薪留职协议执行，企业无法安排职工岗位的，职工可进入再就业服务中心；不愿进中心的，解除劳动合同，今后停止办理停薪留职。1999年6月，北京市劳动和社会保障局印发《关于进一步规范劳动关系的通知》，明确提出企业停止办理职工停薪留职：职工停薪留职期限届满，不再办理续订手续；对停薪留职期满后逾期不归的职工，可做自动离职处理。2001年5月，青海省人民政府办公厅转发省劳动和社会保障厅《关于进一步加强劳动合同管理和规范企业劳动关系意见》的通知，明确规定用人单位今后不得再办理停薪留职手续，在该意见下发之前已办理的停薪留职协议期限超过2001年底的，应于2001年底终止。用人单位应立即通知其限期返回，由用人单位安排工作岗位，并与用人单位签订劳动合同。用人单位无岗位安排的，或劳动者不愿意签订劳动合同的，可解除劳动关系。

地方层面停办"停薪留职"政策的出台，预示着我国停薪留职工作开始走向沉寂。这在一定程度上反映出"停薪留职"政策有其发展的局限性，其在人事管理方面存在混乱的问题，易激发人事管理矛盾。《中华人民共和国劳动法》的出台对"停薪留职"政策产生了一定的冲击性，传统意义上的固定工作制受到冲击。"停薪留职"政策为我国经济社会发展起到了一定的积极作用，对我国计划经济向市场经济的过渡产生了重要影响，但其制度本身的"妥协性"使其在执行过程中不断暴露出问题与局限性，"停薪留职"政策退出历史舞台乃大势所趋。虽然"停薪留职"政策日渐衰微，但推动高校科研成果转化的进程仍在持续推进，推动科技创新工作的脚步仍未停止。

2006年2月，国务院颁布《国家中长期科学和技术发展规划纲要（2006—2020年）》。科学技术的发展至关重要，我国创新型国家的建设离不开技术革新，离不开科学研究，离不开科研人员的创新。因此，应加强企业与高校间的联系，实现成果转移，提高成果转化率；引导科研人员流向企业开展技术转移，借助企业平台发挥科技人员的优势，以产学研协调发展为目标，助力产业升级，提升创新能力，推动经济社会发展。2007年12月，科学技术部、教育部、中国科学院印发《关于印发国家技术转移促进行动实施方案的通知》，对技术转移工作的战略地位予以肯定：技术转移是我国开展自主创新战略的重要内容，是企业实现技术创新、增强核心竞争力的关键环节，是创新成果转化为生产力的重要途径。技术转移行动可使高校与企业间的知识流动与技术转移得到进一步活跃，有利于创新型国家建设。2008年12月印发的《国务院办公厅转发发展改革委等部门关于促进自主创新成果产业化若干政策的通知》，鼓励高等院校和科研机构向企业转移自主创新成果，培育企业自主创新成果产业化能力，鼓励科研人员开展自主创新成果产业化活动，大力推动自主创新成果的转移。2009年4月印发的《国家税务总局关于实施创业投资企业所得税优惠问题的通知》，对高新技术企业投资、税收、财政优惠政策等进行了说明，从政策角度对我国创新创业活动给予有力支持，以提高企业创新创业水平，将科技转化为生产力，为经济社会发展服务。

为实施国家创新驱动发展战略，弥补"停薪留职"政策在实施过程中存在的不足，持续发挥科技优势，推动技术转移，充分激发科技工作者的创新创业热情，各地政府出台了一系列政策措施。2012年1月出台的《深化南京国家科技体制综合改革试点城市建设 打造中国人才与创业创新名城的若干政策措施》（简称南京"科技九条"）明确规定，允许和鼓励在宁高校、科研院所和国有事业、企业单位的科技人员（包括担任行政领导职务的科技人员）离岗创业，3 年内保留其原有身份和职称，档案工资正常晋升。该文件还就收益分配方式、财政扶持力度、股权分配等方面做出规定。该文件的出台也是高校教师离岗创业政策的起源，推动了国家层面离岗创业政策的实施。2012 年 9 月出台的《武汉市人民政府关于促进东湖国家自主创新示范区科技成果转化体制机制创新的若干意见》（简称武汉"黄金十条"），包括允许和鼓励在汉高校、科研院所与事业单位科研人员留岗创业，开展国有知识产权管理制度改革试点，支持高校、科研院所在东湖开发区建设新型产业技术研究院，登记注册的科技型内资企业（不含 1 人有限公司），资金支持等十个方面。该文件的出台进一步反映了武汉市政府对科技成果转化工作的支持力度，为离岗创业政策的进一步推广提供了可供参考的范例。

与地方政府出台的文件相呼应，高校也积极响应政策，允许和鼓励教师离岗创业，积极开展科技成果转化工作。例如，《武汉大学关于推进科技成果转化工作的若干意见》[①]于 2012 年 12 月出台。学校大力支持教师开展创新创业工作，发挥自身优势，实现成果转化。学校为其保留专业技术岗 3—8 年。为保障科技成果转化工作的顺利进行，学校提出成立科技成果转化工作小组，加快实现科技成果产业化，提高科技成果转化率。2013 年 1 月，《华中科技大学关于促进科技成果转化的若干意见》[②]出台。与武汉大学一样，华中科技大学为响应号召、实现科技成果转移，决定成立科技成果转化领导小组，专门负责成果转化工作。学校支持和鼓励教师、科研人员在完成学校规定的教学、科研等工作任务的前提下，可利用业余时间兼职创业。经本人申请，所在院系和学校人事部门同意，允许教师和科研人员离岗创业，从事与其专业相关的产业化工作，3—8 年内保留其原有教职工身份。

各级各部门积极出台文件，推动实施创新创业工作。2014 年 1 月，北京市人民政府办公厅印发《加快推进高等学校科技成果转化和科技协同创新若干意见（试行）》（简称"京校十条"）[③]的通知，提出科技人员可在中关村示范区开办企

---

① 武汉大学关于推进科技成果转化工作的若干意见. http://zt.cjn.cn/zt2013/hjstzt/gxhy/201302/t2224806.htm.（2013-02-28）.

② 华中科技大学关于促进科技成果转化的若干意见. http://zt.cjn.cn/zt2013/hjstzt/gxhy/201302/t2224807.htm.（2013-01-18）.

③ 北京市人民政府办公厅关于印发加快推进高等学校科技成果转化和科技协同创新若干意见（试行）的通知. https://www.pkulaw.com/lar/17594226.html?isFromV5=1.（2014-01-09）.

业，并在企业中持有股权，以在企业中持股的方式来调动科技人员向企业流动，推进成果转化工作。同时文件鼓励高校与企业建立协同创新平台，支持科研成果转化工作，在经费支持、平台建设、制度建设等方面做出规定。2014年8月，中共成都市委办公厅、成都市人民政府印发《促进国内外高校院所在蓉协同创新的若干政策措施》（简称"成都十条"）[①]，明确提出鼓励高校院所科技人才创新创业。该文件对科技成果转移转化的管理制度提出改革方案，这为高等院校科技人员实施创新创业工作、积极投身科技成果转移转化事业提供了有力保障，极大地激发了科技人员的创业热情。各地方政府、各高校在推动科技成果转化、鼓励科研人员创新创业上的先行试点工作为之后国家层面政策的出台提供了可靠的数据支撑，为"离岗创业"政策的全国推广提供了可供参考的宝贵经验。

综上，"停薪留职"政策是为适应特定时期我国经济社会发展的要求而出台的，在引导科技成果转移、助力区域产业升级、引导科研人员向企业流动等方面产生的重要影响是不言而喻的。但"停薪留职"政策在实施过程中的弊端也是显而易见的。因此，为适应新时代发展要求、推动经济社会可持续发展，对"停薪留职"政策不断进行完善和与时俱进的改革势在必行。

## 三、复兴：离岗创业（2015年至今）

2015年3月印发的《国务院办公厅关于发展众创空间推进大众创新创业的指导意见》强调，鼓励科技人员和大学生创业，加快推进中央级事业单位科技成果使用、处置和收益管理改革试点，完善科技人员创业股权激励机制。2015年政府工作报告指出，"个人和企业要勇于创业创新，全社会要厚植创业创新文化……制定促进科研人员流动政策……推进企业主导的产学研协同创新"[②]。2015年4月印发的《国务院关于进一步做好新形势下就业创业工作的意见》强调，面对就业压力加大形势，必须着力培育大众创业、万众创新的新引擎，实施更加积极的就业政策，把创业和就业结合起来，以创业创新带动就业，催生经济社会发展新动力，为促进民生改善、经济结构调整和社会和谐稳定提供新动能；应调动科研

---

① 关于印发《促进国内外高校院所在蓉协同创新的若干政策措施》的通知. https://cdyjy.cuit.edu.cn/info/1046/1531.htm.（2014-08-13）.

② 政府工作报告（全文）. https://www.gov.cn/guowuyuan/2015-03/16/content_2835101.htm.（2015-03-16）.

人员创业积极性，探索高校、科研院所等事业单位专业技术人员在职创业、离岗创业有关政策，对于离岗创业的，经原单位同意，可在3年内保留人事关系，与原单位其他在岗人员同等享有参加职称评聘、岗位等级晋升和社会保险等方面的权利；完善科技人员创业股权激励政策。2015年6月印发的《国务院关于大力推进大众创业万众创新若干政策措施的意见》，进一步展示了我国开展创新创业工作的决心，进一步强调创新创业工作在我国经济社会发展过程中的重要性。该意见就鼓励科研人员离岗创业的相关政策进行了详细阐述，有力地推动了科研人员创业工作的展开，推动了科研人员间的双向流动。通过保留人事关系、股权、期权、分红等激励措施来激发科研人员的创业热情，调动科研人员向企业流动的积极性。2015年12月印发的《国家发展改革委 中国科协关于共同推动大众创业万众创新工作的意见》指出，各地发展改革委和科协要大力支持科技工作者创新创业，促进科技工作者将创新创业意愿转化为行动。2016年8月印发的《教育部 科技部关于加强高等学校科技成果转移转化工作的若干意见》对人事管理制度进行了改革，这为科研人员开展创新创业工作提供了制度保障，也进一步推动了我国科技成果转移转化工作的进程。为调动创新创业热情和激发创新创业活力，该意见指出"完善有利于科技成果转移转化的人事管理制度。高校科技人员在履行岗位职责、完成本职工作的前提下，征得学校同意，可以到企业兼职从事科技成果转化，或者离岗创业在不超过三年时间内保留人事关系……高校要建立和完善科技人员在岗兼职、离岗创业和返岗任职制度……鼓励高校设立专门的科技成果转化岗位并建立相应的评聘制度"，使高校教师离岗创业的前景进一步明朗。该意见对创业过程中的收益分配政策、成果转移平台的建立、股权分配等的操作性规定有效地激发了高校科研人员开展离岗创业活动的积极性，反映了经济社会发展过程中高校科技人员开展科技成果转移工作的重要性。

2017年3月，为贯彻落实党中央和国务院关于加快实施创新驱动发展战略、深化人才发展体制机制改革、大力推进大众创业万众创新和做好新形势下就业创业工作的总体部署与要求，发挥事业单位在科技创新和大众创业万众创新中的示范引导作用，激发高校、科研院所等事业单位专业技术人员科技创新活力和干事创业热情，促进人才在事业单位和企业间合理流动，营造有利于创新创业的政策和制度环境，《人力资源社会保障部关于支持和鼓励事业单位专业技术人员创新创业的指导意见》印发，对科研人员创业等相关内容做了说明。离岗创业"是充分发挥市场在人才资源配置中的决定性作用,提高人才流动性,最大限度激发和释放创新创业活力的重要举措,有助于科技创新成果快速实现产业化,转化为现实生产力"。该文件支持和鼓励事业单位专业技术人员到与本单位业务领域相近企业、科研机构、高校、社会组织等兼职,或者利用与本人从事专业相关的创业项目在职创办企业,是鼓励事业单位专业技术人员合理利用时间、挖掘创新潜力的重要举措,有助于推动科技成果加快向现实生产力转化。该文件从国家层面对鼓励事业单位专业技术人员开展离岗创业活动予以肯定,高校教师以"创业者"的身份开展技术转移活动得以确立,同时对地方政府和高等院校有序地开展离岗创业活动产生了深刻影响。2018年9月印发的《国务院关于推动创新创业高质量发展打造"双创"升级版的意见》,进一步推进了我国创新驱动发展战略的实施,有力地推动了我国"双创"事业的发展,通过完善相关细则、措施,激发科研人员创新创业的动力和积极性,推动我国创新创业工作的高质量发展。

2019年12月,为贯彻党中央、国务院关于加快实施创新驱动发展战略、壮大新动能的精神,落实《国务院关于推动创新创业高质量发展打造"双创"升级版的意见》的决策部署,进一步支持和鼓励高校、科研院所等事业单位聘用在专业技术岗位上的科研人员,《人力资源社会保障部关于进一步支持和鼓励事业单位科研人员创新创业的指导意见》印发,对科研人员开展创新创业工作进行了详细规定。该文件提出要完善离岗创办企业政策。科研人员开展"双创"活动可申请离岗创办企业,职称、年龄、资历、科技成果形式、获奖层次、获得专利与否均不作为限制离岗创办企业的条件。在同一事业单位申请离岗创办企业的期限累计不超过6年。该文件对离岗创办企业人员在职称评聘、人事关系等方面的合法权益做了详细说明。该文件是离岗创业政策由地方先行上升到国家层面的见证,为之后开展范围更广的科研人员创新创业活动指明了方向。

随着科技创新向纵深推进,高校和科研院所科研相关自主权越来越难以适应实践发展需求。为进一步完善相关制度体系,推动扩大高校和科研院所科研领域自主权,全面增强创新活力,提升创新绩效,增加科技成果供给,支撑经济社会高质量发展,2019年7月,科技部等六部门印发《关于扩大高校和科研院所科研相关自主权的若干意见》,提出"坚持简政放权与加强监管相结合。最大限度减少政府对高校和科研院所内部事务的微观管理和直接干预"。这极大地调动了科研人员创新创业的热情，有力地推动了我国"双创"事业的发展。同时，该文件提出"优化机构设置管理……高校和科研院所在章程规定的职能范围内，根据国家战略需求、行业发展需要和科技发展趋势，按照精简、效能的原则，可自主设置、变更和取消单位的内设机构"。该文件完善了高校和科研院所的岗位聘用、制度管理机制，鼓励科技成果转化转移为经济社会建设服务；强化科技创新激励机制，以"年薪制、协议工资、项目工资等灵活分配方式"激励科研人员投身科学研究，注重科研诚信，加强监督机制，为科研工作的开展提供制度保障。

为深入贯彻落实习近平总书记关于教育的重要论述和全国教育大会精神，完善立德树人体制机制，扭转不科学的教育评价导向，坚决克服"五唯"的顽瘴痼疾，提高教育治理能力和水平，加快推进教育现代化、建设教育强国、办好人民满意的教育，2020年10月，中共中央、国务院印发《深化新时代教育评价改革总体方案》，对教师评价、学生评价的改革措施做出了明确规定，指出要改进高校教师科研评价，合理定岗，体现时代特征，突出特色引领，产出一流成果，主动服务国家需求，为经济社会事业发展做出贡献。2022年2月，科技部、教育部、财政部、人力资源社会保障部四部门联合印发《〈关于扩大高校和科研院所科研相关自主权的若干意见〉问答手册》，对2019年科技部等六部门出台的《关于扩大高校和科研院所科研相关自主权的若干意见》中的有关政策要求及相关规定做出进一步解答。该问答手册就主管部门如何对高校和科研院所开展绩效评价做了详细规定，同时还就科研人员开展"双创"活动中的有关配套政策给予了详细说明，进一步为科研人员明晰了政策的支持力度，增强了科研人员离岗创办企业、开展成果转化工作的信心。该问答手册还就政策执行过程中的诚信建设方面做了明确规定，将相关主体进行了责任划分，明确其在树立良好科研作风、坚持科研底线中的重要作用。科研诚信是不能逾越的红线，各组织、单位应在开展诚信建设中担起重要责任。这一系列文件的出台无不为高校院所和科技人员离岗创业提供了政策支持。

国家为鼓励高校教师离岗创业出台了一系列激励措施，以充分调动高校教师离岗创业的积极性和动力。这些政策的出台也进一步说明，我国高校教师离岗创业工作的发展空间是非常值得期待的。

## 第二节　应用型高校教师离岗创业政策的理论逻辑

从"停薪留职"到"离岗创业"是我国经济社会发展过程中为应对科技创新需求、激发创新动力、提高科研成果转移转化率、不断完善政策发展过程中的动态适应性而进行的政策制度变迁。政策因形势变化而出台，其涉及内容也将有所变动。在变动之中寻找异同，方能发现当下政策之优势；在对比分析之中做总结，方可形成体系经验之累积。对普通高校与应用型高校内涵的分析、对停薪留职与离岗创业政策变化的分析、对有代表性地方政府离岗创业政策文本的梳理，能够让我们更深层次地了解"离岗创业"的内涵与意义，这对进一步理解和把握应用型高校教师离岗创业有着重要作用。

### 一、普通高校与应用型高校内涵的理论逻辑

"普通高校"是"普通高等学校"的简称，是按照国家相关规定和设置标准，遵循严密、统一的审批程序和批准原则，以全国统一招生考试的形式对培养对象实施高等教育的院校总称。普通高校由教育部或省级教育行政部门直接管理。普通与普遍意思相近，唯物辩证法的矛盾观指出，矛盾是具有普遍性与特殊性的，由此可以看出"普通高校"是一个相对概念。就我国目前实施普通高等教育的教育机构来看，主要有全日制大学和学院、高等职业技术学院（职业学院）、高等专科学校，其中全日制大学和学院实施的主要是本科层次的教育。

为协调区域经济社会发展、推动产业结构升级以及满足其对应用技术型人才的需求，应用型高校的建设便提上了日程。所谓应用型高校，是指在建设过程中注重人才技能的培养，根植于区域产业升级发展，加强产学研协调发展，注重创新能力的培养，将学生培养成为理论知识学习与实践技能发展相统一的高层次人才的院校。应用型高校的出现为企业发展不断输送新鲜血液，解决了企业急需人才的难题。应用型高校在建设过程中要想达到我国创新驱动发展战略、协调区域产业发展的要求，就要依托现代职业教育，培养专业知识过硬、技术技能娴熟、有创新创业意识的复合应用型人才，以便更好地在区域经济社会发展、企业高端

技术创新过程中体现专业人才培养的优势。应用型高校对人们传统片面地认为专科教育就是职业教育的固有观念产生了冲击，为我国职业技术教育的深层次发展提供了可能，为高端技术人才的培养提供了平台，增强了职业院校的吸引力，给我国人才分流工作带来了便利与发展空间，在我国教育体系中发挥着重要作用。面对创新驱动发展战略以及产业升级改造、区域经济协调发展的趋势，应用型高校在发展中应包含面向社会、服务经济的内在属性。应用型高校在人才培养方面坚持理论教育与实践锻炼相结合的原则，在教学安排上侧重实习实训，注重校企合作，增强人才的技能性。其所培养的专业技术过硬的人才正是企业发展与行业建设过程中所急需的。应用型高校在具体的教学过程中应突出学科的专业背景和行业的技能需求，注重理论学习与实际操作的结合；在学生的教育培养方面，应坚持植根区域经济发展和行业发展需要，结合实际的人才培养规格，培养专业、实用、具有技术特长的技能型人才；在培养过程中，应坚持产学研结合，坚持职业与科研的融合发展，坚持在理论学习中培养学生的就业适应能力，充分挖掘学生的职业潜能等。高等教育带有"应用性"属性，一方面，我们不能将"应用性"与应用型高校简单地画等号；另一方面，虽不能将二者完全等价起来，但是在应用型高校承担社会责任的过程中，其"应用性"的理念是不言而喻的，它内含于应用型高校建设的整个过程。应用型高校应将"应用性"的本质特征放于首位，这是应用型高校有别于研究型高校的最为显著的特征，在应用型高校发展的过程中具有指向性作用。高校发展突出应用性，意味着在实际运作过程中，应突出"实践性"教学，增加实习实训学时，在开展理论教学的过程中坚持以行业为导向。在科研选题方面，应用型高校应坚持以技能型人才培养为目标，引导学生结合行业发展实际，坚持服务区域经济发展，加强理论与实践的紧密联系。

国外应用型高校的建设集中于本科层次教学；在我国高层次应用型高校的建设中，普通院校向应用型高校转型是其必经之路，是面临当下环境主动做出的选择，是实现可持续发展的重要途径。2015年印发的《教育部 国家发展改革委 财政部出台关于引导部分地方普通本科高校向应用型转变的指导意见》为面临院校转型的普通高校指明了方向，并就院校转型的具体措施做出规定，为普通院校向应用型高校的转型提供了参考指南，也给应用型高校带来了发展机遇。2019年教育部发展规划司出台的《支持应用型本科高校发展有关工作情况》，对应用型本科高校在实验实训实习环境、平台和基地建设等方面进行了深刻思考，鼓励应用型本科高校吸引行业企业参与，建设产教融合、校企合作、产学研一体的实验实训实习设施。应用型高校作为我国高等教育发展的重要组成部分，在职业技术向更深层次发展的过程中发挥着重要作用，推动着我国高层次应用型大学的建设；同时，为企业产业升级提供了所需的人才，在区域经济发展、产业结构调整等方面发挥着重要作用。今后，应用型高校应充分发挥应用性特征，将受教育者培养成为专业技能过硬、实践经验丰富的高端技术人才。

教育部在对"关于加快建设高水平应用型大学的建议"的答复中指出，"大力支持应用型高校发展……教育部将继续加大对应用型本科高校的支持，通过'支持地方高校改革发展资金'等专项资金，对开展向应用型高校转变改革试点成效显著的地区给予适当倾斜"[①]。该文件提出的专项资金设置、政策倾斜措施等不仅为高校转型工作和应用型高校的可持续发展提供了机会，还为大力发展应用型高校实现教育现代化、助力应用型本科高校建设工作，以及"十三五"期间的重要规划做出了贡献；通过实训平台建设和基地建设，为高校人才提供实训机会，提高其动手能力，加强学科平台建设，推动学科纵深发展，加强应用型院校间联盟，开展院校合作、校企合作，不断推动应用型高校的发展，提升其办学水平及区域服务能力。高水平应用型高校建设作为我国高等教育发展的重要组成部分，能够在人才培养、服务社会等方面产生深远影响。

为使应用型高校在发展过程中更好地发挥作用、贡献力量，在其建设过程中，应就院校设置、建设、评估等方面做出详细安排，以便更好地实现新建普通本科院校向应用型高校的转型工作，并积极引导和凸显其在服务区域经济社会发展、专业技能人才培养方面的职能，充分展现应用型高校的学科优势，加强应用性学科建设与产业升级相结合，以学科优势助推区域产业行业特色建设。对已转型成功的高校，应给予指导，密切跟踪院校发展过程中出现的问题，准确把握区域经济发展方向，顺应产业结构优化升级趋势，将人才培养、教学重点转移到适应区域与行业急需、发展优势突出、专业特色鲜明的学科建设上，紧密对接行业产业发展生态链，为地方经济社会发展贡献力量。

2021年，教育部印发《普通高等学校本科教育教学审核评估实施方案（2021—2025年）》，在第二类审核评估中提出，已参加过上轮审核评估，重点以

---

① 对十三届全国人大四次会议第2795号建议的答复. http://www.moe.gov.cn/jyb_xxgk/xxgk_jyta/jyta_gaojiaosi/202109/t20210907_560068.html.（2021-08-24）.

应用型人才培养为主要方向的普通本科高校，以及已通过合格评估5年以上，首次参加审核评估、本科办学历史较短的地方应用型普通本科高校进行审核评估，重点考察高校本科人才培养目标定位、资源条件、培养过程、学生发展、教学成效等。由此可以看出，该类高校着眼于培养应用型人才，其专业学科建设围绕区域经济社会发展方向，以优势特色学科助力高新技术产业化发展，发挥教育服务社会的职能。为推动应用型高校发展建设，我国可以借鉴国外先进职业教育模式，结合教育发展实际，探讨国外职教与企业融合办学经验，立足区域产业行业建设，根植地方经济发展优势，实施有区域特色的高质量的校企合作、中外合作办学机制，为培养应用型、创新型国际化人才提供条件，以高质量、国际化、专业化人才助力区域产业升级，实现地方经济协调可持续发展。

## 二、停薪留职与离岗创业政策的理论逻辑

1983年印发的《劳动人事部、国家经委关于企业职工要求"停薪留职"问题的通知》明确提出，对于企业中的固定职工，其个人要求办理停薪留职的，允许其办理手续去从事政策上允许的个体经营，这对发挥富余职工的积极性、克服企业中存在的人浮于事的现象有一定的益处。该文件提出允许办理停薪留职的员工为企业中不需要的富余职工。办理停薪留职时间一般不超过两年，在停薪留职期间这部分员工不升级，不享有各种津贴补贴和劳保福利待遇。1984年印发的《劳动人事部、国家经济委员会关于企业职工要求"停薪留职"问题的补充通知》对允许停薪留职人员范围进行了界定，明确规定停薪留职的职工指国营企业富余的固定职工。在停薪留职期间，职工无法享受各种津贴、补贴等。

与"停薪留职"政策相比，"离岗创业"政策在制定实施过程中存在不同之处。从高校院所层面来看，2012年出台的《武汉大学关于推进科技成果转化工作的若干意见》明确支持教师在示范区创办企业，并为其保留3—8年的专业技术岗，对教师专业技术岗位的保留时间较长。2013年出台的《华中科技大学关于促进科技成果转化的若干意见》明确，本人申请，院系人事同意，允许教师和科研人员离岗创业，3—8年内保留原教工身份。2016年，中国科学院为更好地促进科技人员开展科技成果转化工作，出台《中国科学院科技人员离岗创业管理暂行办法》，规定申请人应满足事业单位编制科技人员身份。人事关系保留期限不超

过3年，期满确需延长的不超过2年。①从高校院所来看，科技人员和教师可申请离岗创业，身份保留期限均超过之前的停薪留职期限。

从地方层面来看，2012年出台的南京"科技九条"，鼓励在宁高校院所以及国有事业、企业单位的科技人员（包括担任行政领导职务的科技人员）可以开展离岗创业工作，原有身份保留3年，档案工资正常晋升。同年出台的武汉"黄金十条"，允许在汉高校、科研院所与事业单位科研人员留岗创业，保留3—8年原专业技术岗位，档案工资正常晋升。2016年出台的《浙江省鼓励支持事业单位科研人员离岗创业创新实施办法（试行）》明确，适用离岗创业政策的范围及对象是该省"事业单位在编在岗科研人员携带科研项目、成果或技术到省内企业从事科技研究、科技开发和科技服务工作或在省内创办企业"，且离岗创业创新期限一般不超过5年。2017年出台的《吉林省事业单位专业技术人员离岗创业实施细则》明确，事业单位离岗创业人员范围为"具备创业条件的专业技术人员"，离岗期限不超过3年。从地方政策来看，高校院所、事业单位科研人员允许离岗创业，其原有身份保留期限一般不少于3年。

从国家层面来看，2015年印发的《国务院关于进一步做好新形势下就业创业工作的意见》提出，积极探索高校、科研院所等事业单位专业技术人员离岗创业有关政策，对离岗创业的，经原单位同意，可在3年内保留人事关系，与原单位其他在岗人员同等享有参加职称评聘、岗位等级晋升和社会保险等方面的权利。同年印发的《国务院关于大力推进大众创业万众创新若干政策措施的意见》提出，加快落实高校、科研院所等专业技术人员离岗创业政策，对经同意离岗的可在3年内保留人事关系，建立健全科研人员双向流动机制。从国家政策来看，允许高校、科研院所等事业单位专业技术人员离岗创业，并在3年内保留其人事关系，且享有与在岗人员同等晋升福利待遇。

通过分析高校院所、地方政府、国家有关离岗创业的相关文件不难看出，允许申请离岗创业的范围为高校、科研院所等事业单位科技人员，对申请离岗创业的职工，一般为其保留至少3年的人事关系，且国家文件也表示离岗创业人员享有与其原单位其他同事同等的晋升福利权利。"离岗创业"政策在人员适用范围、申请期限、福利权利等方面与"停薪留职"政策均存在不同之处。

---

① 中国科学院科技人员离岗创业管理暂行办法. http://www.pe.cas.cn/zcgz/jgygwglc_zcgz/yrzd/201609/t20160920_4575196.html.（2016-09-18）.

## 三、地方政府离岗创业政策文本分析

2012年，党的十八大明确提出"科技创新是提高社会生产力和综合国力的战略支撑，必须摆在国家发展全局的核心位置"，强调实施创新驱动发展战略。科学技术的发展、原创能力的提高是综合国力提升的重要表现，在提升社会生产力水平、改善人民生活方式等方面具有重要作用。将科学技术进一步转化为现实生产力，将科研成果实实在在地用于国民经济的发展，是提升国家综合实力的有效途径。下面以南京市和成都市为例，对其具有地方特色的政策文本进行阐释。

1）南京市。为鼓励科研和提升成果转化率，2012年出台的南京"科技九条"，在助力将南京打造为长三角科技创新中心、创业创新名城的过程中具有重要作用，有力地推动了南京市科技体制的综合改革，在推进科技人员创业、发展南京市科学技术、协调产学研发展中发挥了重要作用。作为地方政府，南京市敢闯敢试、先试先行，鼓励科技人员开展创新创业，开办企业。文件第一条明确提出，"允许和鼓励在宁高校、科研院所和国有事业、企业单位科技人员（包括行政领导职务的科技人员）离岗创业"。这为那些有创业意愿的人员开展创业活动免去了后顾之忧，让有创业意愿又担心因创业不成功而丢掉固定工作造成生活困难的科技人员可以大胆离开当前岗位，开展创业活动，为科技人员将科研成果转化为生产力提供了条件和途径；"3年内保留其原身份和职位，档案工资正常晋升"无疑给有创业想法的科技人员吃了一颗"定心丸"。这是南京市政府在人事关系上为推进科技成果转化工作做出的努力。

在经济方面，文件第二条提出"允许和鼓励在宁高校、科研院所和国有事业、企业单位职务发明成果的所得收益，按至少60%、最多95%的比例划归参与研发的科技人员（包括担任行政领导职务的科技人员）及其团队拥有"。从在收益分配比例可以看出南京市政府推动科技成果转化的决心，让科技人员看到付出是有回报的，他们为科技创新付出的努力所取得的成果，政府将以最大的诚意给予回报。这极大地促进了有创业意愿的科技人员真正实施创业活动，将想法落到实处。

为避免科技人员因资金问题阻滞其创业活动，文件第三条提出"允许科技领军型创业人才创办的企业，知识产权等无形资产可按至少50%、最多70%的比例折算为技术股份"。以自身的科研成果、知识产权为入股资本在很大程度上解决了科技人员开办企业缺乏启动资金的问题，政府为科技人员离岗创业提供的政策支持真正地落到了实处。文件第七条提出"允许和鼓励在宁高校、科研院所科技人员（包括担任行政领导职务的科技人员）在完成本单位布置的各项工作任务前提下在职创业，其收入归个人所有"。这为科技人员提供了新的创收通道，进一步激发了科技人员离岗创业的积极性。文件第八条提出"在高校、科研院所以科技成果作价入股的企业、国有控股的院所转制企业、高新技术企业实施企业股权（股权奖励、股权出售、股票期权）激励以及分红激励试点。设立股权激励专项资金，对符合股权激励条件的团队和个人，经批准，给予股权认购、代持及股权取得阶段所产生的个人所得税代垫等资金支持"。设立专项激励资金这一政策能够进一步推动离岗创业工作的开展，对离岗创业活动的持续发展与推广起到了重要的作用和影响。该文件第九条提出"鼓励在宁高校允许全日制在校生休学创业。凡到南京市大学创业基地创业的学生，进入基地创业的时间，可视为其参加学习、实训、实践教育的时间，并按相关规定计入学分"。这一政策的提出为科研转化工作提供了有生力量，为创新创业活动的开展提供了后备军。

2）成都市。成都市是四川省省会，是国务院批复确定的国家重要的高新技术产业基地、商贸物流中心和综合交通枢纽，是四川乃至全国国防科技工业的承载重地，有着雄厚的产业基础和人才优势。成都市政府为充分发挥产业融合和人才优势，响应"大众创业、万众创新"的号召，于 2014 年出台"成都十条"。该文件的出台对成都市加快实施创新驱动发展战略、推动科技创新成果转移、构建创新型城市具有重要作用。

"成都十条"首先提到"支持在蓉高校院所开展技术成果处置权管理改革。支持在蓉高校院所自主处置科技成果的合作实施、转让、对外投资和实施许可等事项，报主管部门和财政部备案"，赋予科技人员更多的科研自主权，由内行领导科技成果处置事项是去行政化的重要表现。文件第二条事关科技成果收益分配，提出"支持在蓉高校院所开展科技成果收益分配改革"。高校院所科技成果转化所获收益可按不少于 70%的比例，用于奖励给科技成果完成人员和对成果转化有贡献的人员。这在一定程度上对科技人员开展成果转化工作起到了激励作用，有利于科技成果转化率的提高。

成都市是成渝地区双城经济圈核心城市，为发挥经济圈优势，该文件第三条提出"推动国内外高校院所与区（市）县协同创新试点示范区。支持中心城区依托高校，共建环高校特色知识经济圈"，服务周边经济。成都市充分发挥周边产业和科教资源优势，建立科技创新产业园，服务周边高校实现融合发展，在现有高新技术企业基础上建设高新技术产业基地和现代农业科技示范园，将高新技术应用于产业，实现科学技术产业化。文件明确对经认定的协同创新试点示范区，"可给予最高1000万元资助"，资助力度相当可观，展现出政府对建设协同创新试点平台的决心。

文件第四条提出"鼓励在蓉高校院所建设创新创业载体。支持在蓉高校院所利用校院内或联合所在区（市）县利用校院存量土地、楼宇等资源建设科技创业苗圃或孵化器等创业载体"，通过建设创新创业载体在数量上实现创业格局，为科技人员开展创业活动提供平台空间。文件第七条明确提出"鼓励高校院所科技人才和大学生创新创业。支持在蓉高校院所在编在岗科技人才兼职从事创新创业活动。通过'企业提需求+高校院所出编制+政府给支持'的模式支持在蓉高校院所与企业共同吸引集聚一批海内外高层次创新创业人才"。在政府的支持与牵引下，企业与高校之间加强联合，能够更快地实现行业企业高新技术产业化发展。为解决科技人员开展科技成果转化工作中资金不足的问题，文件就高校科技人员开展创业活动的融资渠道进行了详细说明。

2016年6月，成都市为实施"改革创新、转型升级"战略，打通政产学研通道，激发科技成果转化的积极性，发挥在蓉高校高层次人才和城市经济优势，在充分借鉴深圳市、武汉市以及山东省等地实践经验的基础上出台《促进国内外高校院所科技成果在蓉转移转化若干政策措施》（简称"成都新十条"）①。"成都新十条"在"纵向比较有突破，横向比较不落后"原则下，对科技成果转移机制、平台搭建、创业扶持政策等方面进行了完善，以凸显成都特色。该文件第一条提出"支持在蓉高校院所开展职务科技成果权属混合所有制改革"。该规定首次提及科技成果所有权问题，在全国科技成果所有权改革中属首创。在科技成果处置权改革中，"成都新十条"根据相关要求新增了关于成果转让、领导尽职免责的有关规定；在科技成果收益权改革中，落实了有关科技成果转化、收益分配、奖励方式等方面的内容。在充分学习重庆等地产业技术研究院建设经验的基础上，"成都新十条"对"成都十条"中的第四条进行了完善，提出坚持"政府引导、

---

① 促进国内外高校院所科技成果在蓉转移转化若干政策措施. https://xdhz.cuit.edu.cn/info/1010/1272.htm. （2016-06-10）.

资金纽带、多元投入、市场运作"原则，打造集技术、服务、人才等于一体的政产学研协同创新平台，并就平台运营补贴方面做出了规定。

该文件第五条提出"推动在蓉高校院所与区（市）县共建环高校院所成果转化区"，"经认定可给予高校院所最高1000万元引导资金支持"，通过发挥引导资金的作用，激励高校积极带动周边产业参与到科技成果转移中。文件第七条提出"鼓励高校院所科技人员完成本职工作的前提下在岗创业"，这是从释放科技人员激情的角度出发，鼓励科技人员带技术、带项目领办企业，发挥高校科研人员的优势，为高校科研人员开展成果转化工作提供政策支撑。该文件还积极鼓励、吸收高层次人才来蓉领办企业，扩大了高层次人才的范畴，进一步提升了在蓉高校的综合实力。

该文件第十条提出"鼓励高校院所在职称评聘和相关考核工作中，增设'科技成果转移转化岗'"，从在蓉高校院所内生动力提升的角度，对高校院所科技成果转化过程中的相关制度进行改革。

为激发科技工作活力、推动创业带动就业、促进新旧动能转换，成都市在整合城市资源、发挥城市优势、充分总结"双创"工作实践经验的基础上，于2018年10月出台《成都市深入实施创新驱动发展战略打造"双创"升级版的若干政策措施》[①]，该文件首先提出要"推进人才优先发展战略"，积极吸收海内外高层次人才来蓉创业，鼓励科研人员离岗创业，这是从人才储备方面为"双创"工作制定的措施。该文件通过鼓励科研人员离岗创业、高层次人员来蓉开办企业，实现科研人员与企业的交流合作，激发科研人员的潜能，协助企业攻破关键技术节点，促进科技成果转移转化。为推动科研平台建设，该文件第三条提出要"赋能创新创业载体"，分类推动国家"双创"示范基地建设，鼓励"3+M+N"双创载体向市场化、专业化、精准化发展。此外，该文件提出的"科创投""科创贷""科创保""科创券""科创贴"等金融措施为科研人员投身科技成果转移工作、开展创业活动提供了资金支持，在很大程度上推动了科技人员将创业意愿向实践迈进的步伐。该文件第六条提出"推动更多群体投身创新创业"，通过贴息、担保贷款、奖励、补贴等方式为大众群体开展创业提供政策支撑。文件第七条从多主体深度融合的角度提出"打造校院企地创新共同体、利益共同体、发展共同

---

① 成都市深入实施创新驱动发展战略打造"双创"升级版的若干政策措施. http://www.cdsme.com/page.aspx?classid=173&id=14826.（2018-10-08）.

体,深化职务科技成果混合所有制改革经验,推动科技成果确权,促进科技成果就地转化",实现技术转移转化,推动区域经济社会发展。该文件还就知识产权运用和保护、落实税收优惠政策、浓厚创新创业氛围等进行了相应的规定,为地区创业就业工作提供了政策支持。

成都市为实施科技创新、开展成果转化工作出台了一系列文件,从协同创新、成果转移到"双创"升级带动就业,与国家创新驱动发展战略遥相呼应,推动了当地经济社会的发展。通过对有代表性的地方政府"离岗创业"政策文本的分析发现,地方政府大力支持科技人员离岗创业,通过实施激励措施、政策倾斜等途径调动高校院所、科技人员投身到国家"双创"工作中,通过人员间的双向流动加强科研交流,通过引导科技人员流向企业或科技人员离岗创办企业助力区域产业升级,推动区域经济发展。

# 第三节 应用型高校教师离岗创业的理论基础

随着国家各项有利政策的出台,应用型高校作为与市场联系较为紧密的转化平台,鼓励支持专业技术人员离岗创业,从制度层面给予创业的专业技术人员创业信心。在"大众创新、万众创业"背景下,国家实施创新驱动发展战略,加快推进创新型国家建设,完善供给侧结构性改革具有重要影响。对应用型高校、高校教师离岗创业等相关概念进行较为明确的研究和界定,并对应用型高校教师离岗创业的相关理论基础进行梳理,能够为深入研究应用型高校教师离岗创业的动力系统奠定理论基础。

## 一、相关概念

(一)应用型高校

20世纪90年代,我国实施高校扩招政策,高等教育逐渐进入大众化阶段,以适应经济社会飞速发展。为培养社会迫切需要的应用型人才,应用型高校规模不断扩大。应用型高校是在时代背景下迅速发展起来的一种高校类型,其主要目标是培养应用型人才。在培养规格上,应用型高校培养的不是学术型、研究型人才，而是能够快速对接市场需求、拥有适应生产建设管理服务需要的一线高等技术型人才。在培养模式上，应用型高校以培养适应社会需要的人才为标准，以应用课程为主要教学内容，注重培养学生应用技术能力。

有关应用型高校的研究经历了"对大学趋同化的诟病"—"多样化诉求与分类发展"—"应用型高校转型"的学术史演进。2017年出版的德里克·博克的著作《大学的未来》研究了美国高等教育的多样性，并认为正是多样性造就了美国高等教育的特殊优势[①]。以去同质性与多样化为价值基础的应用型高校转型研究大体上经历了层次转型与类型转型两个研究阶段。1999—2010年大体属于层次转型研究阶段。学者主张既要防止停留于专科层次，又要避免盲目攀升。2011年至今属于类型转型研究阶段。

根据联合国教科文组织国际标准和我国高等教育机构实际，潘懋元将全日制普通高等学校分为三种类型：第一类是综合性研究型大学，以基础学科和应用学科（专业）为主，研究高深学问，培养拔尖创新的研究人才；第二类是多科性或单科性的大学或学院，以各行各业有关的应用学科（专业）为主，学习、研究专门知识，培养应用性高级专门人才，将高新科技转化为生产力（包括管理能力、服务能力等）；第三类是多科性或单科性的职业技术型院校（高职高专），以各行各业实用性职业技术专业为主，培养在生产、管理、服务等第一线专门人才[②]。冯虹等认为，应用型大学是区别于研究型大学、教学型大学的一类新型大学，是高职高专培养理念的延伸[③]。应用型高校在我国有多种称谓，如应用技术大学、应用型本科院校、应用型大学等，本书统称为应用型高校。从不同的层次、类别和学校发展水平上，通常将高等学校分为研究型大学、应用型大学、技能型高校，或者研究型大学、研究教学型大学、教学研究型大学、教学型大学、应用型大学、高等专科院校等。针对应用型本科院校的特点，潘懋元指出，应用型本科院校应该以培养应用型人才为主，以培养本科生为主，以教学为主，以面向地方为主[④]。

追溯传统高等教育的人才培养方式可以发现，应用型高校并不算是一种新兴

---

① 德里克·博克.2017.大学的未来：美国高等教育启示录.曲强译.北京：中国人民大学出版社，6-7.
② 潘懋元.2005.21世纪国家的核心竞争力——"教育-人才"的合理结构.中国高教研究，（3）：1-2.
③ 冯虹，刘文忠.2005.对应用型大学的探讨.北京联合大学学报（自然科学版），（2）：24-29.
④ 潘懋元.2010.什么是应用型本科？高教探索，（1）：10-11.

的高校类型，而是在实现高等教育普及化的进程中不断得到细化。它在传统人才培养模式中便有迹可循，只不过是对传统较为模糊的边界有了更清晰的界定。因此，通过对上述分类、特点等的概述，本书中的应用型高校是指以应用和技术为特色，坚持把应用放在首位，以服务地方经济发展为主要办学目标，以应用型研究为指向，兼顾应用科学技术的研究，重在培养具有实践能力的应用型人才的高校。站在国家政策角度，结合当前国家创新创业政策对应用型高校成果及人才的迫切需要，发挥应用型高校优势已成为高等教育发展推动国家发展转型的另一全新途径。

（二）高校教师离岗创业

高校教师是指在高校从事教学工作的专业人员。"离岗创业"概念来源于《人力资源社会保障部关于支持和鼓励事业单位专业技术人员创新创业的指导意见》，该意见指出"事业单位专业技术人员带着科研项目和成果离岗创办科技型企业或者到企业开展创新工作（简称离岗创业）"。离岗创业即离开原有工作岗位进行创新创业活动，是相对于在岗创业而言的一种创业模式。在岗创业是指高校教师依然在工作岗位上兼顾创业，这在一定程度上会影响教师科技成果转化的积极性和教学质量，也可能出现成果转化收益分配争议问题，这易导致成果转化失败。本书重在强调应用型高校的在编教师通过离岗（保留原有人事关系和工资待遇或辞职）的形式全职进行创新创业，携带自身丰富的科研成果和技术到企业或自己创办企业，以实现自身价值。这些都隶属应用型高校教师离岗创业的范畴，是一种较为理想化的创新创业模式。

由于政策出台不久，相关研究成果还较为少见。顾训明等认为，与在岗创业相比较，高校教师离岗创业模式具有利益纠葛少、成功率高，没有身份后顾之忧等优势而值得鼓励，其离岗创业一旦成功，将有效推动区域经济发展，转变经济发展方式，优化经济结构，推动区域产业升级。此外，高校教师离岗创业不仅为大学生提供了就业和见习的机会，而且离岗创业的教师返回学校授课，通过分享创业成功的经验和失败的教训，能够提高创新创业教育的针对性和实用性，有助于提高高校教育质量，丰富大学生的生产性知识，提升大学生的创新创业能力和就业竞争力[①]。陈柏强等则质疑高校教师离岗创业，其原因包括高新技术产业化

---

① 顾训明，徐红梅. 2016. 高校教师离岗创业的制度性困境及其超越. 创新与创业教育，（5）：23-27.

风险高、创业优势不明显、对教学科研影响大、离岗创业蔚然成风不符合科技发展等[1]。顾训明通过对网络帖子文本内容和词频分析后发现，网民对高校教师离岗创业的政策认知和态度倾向并非呈现"一边倒"态势，而是呈现"V"形[2]。这表明在高校教师离岗创业政策上还存在一定争议，有对其进行研究的必要性与合理性。

## 二、相关理论基础

（一）学术资本主义理论

1990 年，爱德华·J. 哈克特最早提出"学术资本主义"这一术语。1997 年，美国学者希拉·斯劳特和拉里·莱斯利第一次较为正式地在《学术资本主义：政治、政策和创业型大学》一书中系统阐释了"学术资本主义"这一概念，即"大学或者教师为获取外部资金所表现出的市场化行为或类似市场化活动的行为"[3]，这在当时的高等教育界如一声惊雷。作为一个社会大环境中的主体，高校与社会发展有着紧密的联系，高校承载着传道、授业、解惑的重要作用，引领社会的良性运转，走在科学研究的最前沿，高校拥有集中化的设备及科研资源，更容易成为优秀人才及优秀科研成果产出的聚集地。如何将优质的科研成果转化成为社会所能直接利用的产出显得尤为关键。因此，高校也需通过一些专利、科研成果等与社会相关公司建立联系，促进成果快速转化，即为高校赢得更多创收的营利性活动，再利用相关资金衍生更多的学习投资，吸引外部资金、企业合作，以此带动市场的良性循环。

在《学术资本主义和新经济：市场、政府和高等教育》（*Academic Capitalism and the New Economy*：*Markets*，*States*，*and Higher Education*）[4]一书中，学术资本主义者更多地将公共的知识看作一种商品，大学及相关团体也应重新定义其使

---

[1] 陈柏强，王伟，盛琼，等. 2016. 论正确处理高校教师离岗创业和科技成果转化的关系. 研究与发展管理，（5）：132-136.

[2] 顾训明. 2016. 网民对高校教师离岗创业的政策认知和态度倾向——基于424条网络帖子的内容分析，（5）：160-165.

[3] 希拉·斯劳特，希拉·莱斯利. 2008. 学术资本主义：政治、政策和创业型大学. 梁骁，黎丽译. 北京：北京大学出版社：8-9.

[4] Slaughter S，Rhoades G. 2004. Academic Capitalism and the New Economy：Markets，States，and Higher Education. Baltimore：Johns Hopkins University Press.

命。应用型高校能更直接地接触并产出直接对接社会的相关科学技术，能将科学知识生产并转化为可实际操作的市场化利益载体，因此应更加积极地将研究所得的科研成果转化为有利于推动社会和个人进步的生产方式。

（二）资源依赖理论

作为早期组织管理研究的一个分支，资源依赖理论在管理学和经济学领域中最早被提出，当时的学者更多地将其归于内部组织对组织内成员的有效激励和管理，而这是一个相对封闭的管理体系。1949年，塞尔兹尼克为资源依赖理论提供了更加坚实的基础，他指出组织是通过外部环境的影响而不断与周围的外部事物相互作用的结果。1978年出版的《组织的外部控制：资源依赖视角》（*The External Control of Organizations: A Resource Dependence Perspective*）正式解释了资源依赖理论，并构建组织之间的相互关系，如组织与组织之间、组织内外部之间以及组织与环境对组织生存和发展的影响[1]。该理论的重要假设和核心论点是：组织最重要的事情是生存，组织必须与自身依赖的环境中的因素以及其他组织互动获得资源来维持生存。当面对限制和外部控制时，组织会成为追求自己目的、自我引导的自主行动者。同时，资源提供者也能够通过资源交换影响组织，这种资源交换包括交换的相对量和所给予接受者的资源的临界度。结合资源依赖理论，梳理我国社会背景，教育主要依托政府而获得较为丰富的资源支持，同时教育的发展也会潜移默化地影响政府政策的制定和执行。通过分析我国应用型高校教师离岗创业可以发现，离岗创业是在"大众创新、万众创业"大背景下应运而生的，受到国家、政府政策以及多重外部因素的影响，并催生了应用型高校教师离岗创业的相关政策。

（三）知识生产模式理论

二战以后，关于知识生产模式的研究已经成为人们关注的核心问题之一。相关学者先后提出了知识生产模式1、知识生产模式2、知识生产模式3等理论，这些模式都对高等教育事业的发展产生了较为深远的影响。随着经济社会的繁荣发展，大学对知识的垄断在洪堡改革大学职能——科学研究之后便逐渐被打破，

---

[1] Pfeffer J, Salancik G R. 1978. The External Control of Organizations: A Resource Dependence Perspective. New York: Stanford University Press, 78.

早期的纯粹的知识生产模式不断被弱化。1862 年，美国《莫雷尔法案》的颁布在法律层面开创了一种新的知识生产模式，即从国家层面实质性地引导科学研究与知识生产相结合。威斯康星大学提出大学新的职能——服务社会之后，大学成为更加开放性的机构，成为参与社会网络构建更加重要的一环。20 世纪七八十年代以来，现代化、多元化、信息化日益显现，高等教育体系不断从精英化走向大众化，使得知识生产逐渐呈现实用性甚至功利性等特点。另外，创新也逐渐成为大众更加关注的重要议题，高校作为社会的"智慧中枢"，与社会和市场的关系更加紧密。创新驱动发展促使知识生产模式有了更大的转变，高校加强了对创业园、产学研的鼓励支持政策和经费投入、基础设施建设，也加深了与企业之间的联系。这种形式越来越被政府、企业、大学所认可和接收，在一定程度上为新形势下的知识生产模式奠定了现实基础。

（四）计划行为理论

20 世纪 80 年代，在理性行为理论基础上阿耶兹（I. Ajzen）提出了社会认知理论——计划行为理论，行为意向成为该项理论研究的重点。1991 年由阿耶兹发表的《计划行为理论》（The theory of planned behavior）标志着计划行为理论的正式形成。计划行为理论认为，行为意愿直接影响行为的发生，行为意愿又受行为态度、主观规范、知觉行为控制的影响，且知觉行为控制在一定程度上直接影响行为的发生（图 1-1）。行为意愿是通过制定相应的计划、努力程度来实施未来的行为或行动；行为态度是积极或消极地对未来可能实施行为的评估，是主体对行为结果的主观判断，被视为行为意愿是否贯彻执行的首因；主观规范是周围重要群体对未来可能采取的行为的期望评估；知觉行为控制是主体对未来采取某种行动所出现的难易程度的评估，并会对个人行为意愿甚至未来行为发生的可能性产生直接或间接的影响。有学者指出，行为态度越积极、外在影响越正向、感知的控制越强，行为意愿就越强，行动的可能性就越大，行为意愿是行为的最直接预测因素[①]。

计划行为理论被提出以来，在不断完善和应用推广的过程中，成为将态度与行为衔接的具有相当预测力的理论之一。通过分析，应用型高校教师离岗创业行为的实施，需要行为态度、主观规范、知觉行为控制的共同作用，从而使教师产

---

① 黄雪梅. 2022. "双一流"建设高校教师科研合作影响因素的实证研究. 中国高教研究，(4)：78-84.

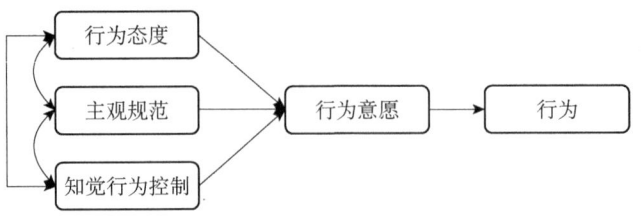

图 1-1 计划行为理论示意图

生离岗创业意图，最终实施创业行为。深入分析高校教师离岗创业的行为态度即创业个体对是否实施创业行为及其预料的产生的后果进行主观判断；主观规范即从事离岗创业行为时国家、政府、高校、家庭等多方面对创业个体支持与反对的影响；知觉行为控制是离岗创业个体通过以上分析，更多维度地感知实施离岗创业行为的难易程度。几个维度相互作用决定了高校教师离岗创业行为是否能够切实实施。

（五）三元交互理论

本书意在揭示应用型高校教师离岗创业动力子系统对高校教师离岗创业的影响机理，在已有离岗创业及有关创业动力的同类相关研究中，不少学者借鉴了班杜拉的著名社会认知理论——三元交互理论，为后续研究奠定理论基础。该理论认为个体、环境、行为三者之间相互依存、相互作用。个体是指个人的相关背景、成长经验等，主要是内部个体因素作用机制；环境是在外部影响性因素的作用下产生的潜在影响因素；行为是在内外部主客观条件共同作用下个体实施的一系列外在动作。

通常情况下，个体、环境、行为的相互作用主要有四种：第一，个体主动选择环境。个体具有较为主动的权利，能够积极正向地适应并掌控环境，对于无法适应的环境可以选择回避。第二，环境直接影响个体。个体与环境是相互作用的，个体在选择环境时也会在一定程度上受到环境的影响甚至制约，个体在环境的影响下不断调整自身的行为方式。第三，个体和环境交互作用。个体与环境没有主客体之分，两者是在相互的交互作用中不断建立和完善主体行为方式。第四，个体、环境、行为三者交互作用，即个体、环境、行为三者相互双向影响，具有动态性、全面性、整合性。三元交互理论为离岗创业外部环境、离岗创业主体、离岗创业行为的影响因素和作用机理提供了恰当的切入点。

## 三、小结

纵观古今，大学是时代的产物，社会的不断发展促使大学不断演变。现代知识经济正在不断形成，以信息科技为核心的现代科学技术使人们的生活、学习、工作和沟通交流方式发生历史性变革，对在各个领域从事不同类型工作的人员在掌握知识和技能方面提出新的、更高的要求。这必将在无形中推动大学的变革与发展。当前，我国高等教育已进入普及化阶段，人口基数压力巨大、国民素质整体有待提升、供给侧结构性改革有待深化等，使高等教育同样面临着严峻的挑战。应用型高校作为高等教育机构中的一员，理应找准自身的办学定位，不仅要培养更多高素质的应用型人才，还要注重引进并培育高水平教师队伍，打造一流的应用型教师队伍，为国家创新型科技产业提供具有引领力的创新团队和充足的科技后备供给。

综上，应用型高校教师离岗创业是时代发展的产物，我国作为世界舞台的重要组成部分，受到世界多极化和经济全球化的影响，学术领域同样也衍生出许多具有推动性作用的事物，学术资本主义理论、知识生产模式理论也使应用型高校教师离岗创业在学理层面有了更加坚实可循的论证。高校作为我国社会环境中的重要组成部分，也面临着经济、政治、文化、科技等飞速发展带来的机遇和挑战。遵循资源依赖理论，应用型高校教师离岗创业是多重因素共同作用的结果，也是社会对高水平科学技术创新的需要。依托社会心理学方面的计划行为理论，更加科学、合理地解释了该项政策的复杂性和必要性。

# 第二章

# 假设与验证：应用型高校教师离岗创业政策的效度检测

本章在文献资料研读、现实场域观察与初步访谈分析的基础上提出两个假设：一是政策出台后，应用型高校教师离岗创业在规模、绩效上政策目标达成度偏低，政策有效性不足；二是提升离岗创业政策有效性的关键因素有两个——应用型高校教师离岗创业的动力机制和制度路径，两者分别解决的是"愿不愿"和"能不能"的问题。本章围绕上述假设设计问卷与访谈提纲，进行实证调查，通过数据统计与分析验证假设，最后在实证调查的基础上提出研究指向问题的现实紧迫性。

## 第一节　应用型高校教师离岗创业政策执行效度的调研

改革的实施只有通过政策的推动才具有合法性，各种问题都需要政府出台政策来解决。作为高校教师离岗创业行为的依据，《人力资源社会保障部关于进一步支持和鼓励事业单位科研人员创新创业的指导意见》在应用型高校的执行过程中受到了哪些影响，从政策文本到行动落实的一系列进程中遇到了哪些问题，什么因素影响和制约政策的有效执行，这些问题显然没有得到有效解决，对这些问题的辨识和审视具有重要的理论与现实意义。

美国公共政策学家史密斯（T. B. Smith）在1973年出版的《政策执行过程》（*The Policy Implementation Process*）中提出，理想化政策、执行机构、目标群体和政策环境是政策执行过程中的关键因素，即史密斯政策执行过程理论。①理想化政策，即上层决策者为了解决社会公共问题而制定并推行的制度方案，它是政策制定者试图引导的理想化的制度方案，具体包括政策的类型、政策的具体方式、政策所涉及的范围、政策的目标等；②执行机构，通常是在政府中具体负责政策执行的单位部门，在我国，公共政策的执行机构一般为相关政府部门，其负责政策的执行；③目标群体，即政策直接作用的对象，目标群体泛指根据特定的公共政策内容而必须调整其行为的群体，他们必须做出适当的反应以符合政策要求，其受政策的影响最为直接，对政策是否产生效果的感受也最为直接；④政策环境，由环境中影响政策执行或受政策执行影响的那些因素构成，政策环境具体可分为政策执行的政治环境、经济环境、文化环境、社会环境等。

理想化政策体现了政策制定者的意志，是政策目标的具体作用形式；执行机构是政府中具体政策执行的部门组织；目标群体是最直接的政策受众，是符合政策目标的人群，有政策响应条件和能力；政策环境作用并影响政策执行，同时接受执行的反馈而被影响或改变。四个要素共同作用，相互影响，直接影响政策执行的效果。从实际情况看，四个要素都包含在政策执行的整个过程当中：对理想化政策而言，作为政策执行效果的根基和最突出的影响因素，如果其制定得不合理、不完善，就会直接降低其他因素的效能；对于执行机构而言，执行部门组织的架构以及人员的态度、素质及行为心理等都会影响政策的实际执行结果，指有其科学、强有力地执行措施，才能保障政策的落实和政策目标的实现；对于目标群体而言，其对政策的认知水平、接受程度、文化素质、价值取向等直接关系着政策的执行推动和政策的执行进展，进而影响政策执行的效果；政策环境贯穿于整个执行过程，过程中的政治、经济、文化、社会等要素也会对最终政策执行效果产生影响。四个要素对政策的反馈会对政策形成正向推动或负向阻碍作用，促进政策不断完善发展或影响政策的有效执行。

根据史密斯政策执行过程理论，应用型高校教师离岗创业政策在执行过程中同样受到来自政策内容、执行机构、目标人群和执行环境四个要素的影响。由上一章分析可以得知，离岗创业政策内容和政策目标总体上具有合理性，因此，本节通过实证研究对执行机构中的执行者和目标群体进行调研，从而验证政策执行的效果。

## 一、调研目标及内容

离岗创业政策作为高校教师离岗创业的重要政策依据和外部条件，对教师的创业意愿、创业行为等产生不容忽视的影响。基于已有对离岗创业政策的研究可以发现，在我国创新创业政策在政策制定方面，因离岗创业配套制度措施尚不完善，我国尚未建立起规范统一的、针对应用型高校教师离岗创业的政策体系及其配套措施，应进一步健全政策支持体系，从而使政策真正落地，为应用型高校教师创业活动提供足够的支持。此外，高校教师本身离岗创业意愿不强烈，离岗创业行为动力不足，也是影响政策有效执行的重要因素。因此，为探究和解决应用型高校教师离岗政策实施中存在的问题，深入了解应用型高校教师的创业动力所在，本节主要针对应用型高校部门负责人和应用型高校教师展开调研，寻求影响离岗创业政策在应用型高校执行中的关键问题所在，以便更好地为教师离岗创业提供支持和保障，为促进高校更好地实施教师创业政策提供制度方向。我们以中央关于高校教师离岗创业政策的政策目标、政策执行的主体和对象为依据进行研究设计并展开调研，通过对调研数据的分析验证动力机制和制度路径是否为影响高校教师离岗创业的关键因素。

在对中央发布的和高校教师离岗创业相关政策文本进行梳理后,我们可以根据政策目标来确定调研目标以及调研内容的大致范围,通过对政策文本的研读可以发现,离岗创业的相关政策在逐步成形,并且逐年细化。2015年印发的《国务院关于进一步做好新形势下就业创业工作的意见》和《国务院关于大力推进大众创业万众创新若干政策措施的意见》,对离岗创业人员的人事管理已经有具体规定,前者规定"对于离岗创业的,经原单位同意,可在3年内保留人事关系,与原单位其他在岗人员同等享有参加职称评聘、岗位等级晋升和社会保险等方面的权利",后者规定"对经同意离岗的可在3年内保留人事关系,建立健全科研人员双向流动机制"。这也是之后各省份人力资源社会保障厅(局)出台事业单位专业技术人员离岗创业人事管理制度的重要依据。此后,中央出台的文件中数次提到"落实离岗创业政策",在2016年第十二届全国人民代表大会第四次会议工作文件中提到"推进高校、科研院所改革,制定科研人员兼职或离岗创业、职务发明等相关规定,形成鼓励创业创新的收入分配机制"[①]。《教育部关于深化高校教师考核评价制度改革的指导意见》也提出"落实国家关于高校教师离岗创业有关政策,保障教师在科技成果转化中的合法收益"。

2017年印发的《人力资源社会保障部关于支持和鼓励事业单位专业技术人员创新创业的指导意见》,对应用型高校教师离岗创业期间的人事管理制度有了明确具体的规定,对离岗创业期间的薪资待遇、社会保障、离岗期限返岗要求以及离职退休等各个方面都做出了详细的说明,同时给了地方政府和高校较大的自由自主权。2017年印发的《教育部等五部门关于深化高等教育领域简政放权放管结合优化服务改革的若干意见》提出,"高校可根据国家有关规定,自主制订教师到企业兼职从事科技成果转化活动的办法和离岗创业办法"。2018年印发的《教育部办公厅关于进一步推动高校落实科技成果转化政策相关事项的通知》进一步要求"建立健全涉及科技成果转化的科技人员兼职兼薪、离岗创业、返岗任职管理制度和办事流程,明确各参与方的权利、责任和义务"。

2019年印发的《人力资源社会保障部关于进一步支持和鼓励事业单位科研人员创新创业的指导意见》,将"专业技术人员"改为"科研人员",进一步把政策

---

① 确保经济稳定是"两会"的核心议题. http://www.rmlt.com.cn/2017/0315/464425.shtml.(2017-03-15).

的目标群体范围限定在了高校和科研院所。该文件把离岗创业相关的内容放在了首位，这说明离岗创业已经成为科技创新成果快速实现产业化、转化为现实生产力的重要途径，同时也说明政策的执行并没有达到预期效果，需要更多科研人员进行离岗创业来实现科技成果的有效转化。

从"探索—落实—健全"的政策走向来看，调研目标应重点关注离岗创业政策在应用型高校的落实情况和执行效果。在调研内容上，应着重关注应用型高校对离岗创业教师的人事管理以及人事制度。具体到每所学校，就是需要了解该校的离岗创业政策执行现状、离岗创业教师数量、是否有离岗创业成功的典型案例、是否制定了离岗创业配套的制度措施等。作为影响政策执行效果的主要因素，调研内容也包括了解政策执行人和目标群体，即应用型高校相关部门负责人和教师对离岗创业的看法态度。高校教师离岗创业相关国家政策如表2-1所示。

表2-1　高校教师离岗创业相关国家政策

| 序号 | 政策名称 | 颁布部门 | 发布日期 |
| --- | --- | --- | --- |
| 1 | 关于印发国家中长期科技人才发展规划（2010—2020年）的通知 | 科技部、人力资源社会保障部、教育部、中国科学院、中国工程院、国家自然科学基金委员会、中国科协 | 2011-07-26 |
| 2 | 国务院关于进一步做好新形势下就业创业工作的意见 | 国务院 | 2015-04-27 |
| 3 | 国务院关于大力推进大众创业万众创新若干政策措施的意见 | 国务院 | 2015-06-11 |
| 4 | 国务院办公厅关于印发进一步做好新形势下就业创业工作重点任务分工方案的通知 | 国务院办公厅 | 2015-06-18 |
| 5 | 国务院关于印发实施《中华人民共和国促进科技成果转化法》若干规定的通知 | 国务院 | 2016-02-26 |
| 6 | 第十二届全国人民代表大会第四次会议关于2015年国民经济和社会发展计划执行情况与2016年国民经济和社会发展计划的决议 | 全国人民代表大会 | 2016-03-16 |
| 7 | 国务院办公厅关于建设大众创业万众创新示范基地的实施意见 | 国务院办公厅 | 2016-05-08 |
| 8 | 国务院关于印发"十三五"国家科技创新规划的通知 | 国务院 | 2016-07-28 |
| 9 | 教育部、科技部关于加强高等学校科技成果转移转化工作的若干意见 | 教育部、科学技术部 | 2016-08-03 |
| 10 | 教育部关于深化高校教师考核评价制度改革的指导意见 | 教育部 | 2016-08-25 |
| 11 | 国务院关于印发"十三五"国家战略性新兴产业发展规划的通知 | 国务院 | 2016-11-29 |

续表

| 序号 | 政策名称 | 颁布部门 | 发布日期 |
|---|---|---|---|
| 12 | 国务院关于印发国家教育事业发展"十三五"规划的通知 | 国务院 | 2017-01-10 |
| 13 | 国务院关于印发"十三五"促进就业规划的通知 | 国务院 | 2017-01-26 |
| 14 | 人力资源社会保障部关于支持和鼓励事业单位专业技术人员创新创业的指导意见 | 人力资源社会保障部 | 2017-03-10 |
| 15 | 教育部等五部门关于深化高等教育领域简政放权放管结合优化服务改革的若干意见 | 教育部、中央编办、发展改革委、财政部、人力资源社会保障部 | 2017-03-31 |
| 16 | 国务院关于印发国家技术转移体系建设方案的通知 | 国务院 | 2017-09-15 |
| 17 | 教育部办公厅关于进一步推动高校落实科技成果转化政策相关事项的通知 | 教育部 | 2017-12-26 |
| 18 | 国务院关于推动创新创业高质量发展打造"双创"升级版的意见 | 国务院 | 2018-09-18 |
| 19 | 科技部、教育部印发《关于促进国家大学科技园创新发展的指导意见》的通知 | 科技部、教育部 | 2019-03-29 |
| 20 | 人力资源社会保障部、科技部关于深化自然科学研究人员职称制度改革的指导意见 | 人力资源社会保障部、科技部 | 2019-04-23 |
| 21 | 科技部等6部门印发《关于扩大高校和科研院所科研相关自主权的若干意见》的通知 | 科技部、教育部、发展改革委、财政部、人力资源社会保障部、中科院 | 2019-07-30 |
| 22 | 人力资源社会保障部关于进一步支持和鼓励事业单位科研人员创新创业的指导意见 | 人力资源社会保障部 | 2019-12-27 |
| 23 | 教育部等六部门关于加强新时代高校教师队伍建设改革的指导意见 | 教育部、中央组织部、中央宣传部、财政部、人力资源社会保障部、住房和城乡建设部 | 2020-12-24 |
| 24 | 中华人民共和国国民经济和社会发展第十四个五年规划和2035年远景目标纲要 | 全国人民代表大会 | 2021-03-11 |
| 25 | 国务院关于印发"十四五"就业促进规划的通知 | 国务院 | 2021-08-23 |

## 二、调研对象

离岗创业政策的执行主体为政府和事业单位，其主要目标群体为事业单位专业技术人员及科研人员。在本研究中，离岗创业政策执行主体为应用型高校，离岗创业政策所涉及的相关内容为人事制度和科研成果，具体执行人应为人事及科研部门，离岗创业政策的目标群体为全体应用型高校教师。因此，本次调查对象为应用型高校科研、人事部门管理人员（以下简称管理人员）及教师。对科管理人员的调研主要了解学校离岗创业政策落实和政策目标达成度情况、离岗创业制度完善情况、执行人员对政策的态度及了解离岗创业教师数量、是否存在离岗创业的典型案例。对应用型高校教师（特别是有科研成果的教师）的调研内容为其对离岗创业政策的认知和态度、对离岗创业行为的意愿和动机，以及成功进行离岗创业的案例。

## 三、调研方式

在明确了调研对象和调研内容之后，需要选择调研方式。考虑到调研对象的特殊性和调研实施的可行性，本次调研主要采用非结构化访谈和问卷调查的方式进行。非结构化访谈又称深度访谈或自由访谈。与结构化访谈相反，非结构化访谈并不依据事项设计好固定的问题和程序，只有一个访谈主题或范围，访谈双方围绕这一主题进行比较自由的交谈。其特点是弹性和灵活性较强，适合在访谈规模不大的情况下对问题进行深入、细致、全面的了解。问卷调查作为社会调查研究的一种常用方式，是调查研究中用于收集资料的工具，它在形式上是一份问题表格，其用途则是测量调研对象的社会背景、意见和态度。

访谈在个案分析、深挖背后原因的调研中十分有用，能够在特定情境之中充分了解受访者的经历和观点，追求的是还原实践的真相，探寻实践背后的社会意义。问卷调查则讲究抽样具有代表性，重点在于数据，即利用数据分析把问题之间的关系简化为相关关系或者因果关系，并且通过分析这些关系对问题的发展趋势进行预测。因为不设限制，非结构化访谈获取的信息量更大，所了解的内容也更全面。非结构化访谈与问卷调查相结合的调研方法，可以在调研内容上对调研对象全面了解的基础上设置更加有针对性的问卷题目。

## 四、调研实施

在此次调研中，访谈和问卷调查的范围面向全国应用型高校，因此可以积极发挥应用型高校工作人员和教师的资源联动效应，从点到面，逐渐铺开：首先对应用型高校管理人员和教师进行小规模访谈，在一定范围内了解应用型高校对离岗创业政策的执行情况、高校教师的创业情况，对访谈中反映出的问题进行归类；再根据这些问题有针对性地设计调查问卷并进行大规模发放；同时通过访谈对象将调查问卷进行有效扩散，形成从点到面的形式，这也在一定程度上保证了调查问卷的针对性和真实性。由于此次调研面向全国所有应用型高校，数据收集的方式更加多样化，访谈采用面对面的访谈以及电话、信息、邮件等语音和文字访谈相结合的方式，在访谈结束后将所有的语音和文字信息进行统一归纳和整理。考虑到问卷发放和回收速度的高效与填写的便利，以及问卷数据统计的准确性，问卷全部采用问卷星网络问卷方式进行发放和回收。

## 第二节 研究设计

### 一、访谈设计

（一）根据研究课题的调研目标确定访谈主题与访谈对象

此次调研，我们以访谈对象的不同来区分访谈的主题。当访谈对象为高校管理人员时，访谈主题为离岗创业政策在学校的执行现状、学校教师离岗创业的现状，同时了解管理人员从个人角度及管理者角度对离岗创业政策和教师离岗创业的看法。当访谈对象为应用型高校教师时，访谈的主题偏重教师对离岗创业政策的认知和对离岗创业的态度，以及了解教师自身对影响离岗创业意愿和行为的因素的评价。

（二）基于主题，划定访谈内容的范围与需要了解的问题

为了防止偏离主题和控制访谈时长，还需要设置一定的核心问题。围绕核心问题进行提问，必要时进行展开。

访谈对象为高校管理人员时，其核心问题有两个：第一，本校离岗创业政策实施现状，包括政策如何执行、执行效果如何，以及学校采取了哪些激励措施、会对离岗创业教师提供哪些帮助和支持等；第二，本校教师离岗创业现状，包括教师对离岗创业政策的态度、教师离岗创业的意愿和行为会受哪些因素影响等。访谈对象为高校教师时，其核心问题有三个：第一，对离岗创业政策的认知和评价；第二，对离岗创业的态度，影响离岗创业意愿和行为的因素有哪些，出于什么目的去创业，创业过程中会遇到哪些阻碍；第三，离岗创业所必备的条件，希

望得到来自哪些方面的帮助和支持。

（三）根据核心问题的设置，列出可能涉及的问题选项，在访谈中根据实际情况选取问题进行提问和讨论

在访谈过程中，访问者要始终围绕核心问题进行提问，与核心问题相关的内容可以适度展开。

### 1. 访谈提纲问题选项（管理人员）

（1）核心问题：本校离岗创业政策实施现状

可能涉及的问题包括：

1）针对国家、各级政府出台的高校教师离岗创业相关法律、政策文件，上级主管部门对学校有无考核要求？贵校是如何执行落实的？

2）出台了哪些具体政策和措施？效果如何？

3）还有哪些方面需要改进和完善？为什么？

（2）核心问题：本校教师离岗创业现状

可能涉及的问题包括：

1）贵校教师离岗创业的现状（如政策认同度、创业意愿和行为等）如何？

2）高校教师离岗创业需具备哪些素养和能力？最重要的是什么？

3）影响教师离岗创业的主要障碍因素是什么？如何破解？

（3）扩展问题

可能涉及的问题包括：

1）您对应用型高校教师离岗创业的看法是什么？高校教师有没有必要离岗创业？为什么？

2）是否允许教师通过学术创业获得个人收益，如何分配？

3）学校会对离岗创业的教师提供哪些支持和帮助？

### 2. 访谈提纲问题选项（教师）

（1）核心问题：对离岗创业政策的认知和评价

可能涉及的问题包括：

1）您对国家、各级政府出台的促进高校教师离岗创业的法律、政策文件是否知晓？您是否认同？

2）您所在学校是否执行落实？效果如何？

（2）核心问题：对离岗创业的态度

可能涉及的问题包括：

1）您对高校教师离岗创业的看法是什么？您认为教师有没有必要离岗创业？为什么？

2）您是否有过离岗创业的打算？

3）哪些动力会促使您去创业？（请按重要性排序：政府号召，学校要求，提升研究水平，改善教学、事业发展、名望、权力、经济利益、独立自由等）？

4）如果离岗创业，您认为会对目前的生活有较大的改变吗？

5）您认为离岗创业最大的困难和阻碍来自哪方面？

（3）核心问题：离岗创业所必备的条件

可能涉及的问题包括：

1）您认为高校教师离岗创业需具备哪些条件、素养和能力？为什么？最重要的是什么？

2）如果离岗创业，您最希望获得（来自哪方面的）（什么样的）支持和帮助？

（四）访谈中的注意事项

在进行访谈尤其是面对面的访谈时，需要注意以下几个问题：第一，灵活提问。非结构化访谈由于题目不设限制，更加考验访问者的应变能力和综合素质。好的访谈除了参照访谈提纲进行提问之外，更要在灵活提问中获取关键的信息。第二，多听少说。倾听不仅是对被访者的尊重，善于倾听也会使访问者在倾听过程中获取关键信息。访问者善于用关键词总结听到的信息，善于从长篇叙述中搜集到有价值的信息，注意被访者的潜台词中可能包含的信息，不断地总结、归纳并及时与被访者核实内容，当发现被访者在叙述中偏离访谈内容时，要及时打断并引导其回到访谈重点问题上。第三，注意访谈礼仪。在访谈开场时，访问者要做自我介绍，感谢被访者，说明访谈的目的、大致内容和访谈时限，告知其访谈中会做记录，如需要录音要告知被访者且征得其同意，并向其强调保密原则。在访谈结束时，访问者要总结要点，确认问题，必要时对问题进行补充，在访谈结束后再次感谢被访者以及重申保密原则。

## 二、访谈结果概述

在一对一的非结构化访谈中，我们对分别来自东部、中部、西部地区10所应用型高校的13位管理人员和18位教师进行了访谈，通过对访谈内容的汇总和整理，现将访谈结果做分类概述如下。

（一）应用型高校创业政策执行现状和教师离岗创业现状：政策落地困难，政策目标难以达成

离岗创业政策的执行过程和执行效果整体不太理想，基本上处于停滞阶段。被访者所在学校在执行过程中并没有很好地推进离岗创业政策，多数学校只是对上级政策文件做了公示，没有进行宣讲，缺乏有效的传达。一些学校甚至没有将政策文件公开，以至于很多老师完全不知道政策内容。多数学校未出现教师离岗创业的情况，更没有教师离岗创业成功的典型案例。

政策执行效果不佳的原因在于：第一，国家在离岗创业的顶层政策设计上起到了引导作用，具体的实施方法还在于应用型高校自身如何将政策内容进一步细化和完善，然而大多数被访者所在学校在教师离岗创业政策上还处于观望阶段，在高校系统中还没有一套整体的、完善的、可以用来实施的制度。极少数被访者所在学校对政策细化进行了探索和尝试，出台了"专业技术人员离岗创业暂行管理办法"，但制定的相关制度十分有限，对具体如何施行、相关申请流程、离岗创业期限、工作待遇、社会保险、科研成果权益分配等双方权利义务及争议处理方式等事项以及后续跟进扶持政策等仍有待详细规划，针对当前高校教师离岗创业执行监督则更是无从谈起。

目前在各级各类政策存在一定程度不兼容、不配套的情况下，出于对高校相关利益和教师自身利益的考量，高校对待离岗创业政策的执行在态度上十分谨慎，甚至可以说有所保留。大多数管理人员表示，本校没有教师申请离岗创业，甚至有管理人员表示"在实际工作中，近年来申请离岗创业的三名教师，对照上级有关要求经审核并问询，均已主动撤回离岗申请"。高校存在顾虑：一方面，如果有一定数量的教师离岗创业，是否会对学校的教学和科研造成一定的影响？教师的主要职责仍然是教学和科研，创业活动无论如何也不能影响到学校的教学和科研工作。另一方面，如果教师离岗创业，个人收益将如何分配？学校允许教

师通过学术创业来增加个人收入，国家已经对科技成果转化收益分配有明确规定，但在离岗创业过程中产生的其他收益（比如到企业任职的职务收入）如何界定，如何分配，这些都是需要考虑的问题。

第二，对于高校是否将离岗创业期间的创业成果纳入教师晋升和考核指标的问题，几乎所有受访的管理人员都表示暂时没有相关规定。一些高校认为创业与教师考核是两回事，一般不将创业成果纳入教师考核，还是以教师的教学科研成果为标准来进行考核，创业的成果并不能够替代考核，也不能作为额外的奖励加分项。一些高校教师评聘制度中有横向项目产生显著的社会经济效益的具体规定，有的学校出台了"教师企业实践办法（试行）"，通过专业课教师到企业进行专业实践和参与一线生产，推进高校与企业之间的交流合作，并对实践时间及待遇做了较为明确的规定。在教师岗位聘任和职称晋升中有对横向项目研究成果产出价值的相关文件，可以适当支撑教师技术成果转化。教师评价、年度考核、岗位聘任或者职称晋升环节主要包括教师科研项目的横向到账经费，没有特别强调承认创业成果。

多数高校在教师评价上（如年度考核、岗位聘任或者职称晋升）还是采用传统方式，将教师分为教学为主型教师和教学科研型教师关键类型，评价指标中的工作业绩主要包括教学业绩和教科研成果。教科研成果主要通过论文、著作、教科研项目、成果获奖、专利授权、教学质量工程、指导学生竞赛获奖等指标进行评定，未将创业成果纳入职称评审条件。

教师的职称晋升也是主要针对教学和科研两方面进行量化积分评定。如果说将创业成果纳入评审条件，整个评价体系都要重新做出调整。关于年度考核、岗位聘任或者职称晋升等环节主要指标，各高校都有差别。另外如课时任务多少、理论教学与实践教学课时系数差别、科研和教学是否打通、创业或社会服务是否算作教学成果等问题，都是在量化指标制定过程中需要考虑的实际问题。

第三，目前高校教师离岗创业政策实施过程中，没有所谓的监督机构来监督。离岗创业政策本身并没有引起校内外、社会、政府的更多关注，也没有考核和激励，缺乏相应的配套制度，高校在政策执行过程中也不会将离岗创业作为一项重点任务来推进。离岗创业政策本身的政策设计是鼓励创业，要为离岗创业人员提供保障。对于那些确实需要离岗创业的人来说，这个政策必须存在，而且非常合理。但是对于高校来说，教师的离岗创业对高校的发展有一定影响，高校在执行政策的过程中并没有完善相应的配套实施细则，因此它是无法发挥激励作用的。没有激励作用，教师就无法真正离岗创业，因此政策本身看不出明显成效。

（二）高校管理人员对教师离岗创业的看法和态度：科技成果转化有多种途径，离岗创业不是最优选择

在"双创"大背景下，国家层面支持和鼓励科研人员离岗创业，出发点是好的，目的在于加快科技成果转化，促进经济发展。高校同样支持教师积极开展成果转化和技术转移活动。创业是科技和应用连接的一条直接途径，一方面通过创业能够实现科技的现实转化，另一方面在创业过程中又会发现新的科研方向和切入点，促进科技进一步发展；同时创业也是很好的教育内容和素材，在创业过程中积累的经验又可以通过第一课堂的形式传授给有创业意向的学生和本专业的学生，促进学生综合能力的提升。这在应用型人才培养上是非常必要的。

虽然离岗创业无论对科研成果转化、教师水平提高、就业平台搭建还是对其他方面都有一定帮助，但是从高校的角度来说，教师个人离岗创业不算是最好的选择。

第一，目前高校的科技成果转化法或成果转化的相关政策为教师在职和兼职推进成果转化提供了不少便利，所以他们也没必要离岗创业。高校教师一般不要求坐班制，通行惯例是允许1/5制，即工作五天允许一天的兼职，实际上这是教师成果转化和创业方式的主流做法。成果转化主要有三种方式，一是转让，二是授权，三是初创企业（即创办公司）。即使允许教师创办公司，高校一般不鼓励教师去做总经理、董事长，也就是说不鼓励教师直接经商，而是鼓励他们做首席科学家。一些高校在教师学术创业上的探索是鼓励科研团队里的非核心人员（比如导师的博士生、硕士生）带领团队用导师的成果去创业，学生来做创业主体（即企业的核心管理者），导师或团队中的科研人员担任公司首席科学家，持有公司股份。这种做法既保证了教师科技成果转化的途径，也避免了教师不擅长的企业经营和管理问题，使教师可以专注于科学研究。同样，教师在职和兼职创业基本上走的也是这条路，只不过是团队创业和个人创业的区别，但也比较符合这个规律。目前来看，离岗创业与其相比并没有太大优势，或者保守地说，因缺少教师离岗创业相应的保障政策，考虑高校教学科研的需要和教师自身的利益，高校在实际工作中并不鼓励教师离岗创业。

第二，有能力进行学术创业的教师手中大都掌握着一些前沿的科技成果，如果选择离岗创业，就意味着完全脱离高校的教学科研工作，全力投入创办企业当中。通常，教师离开教学科研岗位后，以现在的学术发展态势，三五年以后在研究层面就很难再回到高校，即便回到高校，也可能跟不上研究的发展速度。这个问题对高校来说是一个重大的制约和限制因素。

第三，很多教师一毕业就进入高校，教师就是他们的终身职业，已经在这个环境中工作了很多年，适应或者习惯了高校的工作节奏和模式。自己创业去开办一家公司是一个复杂的过程，对于很多教师来说是一个全新的领域，所遇到的各种问题已经不只是其专业知识、教学水平科研能力所能应对的。没有外界的支持，他们往往很难走下去。

关于高校是否会为离岗创业教师提供帮助和支持的问题，被访管理人员表示，如果有教师提出离岗创业的申请，高校在核实情况认为确实可行后会同意，但是能提供的帮助和支持通常非常有限，大多数高校仅仅能做到国家政策所要求的"保留人事关系，保留基本待遇"这个层面。各高校离岗创业的教师并没有形成规模，因此也没有典型案例可做制度研究设计的参考。

（三）应用型高校教师对离岗创业政策的了解认同程度：了解程度不高，认同度高，认同与创业意愿和行为关联度不高

在接受访谈的应用型高校教师中，超过半数的教师对离岗创业相关政策了解程度不是太高，少部分教师完全不了解。这不仅与前面对应用型高校管理人员的访谈中提到的高校对教师离岗创业政策的宣传不及时、不到位有关，而且与教师自身没有离岗创业的想法有关，没有离岗创业想法的教师不会去主动关注相关政策。一般来说，离岗创业政策的出台对那些原本就没有离岗创业想法的教师产生的影响不大，只有原本就有离岗创业意向或是进行过在职创业的教师才会主动了解相关政策内容。"不是因为有了离岗创业政策才会有想法，而是有想法的人正好遇上了政策。"

同样，高校教师对离岗创业政策的认同也不代表他们就一定去离岗创业。多数教师在了解到离岗创业政策之后表示对政策的认同和支持，但同时也表示自己不会考虑离岗创业。

（四）应用型高校教师对离岗创业的看法和态度：创业高要求、高风险，自身能力难以达到

高校教师对离岗创业的看法和管理人员大致相同，创业在一定程度上有利于教师发展、产教融合、科技创新、成果转化以及产业技术及行业信息回归课题教学。离岗创业的目的在于"科技创新、成果转化及产业推广"，但是在职创业同样也可以达到这个目的，还省去了创办企业所必须承担的一系列风险。

关于离岗创业的动机，除了政策缺乏激励效应，学校制度尚不明晰这些外部的决定性因素之外，教师更多地出于对自身内部因素的考量。多数教师认为最大的创业动机来自经济利益和事业发展。在英国经济学家亚当·斯密的经纪人假设中，如果离岗创业能带来很大收益，也就是说比教师本职工作和在岗创业挣得多，还是有一部分人愿意尝试的。然而现实情况却是，一方面，多数高校的离岗创业制度中对离岗创业期间的工资待遇这一项，给予的标准几乎都是保留基本工资和五险一金。正常情况下，多数教师的年薪在十万元以上，如果选择离岗创业，学校又无法提供资金支持的情况下，现有的待遇让他们几乎等同于还没开始创业就面临"失业"——"还没挣钱，先损失十几万"，并且创业的收益未知。在这样的情况下，没有任何确定可以获取的经济利益，教师是没有太大的动力去离岗创业的。另一方面，被访高校教师多为事业正处于上升期的中青年教师，他们十分看重职业的规划和事业的发展。他们表示，离岗创业必然给自己的事业和生活带来不小的变化，贸然地离岗创业是一件非常冒险的事情，多数教师不愿意承担这种风险。同时由于离岗创业政策在学校没有相对完善的配套制度，尤其是创业成果没有被纳入教师考核和职称评定标准之内，离岗创业行为无法为教师的事业发展提供有效支撑，这也是多数教师缺失离岗创业动力的重要原因。

关于离岗创业最大的困难和阻碍，高校教师的自身因素包括时间精力、资金支持、家庭因素、自身能力、社会关系等方面。创业初期需要大量的时间精力，需要投入大量的资金，没有资金投入，创业就无从谈起，这会在一定程度上改变教师以往的生活，影响到其家庭。访谈中的多数教师处于教师生涯的发展阶段，正是事业的上升期，他们有事业和家庭的双重顾虑，不会轻易尝试离岗创业。如果离岗创业，就意味着从教师角色向创业者角色的转换。创业者所需要的能力和素养，如机会识别、市场开发、经营管理、资源配置这些经营企业所需要的能

力，创办企业需要应对和处理各方面（比如政府、金融机构、中介机构、合作方、供应商、消费者等）的关系能力，以及抗压抗风险的企业家精神，大多数教师并不具备。对于离岗创业的困难和阻碍是多方面的，每个教师的衡量标准有所偏重，但比较统一的认知是在自身动力不足的情况下，离岗创业意愿难以形成。

关于离岗创业最希望得到的帮助和支持，几乎所有受访教师都表达了对于"如果自己离岗创业，希望得到多方面的帮助与支持"的诉求，大致可以分成三类：第一，国家政策，希望国家层面关于离岗创业的政策更加完善，从而使离岗创业教师的切身利益得以保障；第二，地方政府和高校的配套制度，希望地方政府和高校在人事管理制度（延长离岗期限、保留原单位待遇等）、管理服务制度（简化申请和办理流程、提供相关信息和咨询等）、配套扶持制度（提供资金、技术和场地、减税降费等）上制定更有效的激励措施（岗位评聘、职称评定、荣誉、奖金等）；第三，家庭和社会的支持，主要包括家庭成员的精神和物质支持、社会舆论对教师身份转换的认同等。

## 三、问卷设计

结合访谈中的信息以及相关文献中对创业意愿行为问卷调查的量表参考，我们将调查问卷分为五个部分。

第一部分为个人基本信息，包括性别、年龄、受教育程度、职称、学科门类、主要从事岗位类型、所在地区、学校属性。个人基本信息是一种对客观事实的记录，也是对于样本是否基本覆盖到应用型高校教师群体、样本是否具有代表性的典型反映。

第二部分为个人特质调查。由于问卷面向应用型高校教师，并没有针对不同教师群体设置不同的题目，在这里需要有一道题对三类人群——没有创业想法和实践、有创业想法没有实践、有创业想法也有实践的人群做出划分，即无意愿无行为、有意愿无行为和有意愿有行为，以便统计不同人群的创业意愿行为和影响其创业意愿行为的因素之间的关系。在"在校任职期间是否有过创业的想法和实践"这道题之后还设置了一个条件触发题，如果选择了"有想法有实践"，则会增加一题"创业实践的方式"，以便将三类人群的问卷数据进行对比。

第三部分为创业动机调查。依据访谈内容中关于"哪些动力会促使您去创业？""高校教师离岗创业需具备哪些条件、素养和能力？"这两个问题的回答所涉及的方面，将问卷中有关个人特质的部分归纳为三个方面：利益期望、成就动机和自我效能感，通过利克特五级量表法对目标群体的主观感知进行测量，将目标群体个人特质进行记录。量表的分值与被调查者的认知程度呈正相关排列。如题目"通过创业积累更多财富，为家庭提供保障"，五级量表为完全不同意、不同意、不确定、同意、完全同意，对应的分值为 1 分、2 分、3 分、4 分、5 分。分值越高，说明被调查者认为该项指标与离岗创业的相关度越高。

利益期望是一种可以促进积极态度形成的假设性激励，通常表现为提高声誉的期望、获取物质利益的期望、增强自我内在满足感的期望以及实现社会效益的期望。[1]利益期望数值越高的人，越容易产生创业的动机，反之，利益期望数值较低的人，越不容易产生创业的动机。

成就动机测量选自挪威心理学家 Gjesme 和 Nygard 于 1970 年编制的《成就动机量表》（Achievement Motivation Scale，AMS），由叶仁敏和 Hagtvet 于 1988 年修订而成。《成就动机量表》共 30 道题，本书根据需要选取其中 3 道题应用于问卷调查当中。

自我效能感是指个体对自己是否有能力完成某一行为所进行的推测与判断。美国著名心理学家班杜拉于 20 世纪 70 年代在其著作《思想和行为的社会基础》中提出，自我效能感的定义是指"人们对自身能否利用所拥有的技能去完成某项工作行为的自信程度"。该概念被提出以后，心理学、社会学和组织行为学领域开始对此进行大量研究。班杜拉认为，由于不同活动领域之间的差异性，所需要的能力、技能也千差万别。一个人在不同的领域中，其自我效能感是不同的，因此并不存在一般的自我效能感，任何时候讨论自我效能感，都是指与特定领域相联系的自我效能感。国内外研究证明，自我效能感对于提高工作绩效、增强工作动机、改善工作态度都有重要意义。[2]本书考虑到教师创业过程的特殊性，将自我效能感的测量分为机会识别自我效能感、管理自我效能感和关系自我效能感[3]。

---

[1] 尚妤，宋建敏，丁超. 2020. 社会网络关系影响学术创业意愿的传导机制研究——基于组织内外部的社会网络视角. 科学管理研究，（3）：78-85.

[2] 周文霞，郭桂萍. 2006. 自我效能感：概念、理论和应用. 中国人民大学学报，（1）：91-97.

[3] 黄芳，蒋莹，石盛林. 2020. 创业自我效能感、环境感知与创业意愿研究——基于南京高校教师的调研. 科技与经济，（1）：81-85.

第四部分为创业资源调查,资源条件是教师离岗创业所必须具备的自身资源和条件,包括自身的时间、精力、资金,自身学术水平、创业学习和实践经验,家庭提供各种支持和帮助。

第五部分为创业环境调查。宏观上的创业环境是指与创业活动相关联的因素的总和,是影响个体创业的政治、经济、文化、社会等所有外部因素的总和。它不受创业者主观控制,却对创业者产生重要影响。潜在创业者通过模仿、学习社会中的成功创业者产生创业意向及行为。当前,关于创业环境较为经典的模型是 GEM 模型和由 Gnyawali 提出的五维模型,前者将创业环境细分为政策、教育、文化、金融、基础设施等九个维度,后者将创业环境划分为行政、经济、能力、资金及其他支持五个维度。在应用型高校教师离岗创业认知现状调查问卷(表 2-2)中,由于主要调查对象为高校教师,因此在参考上述量表的同时将影响离岗创业意愿的外部环境因素归纳为政策环境、高校环境和社会环境。

表 2-2  应用型高校教师离岗创业认知现状调查问卷结构

| 分类 | 维度 | | 题号 |
| --- | --- | --- | --- |
| 个人基本信息 | 性别<br>年龄<br>受教育程度<br>职称<br>学科门类<br>主要从事岗位类型<br>所在地区<br>学校属性 | | 1<br>2<br>3<br>4<br>5<br>6<br>7<br>8 |
| 个人特质 | 在校任职期间是否有过创业的想法和实践 | | 9 |
| | 创业实践的方式(条件触发题) | | |
| 创业动机 | 利益期望 | 通过创业积累更多财富,为家庭提供保障<br>通过创业赢得广泛认可,获得社会声望<br>推动教学科研水平提升,为学生提供就业创业机会,助力地方经济发展 | 10<br>11<br>12 |
| | 成就动机 | 不管事情有多困难,只要认为值得做就会尽力而为<br>承担并完成挑战性的工作会有成就感<br>面临风险时采取大胆决策 | 13<br>14<br>15 |
| | 自我效能感 | 机会识别自我效能感:敏锐捕捉市场潜在机会的能力<br>管理自我效能感:较强的经营管理能力<br>关系自我效能感:与创业所需的各类资源建立紧密的联系并获取信息的能力 | 16<br>17<br>18 |

续表

| 分类 | 维度 | | 题号 |
|---|---|---|---|
| 创业资源 | 时间、精力、资金充裕<br>自身学术水平高、创业学习和实践经验丰富<br>家庭提供各种支持和帮助 | | 19<br>20<br>21 |
| 创业环境 | 政策环境 | 离岗创业政策得到有效执行<br>离岗创业政策体系完整<br>政府制定了金融、税收、审批、补贴等配套优惠政策 | 22<br>23<br>24 |
| | 高校环境 | 学校有专设机构协助教师开展学术创业活动<br>学校在教师岗位聘任、晋升环节承认学术创业成果 | 25<br>26 |
| | 社会环境 | 和、院系负责人、同事支持创业<br>鼓励创新创业的社会文化氛围<br>有多种可供选择的获取创业信息、参加培训渠道 | 27<br>28<br>29 |

## 四、问卷数据分析

本次问卷调查共收集有效问卷714份，我们首先对问卷的量表部分进行信度和效度的检验，以确认收集的数据是否可以用来进行下一步分析。

（一）信效度检测

信度分析用于检验定量数据的准确性和可靠性，通过分析 $\alpha$ 系数来判断问卷的信度，通常情况下，若 $\alpha \geq 0.8$ 说明信度高，$0.8 > \alpha \geq 0.7$ 说明信度较好，$0.7 > \alpha \geq 0.6$ 说明信度一般并在可接受范围内，$\alpha < 0.6$ 则说明信度不佳。本研究使用 SPSS AU 对问卷中量表部分信度进行检验，结果如表2-3所示，其中信度系数值为0.955，说明本研究数据信度较高，可以用于进一步分析。

表2-3　问卷量表部分 Cronbach 信度分析

| 样本量 | 项目数 | Cronbach |
|---|---|---|
| 714 | 22 | 0.955 |

在对问卷量表部分做效度检验时，若 KMO>0.8 说明非常适合进行因子分析，$0.8 \geq$ KMO>0.7 说明比较适合进行因子分析，$0.7 \geq$ KMO>0.6 说明可以进行因子分析，KMO≤0.6 则说明不适合进行因子分析。从表2-4可以看出创业动机、创业资源和创业环境这三类变量的 KMO 值都大于0.8，$p$ 值也低于0.001，说明各个变量之间的信息相关度高，量表效度较高，符合因子分析条件。

表 2-4 问卷量表部分效度检验

| 量表类型 | KMO 值 | Bartlett 球形度数值 | |
|---|---|---|---|
| | | $\chi^2$ | $p$ |
| 创业动机 | 0.940 | 14567.648 | 0.000 |
| 创业资源 | 0.909 | 5793.538 | 0.000 |
| 创业环境 | 0.910 | 6313.425 | 0.000 |

### (二) 样本基本情况分析

样本的基本情况统计数据如表 2-5 所示。从样本基本信息的统计数据来看，男女占比较为均衡。年龄段基本覆盖了所有工作阶段，其中 50 岁及以上人数占比最低，仅为 8.1%；占比最高的年龄段为 30—39 岁，为 34.6%，这个年龄段在高校教师中也是人数相对较多的，他们处于教师职业生涯中最关键的发展期和上升期，对于事业重心的选择和考量会是多方面的，且往往谨慎地做出选择。在受教育程度上，硕士占比最高，为 63.0%，博士次之，为 19.9%，这也基本符合应用型高校教师学历层次的现状。一般来说，一些对离岗创业"有想法无实践"的人会受到学历和科研水平的限制。从所在学校属性和所在学科门类来看，样本基本覆盖了所有的学校属性和学科门类。访谈中不少高校管理人员和教师提到，工科专业更容易找到创业的途径和平台。一项对高校教师创业领域的调查显示，高校教师创业涉及领域最多的是计算机、软件和信息技术类，占据调查总数的半数以上[①]。工科教师自主创业的类型基本上以成本低、投资少、占用空间不大且见效快的各类工作室为主，而文科教师自主创业类型主要是各类企业讲座和兼职培训。在职称方面，与年龄及学历一致，初级和中级职称占样本总数的 70% 以上，分别为 32.4% 和 40.1%，符合"事业的发展和上升期"这一推测，这些教师在职称评定上存在非常大的上升空间。在主要从事岗位类型上，应用型高校教师中，管理岗位、教学为主型和教学科研型为前三位，分别占 30.3%、28.0% 和 25.5%，科研开发型仅占 4.3%。这说明应用型高校教师的本职工作还是以教学为主，教学和科研兼顾，在高校中有机会参与创业活动的也以这两类教师为主，专注于科研工作的还是少数。

---

① 张菊，吴道友，张巧巧. 2016. 高校教师创业现状及其管理机制研究. 兰州教育学院学报，(3)：58-60.

表 2-5 样本个人基本情况统计

| 类别 | 特征 | 人数/人 | 占比/% |
| --- | --- | --- | --- |
| 性别 | 男 | 322 | 45.1 |
|  | 女 | 392 | 54.9 |
| 年龄 | 30 岁以下 | 196 | 27.5 |
|  | 30—39 岁 | 247 | 34.6 |
|  | 40—49 岁 | 213 | 29.8 |
|  | 50 岁及以上 | 58 | 8.1 |
| 受教育程度 | 专科及以下 | 7 | 1.0 |
|  | 本科 | 115 | 16.1 |
|  | 硕士 | 450 | 63.0 |
|  | 博士 | 142 | 19.9 |
| 所在学校属性 | 综合 | 290 | 40.6 |
|  | 理工 | 99 | 13.9 |
|  | 农林 | 85 | 11.9 |
|  | 金融财经 | 43 | 6.0 |
|  | 师范 | 134 | 18.8 |
|  | 医药 | 20 | 2.8 |
|  | 科技 | 11 | 1.5 |
|  | 政法 | 17 | 2.4 |
|  | 其他 | 15 | 2.1 |
| 所在学科门类 | 哲学 | 19 | 2.7 |
|  | 经济学 | 64 | 9.0 |
|  | 法学 | 58 | 8.1 |
|  | 教育学 | 89 | 12.5 |
|  | 文学 | 69 | 9.7 |
|  | 历史学 | 4 | 0.6 |
|  | 理学 | 88 | 12.3 |
|  | 工学 | 82 | 11.5 |
|  | 农学 | 123 | 17.2 |
|  | 医学 | 5 | 0.7 |
|  | 艺术学 | 31 | 4.3 |
|  | 管理学 | 80 | 11.2 |
|  | 军事学 | 2 | 0.3 |
| 职称 | 正高级 | 44 | 6.2 |
|  | 副高级 | 153 | 21.4 |

续表

| 类别 | 特征 | 人数/人 | 占比/% |
|---|---|---|---|
| 职称 | 中级 | 286 | 40.1 |
| | 初级 | 231 | 32.4 |
| 主要从事岗位类型 | 教学为主型 | 200 | 28.0 |
| | 科研开发型 | 31 | 4.3 |
| | 教学科研型 | 182 | 25.5 |
| | 管理岗位 | 216 | 30.3 |
| | 其他 | 85 | 11.9 |

注：由于四舍五入，加总可能不为100%，余同。

问卷的第9题是在个人基本信息基础之上，对有离岗创业意愿行为的和没有离岗创业意愿行为的教师群体进行划分（表2-6）。在"在校任职期间是否有过创业的想法和实践"这一题当中，选择"有想法有实践"的人数最少，为88人，占总样本数量的12.3%，在这个选项所关联的条件触发题目"您是哪种形式的创业实践"中，选择离岗创业的人数仅有14人，选择在职创业的有70人，选择辞职创业的有4人。也就是说，在样本总数714人的前提下，有创业行为并且创业形式为离岗创业的人数只占样本总数的2.0%，这个比例也同样验证了前文中的离岗创业政策执行现状分析和访谈内容所反映出的现象，即应用型高校教师对离岗创业的参与度不高，将离岗创业付诸行动的人数非常少。选择"无想法无实践"的人数占样本总数的34.0%，这说明在应用型高校中约有1/3的教师没有离岗创业的意愿。选择"有想法无实践"的人数最多，占53.6%，有想法的教师往往有一定的创业意愿，但出于缺乏意愿向行动转化的动力而未能将想法付诸实践，因此，在对离岗创业政策的推进过程中，提升政策有效执行的关键因素之一就是促使教师的创业意愿向创业行为有效转化，教师离岗创业动力机制研究成为不可忽视的课题。

表2-6 创业想法实践及创业形式统计

| 类别 | | 人数/人 | | 占比/% |
|---|---|---|---|---|
| 有想法有实践 | 在职创业 | 70 | 88 | 12.3 |
| | 离岗创业 | 14 | | |
| | 辞职创业 | 4 | | |
| 有想法无实践 | | 383 | | 53.6 |
| 无想法无实践 | | 243 | | 34.0 |

## （三）创业动力认知分析

这部分内容是调查教师对离岗创业动机和离岗创业所需能力的自我认知。利益期望、成就动机和自我效能感在一定程度上直接影响离岗创业意愿的产生和离岗创业行为的发生。

在利益期望涉及的三个问题上（表2-7），对于题目"通过创业积累更多财富，为家庭提供保障"，平均分为4.02，平均分值处于同意的状态。赞同和非常赞同的占比分别为40.9%和34.6%，超过样本总数的3/4，说明多数教师认为积累财富是进行离岗创业的主要动机。对于题目"通过创业赢得广泛认可，获得社会声望"，平均分为3.65，处于一般偏向赞同的状态，说明半数教师认为获得社会声望属于离岗创业的动机因素之一，而44.3%的教师认为获得社会声望并不足以成为离岗创业的明显动机。对于题目"推动教学科研水平提升，为学生提供就业创业机会，助力地方经济发展"，平均分为3.92，处于接近赞同的状态。

表 2-7 利益期望分析统计

| 题目/选项 | 非常不赞同 | 不赞同 | 一般 | 赞同 | 非常赞同 | 平均分 |
|---|---|---|---|---|---|---|
| 通过创业积累更多财富，为家庭提供保障 | 21 (2.9%) | 18 (2.5%) | 136 (19.1%) | 292 (40.9%) | 247 (34.6%) | 4.02 |
| 推动教学科研水平提升，为学生提供就业创业机会，助力地方经济发展 | 21 (2.9%) | 24 (3.4%) | 155 (21.7%) | 305 (42.7%) | 209 (29.3%) | 3.92 |
| 通过创业赢得广泛认可，获得社会声望 | 27 (3.8%) | 32 (4.5%) | 257 (36.0%) | 248 (34.7%) | 150 (21.0%) | 3.65 |

在成就动机涉及的三个问题上（表2-8），整体的平均分较高，都处在赞同的状态。对于题目"不管事情有多困难，只要认为值得去做就会尽力而为"，平均分为4.06，平均分处在赞同的状态，赞同和非常赞同的占比分别为46.2%和32.8%，对于题目"承担并完成挑战性的工作会觉得有成就感"平均得分为4.04，赞同和非常赞同的占比达到50.4%和29.6%。对于题目"当面临风险时会采取大胆的决策"，平均分略低于前两项，为3.89，赞同和非常赞同分别占46.4%和24.7%。这说明多数教师比较认同成就动机是创业的重要因素之一。

表 2-8 成就动机分析统计

| 题目/选项 | 非常不赞同 | 不赞同 | 一般 | 赞同 | 非常赞同 | 平均分 |
|---|---|---|---|---|---|---|
| 不管事情有多困难，只要认为值得去做就会尽力而为 | 13 (1.8%) | 14 (2.0%) | 123 (17.2%) | 330 (46.2%) | 234 (32.8%) | 4.06 |

续表

| 题目/选项 | 非常不赞同 | 不赞同 | 一般 | 赞同 | 非常赞同 | 平均分 |
|---|---|---|---|---|---|---|
| 承担并完成挑战性的工作会觉得有成就感 | 14 (2.0%) | 11 (1.6%) | 118 (16.5%) | 360 (50.4%) | 211 (29.6%) | 4.04 |
| 当面临风险时会采取大胆的决策 | 14 (2.0%) | 22 (3.1%) | 171 (24.0%) | 331 (46.4%) | 176 (24.7%) | 3.89 |

在自我效能感所涉及的三个题目上（表2-9），整体的平均分处于赞同的状态。对于题目"与创业所需的各类资源建立紧密的联系并获取信息的能力"，平均分为4.00，赞同和非常赞同分别占48.7%和28.6%。对于题目"敏锐捕捉市场中潜在机会的能力"平均分为4.09，赞同和非常赞同的占比分别为40.8%和37.3%。对于题目"较强的经营管理能力"，平均分为4.03，赞同和非常赞同分别占45.2%和31.8%。这说明多数教师已经充分认识到教师创业所具有的特殊性。教师创业不同于一般的生存创业，教师以科技成果转化为目的进行创业属于典型的机会创业。这就要求教师具有一定的经营管理所需的各种能力，比如识别和把握市场机会的能力、获取并整合信息资源的能力等。

表2-9 自我效能感分析统计

| 题目/选项 | 非常不赞同 | 不赞同 | 一般 | 赞同 | 非常赞同 | 平均分 |
|---|---|---|---|---|---|---|
| 与创业所需的各类资源建立紧密的联系并获取信息的能力 | 15 (2.1%) | 15 (2.1%) | 132 (18.5%) | 348 (48.7%) | 204 (28.6%) | 4.00 |
| 敏锐捕捉市场中潜在机会的能力 | 15 (2.1%) | 12 (1.7%) | 130 (18.2%) | 291 (40.8%) | 266 (37.3%) | 4.09 |
| 较强的经营管理能力 | 15 (2.1%) | 15 (2.1%) | 134 (18.8%) | 323 (45.2%) | 227 (31.8%) | 4.03 |

（四）创业资源认知分析

在创业资源认知涉及的三个题目中（表2-10），平均分最高的是"个人时间、精力、资金充裕"这一项，认为"重要"和"非常重要"分别占39.2%和48.0%；其次是"学术造诣高，创业学习培训和实践经验丰富"这一项，平均分为4.10，认为"重要"和"非常重要"的分别占47.6%和33.6%；再次是来自家庭成员提供的创业帮助，平均分为4.08，认为"重要"和"非常重要"的分别占47.8%和32.1%。在创业资源这一部分的整体分值都较高，说明目标群体更为看重离岗创业所需的资源（不管是来自家庭的帮助和支持，还是自身所有的时间、精力、经济实力以及专业知识水平和科研成果）。

表 2-10 创业资源认知统计

| 题目/选项 | 非常不重要 | 不重要 | 一般 | 重要 | 非常重要 | 平均分 |
|---|---|---|---|---|---|---|
| 个人时间、精力、资金充裕 | 13（1.8%） | 3（0.4%） | 75（10.5%） | 280（39.2%） | 343（48.0%） | 4.31 |
| 学术造诣高，创业学习培训和实践经验丰富 | 11（1.5%） | 10（1.4%） | 113（15.8%） | 340（47.6%） | 240（33.6%） | 4.10 |
| 家庭成员提供的创业帮助很大（包括个人财物、时间、精力、精神等支持） | 10（1.4%） | 7（1.0%） | 127（17.8%） | 341（47.8%） | 229（32.1%） | 4.08 |

（五）创业环境认知分析

创业环境认知分为政策环境认知、高校环境认知和社会环境认知。从表 2-11 中可以看出，在政策环境中，认为"离岗创业政策的有效执行"和"离岗创业的政策体系相对完善"的符合度平均分分别是 3.94 和 3.93。在高校环境中，"学校有专设机构协助教师开展技术转移活动"这一项的平均分为 3.56，"学校在教师职称晋升环节承认学术创业的成果"这一项的平均分为 3.57，"学校领导和同事支持离岗创业"这一项的平均分为 3.49。在社会环境中，"鼓励创新创业的文化和社会氛围"以及"有多种可供选择的获取创业信息、参加培训及比赛的渠道"这两项的平均分分别为 3.88 和 3.84。高校环境方面，3 个题项的平均分明显偏低，这一点与访谈中得出的结果是一致的。通过对应用型高校管理人员和教师的访谈了解到，学校在离岗创业政策在制度安排上并未采取进一步的有效激励措施，在创业资源和平台的提供、创业技术的支持上也有所欠缺，高校管理人员和教师对离岗创业的认同度与支持度都不高。

表 2-11 创业环境认知统计表

| 题目/选项 | 非常不符合 | 不符合 | 一般 | 符合 | 非常符合 | 平均分 |
|---|---|---|---|---|---|---|
| 离岗创业政策的有效执行 | 11（1.5%） | 14（2.0%） | 176（24.7%） | 319（44.7%） | 194（27.2%） | 3.94 |
| 离岗创业的政策体系相对完善 | 12（1.7%） | 19（2.7%） | 160（22.4%） | 338（47.3%） | 185（25.9%） | 3.93 |
| 学校有专设机构协助教师开展技术转移活动 | 21（2.9%） | 59（8.3%） | 253（35.4%） | 263（36.8%） | 118（16.5%） | 3.56 |

续表

| 题目/选项 | 非常不符合 | 不符合 | 一般 | 符合 | 非常符合 | 平均分 |
|---|---|---|---|---|---|---|
| 学校在教师职称晋升环节承认学术创业的成果 | 27（3.8%） | 59（8.3%） | 236（33.1%） | 265（37.1%） | 127（17.8%） | 3.57 |
| 学校领导和同事支持离岗创业 | 23（3.2%） | 79（11.1%） | 251（35.2%） | 250（35.0%） | 111（15.6%） | 3.49 |
| 鼓励创新创业的文化和社会氛围 | 13（1.8%） | 20（2.8%） | 163（22.8%） | 359（50.3%） | 159（22.3%） | 3.88 |
| 有多种可供选择的获取创业信息、参加培训及比赛的渠道 | 14（2.0%） | 20（2.8%） | 183（25.6%） | 344（48.2%） | 153（21.4%） | 3.84 |

## 第三节 调查分析结论

从访谈结果可以看出，离岗创业政策在被访者所在的应用型高校的执行效果并不理想，这些学校对离岗创业政策的执行基本属于"象征性执行"[1]的模式，难以迈出有实质意义的步伐。应用型高校教师对离岗创业政策的响应也并不积极，真正离岗并创业成功的教师寥寥无几。可以说这个结果验证了前文中的第一个假设——政策出台后，应用型高校教师离岗创业在规模、绩效上政策目标达成度偏低，政策有效性不足。

由于各种条件的限制，访谈还存在一定的局限性和不足之处，尤其是未能在被访者所在学校中找出有离岗创业经历或正在离岗创业的应用型高校教师作为典型案例进行分析，以及同样未能在被访者所在学校中找出有离岗创业打算的应用型高校教师，将这一类教师对离岗创业政策及离岗创业行为的看法态度与其他教师做出对比，使得接受访谈的教师对离岗创业的态度基本上呈现"一边倒"的趋势。教师普遍认为离岗创业存在多重阻碍和困境，主要体现在教师自身的动力不足和高校缺乏教师离岗创业的激励机制以及离岗创业相关制度的不完善。然而这也正印证了前文中的第二个假设，即提升离岗创业政策有效性的关键因素有两个——应用型高校教师离岗创业的动力机制和制度路径，两者分别解决的是"愿不愿"和"能不能"的问题。

---

[1] 杨宏山. 2015. 创制性政策的执行机制研究——基于政策学习的视角. 中国人民大学学报, (3): 100-107.

问卷调查数据凸显了高校教师离岗创业政策执行效果和政策有效性影响因素的问题，在抽样调查的应用型高校教师中，有离岗创业行为的教师在问卷样本总人数的占比非常低，有创业想法的教师则占问卷样本总人数的半数以上，对"有想法有实践""有想法无实践""无想法无实践"这三类教师的问卷数据进行分析后可以发现，"有想法"的教师在问卷的各项量表中平均分均高于"无想法"的教师，而"有想法有实践"的教师在问卷量表中对自身动机因素和政策环境认知的平均分比"有想法无实践"的教师高。在"有想法无实践"和"无想法无实践"的教师中，创业环境量表中学校内部创业环境相关部分的分值明显低于其他环境因素的分值。

从访谈和问卷调查的结果来看，离岗创业政策在应用型高校的执行还存在一些需要完善的方面，虽然离岗创业政策已被纳入国家长期发展规划中，具有一定的政策可行性和合理性，但是访谈的了解反馈和问卷的数据显示，应用型高校教师的离岗创业行为远远没有达到政策预期。与 2017 年印发的《人力资源社会保障部关于支持和鼓励事业单位专业技术人员创新创业的指导意见》相比，2019 年印发的《人力资源社会保障部关于进一步支持和鼓励事业单位科研人员创新创业的指导意见》在政策内容上做出调整，将离岗创业的有关内容放到了第一位。这也说明以离岗创业形式加快促进科技成果转化是国家大力提倡的创业形式，如何促进离岗创业政策有效实施，使更多科研人员（尤其是应用型高校教师）带着科技成果离岗创业，是亟须解决的问题。在本章调研所呈现的结果中，高校教师对国家离岗创业政策的认同度并不是影响他们创业行为的主要因素，教师普遍存在的离岗创业动力不足和学校配套制度的缺失是影响应用型高校教师离岗创业行为发生的主要因素，也是影响离岗创业政策在应用型高校执行效果的关键所在。在此基础上，应着力研究应用型高校教师离岗创业的动力机制与制度路径，从而为提升离岗创业政策有效性提供新的思路，并寻求新的突破。

# 第三章

# 模型与框架：应用型高校教师离岗创业的动力系统与作用机制

　　本章根据动力机制相关理论及因素分析方法，构建了应用型高校教师离岗创业的动力机制分析模型与框架。政府政策规制为主的推动力、市场产业升级为主的拉动力、高校学术环境为主的支持力构成了外部动力子系统；成就内驱力、创业核心素养力和条件保障力是内部动力子系统的主要因素；动力加速、动力缓冲、联动动力是联动动力子系统的三种关键作用机制。外部动力、内部动力以及联动动力三大子系统共同构成了应用型高校教师离岗创业动力系统。在此基础上，本章进一步分析每个子系统的结构要素、影响因子、功能特征、相互关系以及子系统之间的交互作用与运行机理。

# 第一节 应用型高校教师离岗创业的动力系统

根据动力机制相关理论及因素分析方法，积极构建应用型高校教师离岗创业的动力机制分析模型与框架是十分必要的。动力机制是指推动和促进事物运动发展及变化的内外动力构造、功能与条件及其相互作用机理。动力机制的稳定存在和作用的发挥，可以使事物的运动、发展及变化从自发走向自觉、从被动走向主动。良性的动力机制使推动社会系统前进的力量被激发、发挥作用和相互协调[①]。

在构建应用型高校教师离岗创业动力机制时，我们可以看出，动力系统并不是简单地由相关的各动力子系统无序堆积组成的，也不是随机抽取的动力子系统的简单推导，而是由多重因素综合作用共同推动形成的，各动力子系统之间以及动力要素与各种生产要素之间相互联系、相互作用、相互影响、相互依赖，形成一个有机整体。

分子系统有不同的划分标准，它是结构分析的重要内容，为了更全面地认识离岗创业动力系统，可以以创业者个人内部和外部影响因素为依据进行划分。应用型高校教师离岗创业动力系统包含政府政策规制为主的推动力（以下简称政府推动力）、市场产业升级为主的拉动力（以下简称市场拉动力）、高校学术环境为主的支持力（以下简称高校支持力）构成的外部动力子系统，成就内驱力、创业核心素养力和条件保障力构成的内部动力子系统，动力加速、动力缓冲、联动动力三者构成的联动动力子系统（图3-1）。在此基础上，我们进一步分析每个子系统的结构要素、影响因子、功能特征、子系统之间的相互关系以及交互作用与运行机理。

---

① 曾昭皓.2012.德育动力机制研究.陕西师范大学博士学位论文.

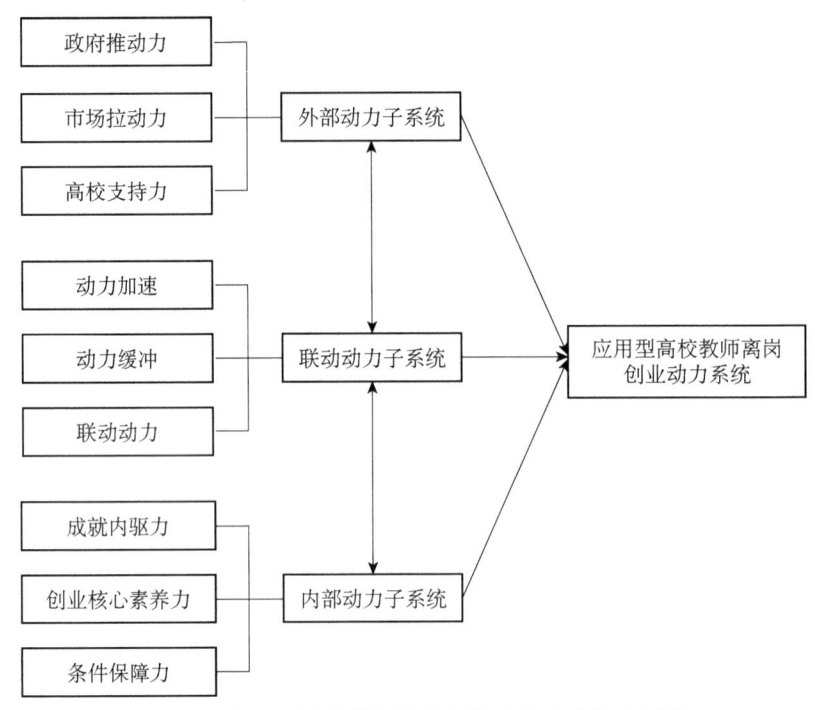

图 3-1 应用型高校教师离岗创业动力子系统示意图

## 一、外部动力子系统及其结构要素

各动力子系统相互依存的同时，其内部还有相对细化的子要素，各子要素同样是各子系统相互作用的重要组成部分，共同构成较为庞大的应用型高校教师离岗创业动力系统。各子要素是彼此相对独立的，同时又构成内部要素相互作用的整体。外部动力子系统是应用型高校教师离岗创业的外部影响因素，有力的外部支持力是推进高校教师进行离岗创业的关键力量，通过外部影响因素作用于内部要素而表现出来。外部动力子系统由多个子要素共同构成，可以分为三个层面——政府推动力、市场拉动力、高校支持力，三者相互支持。外部动力子系统及其子要素通过相互作用能够有效刺激应用型高校教师离岗创业的内部动力，使其更加充分地发挥作用，成为加速离岗创业行为发展的催化剂。

（一）政府拉动力

进入 21 世纪，受世界多极化、经济全球化和信息技术发展等多重因素的影响，我国站在历史的新起点，不断深入推动实施创新驱动发展战略、建设创新型国家，这无疑离不开高校科研人员等高精尖人才的参与。将科学技术研究成果与市场结合起来，是实现科技成果转化、推动国家科学研究发展、促使生产力提高、深化供给侧结构性改革、加速经济发展和社会进步的重要方式。倒逼科研人员积极参与创新创业成为政府政策规制的重要指向，政府推动力随着多项鼓励政策的颁布逐渐成形。

2014年，"鼓励科研人员创办企业"[①]被写入政府工作报告，国家陆续出台相关政策，鼓励高校科研院所的科研人员兼职、离岗创新创业。2015年印发的《国务院关于进一步做好新形势下就业创业工作的意见》指出，"探索高校、科研院所等事业单位专业技术人员在职创业、离岗创业有关政策""对于离岗创业的，经原单位同意，可在3年内保留人事关系，与原单位其他在岗人员同等享有参加职称评聘、岗位等级晋升和社会保险等方面的权利"。2016年11月，中共中央办公厅、国务院办公厅印发《关于实行以增加知识价值为导向分配政策的若干意见》，首次明确"允许科研人员和教师依法依规适度兼职兼薪""经所在单位批准，可以离岗从事创新创业活动"。2017年3月，国家层面第一个专项政策文件《人力资源社会保障部关于支持和鼓励事业单位专业技术人员创新创业的指导意见》中第二条对高校教师离岗创业及实施细则予以明确，支持和鼓励专业技术人员以兼职或在职创办企业、离岗创业的形式进行创新创业活动。该文件催生了地方政府层面的相关政策，如北京"京校十条"、江苏"人才新政26条"、深圳人才新规、浙江25条、"天津市科技小巨人发展三年（行动）计划（2013—2015）"、四川"十六条政策"、南京"科技九条"、武汉"黄金十条"等，不少地区专门出台了关于高校科研院所创新创业、离岗或兼职方面的政策意见。2019年出台的《人力资源社会保障部关于进一步支持和鼓励事业单位科研人员创新创业的指导意见》，将离岗创业提到了第一条的显著位置，且将离岗年限延长到6年，明确了离岗创业的人事管理、政策扶持等细则，进一步解决了高校教师离岗创业的后顾之忧。至此，高校、科研院所的科研人员兼职或离岗创业的政策支撑链条、多层次政策支持体系初步形成。

长期以来的创新创业大多是通过相关人员在职进行的，真正以离岗的形式进

---

① 政府工作报告（全文）. http://www.gov.cn/guowuyuan/2014-03/14/content_2638989.htm.（2014-03-14）.

行创业的罕见。国家在政策层面对离岗创业的支持鼓励不断完善，如推动企事业单位人员（特别是高校教师）勇敢迈出体制的藩篱，跳出舒适区，促使更多具有强大技术能力的高校教师走上创新创业之路。首先，政策对该项事业的支持不断明确、细化、放宽，有效地指导离岗创业教师的行为，让更多高校放下制度约束和相关限制，使具有得天独厚科研优势的高校教师投身创新创业中，为国家"大众创新、万众创业"贡献力量；其次，通过政策的激励吸引更多社会资源，创建更充分的创业条件，让政策成为营造新的创业环境和创业文化的导向，激励更多高校教师从事创新创业和成果转化，着力改变科研成果转化率低的现状；最后，思考高校如何缓和人才培养与科技创新的矛盾，以及如何促使高校真正放手让高精尖技术人才离岗创业，对于高校教师离岗后工资待遇、人事关系、职位保障、职称评聘、考核管理、税收、收益分配、知识产权划分、法律制度支持等的有序保障也是支撑高校教师离岗创业的关键因素。对于打破束缚人才发展的制度屏障，这些仍是作为市场拉动力的政策规制应当充分考虑的问题。应通过"精准化"帮扶促进社会资源更加合理地再分配，让政策真正落地生根，给离岗创业人员吃下"定心丸"。

（二）市场拉动力

改革开放以来，我国创业市场大致经历了以政府为主导的尝试期、在实践中曲折前行的探索期和多方共筑走向扩张的爆发期，逐渐进入理性发展的"双创"时代[①]。一方面，受经济全球化浪潮的影响，我国将创新作为引领经济发展的第一动力，创新在现代经济体系中占有重要的战略地位。我国深入推进创新驱动发展战略，从制度层面鼓励市场支持创新创业行为，从国际形势和政府政策层面推动市场产业升级。另一方面，随着人民生活质量的不断提升，我国社会主要矛盾转化为人民日益增长的美好生活需要和不平衡不充分的发展之间的矛盾，人们的生活需求不断拉动市场产业升级。因此，以下从市场竞争力、市场需求、技术推动三个方面分析我国市场拉动力对应用型高校教师离岗创业行为的系统性影响。

第一，市场竞争力。高校离岗创业的科研人员通常对市场竞争机制和市场风险在一定程度上缺乏敏感性与敏锐度，身处激励的市场竞争环境中，仅凭借其独

---

① 孟方琳，田增瑞，贾巧萍，等. 2019. 演化经济学视角下我国创业投资体制的演进历程、经验与政策研究. 西南金融，（7）：3-10.

占优势的科技转化成果往往很难立足。要想改变这种状况，必须寻求能够支持技术成果转化的成熟型市场合作对象，将市场竞争压力转化为科技成果转化动力，不断做好技术攻关，创造技术竞争优势，利用成果转化的技术优势占领市场。在与优质企业达成合作后，高校离岗创业的科研人员应准确分析国内和国际市场发展形势，不断强化自身技术创新优势，预判可能出现的不利情况，并提前做好相关的准备，提升应对市场风险和挑战的能力，避免过度竞争引起的科技成果转化不成功等现象，充分考虑"创业前—创业中—创业后"过程中可能出现的优势和不利情况，倒逼自身形成危机意识，树立正确的创新观念。

第二，市场需求。市场需求是创新创业的关键，这对拉动企业创新和投资具有重要作用，并且为产业升级提供可能。因此，在进入市场之前，精准把控市场需求对进一步实施创业行为和占领市场有至关重要的作用，这是进行创新创业活动转化的基点。国内外需求、国内产业技术创新、市场规模、生产者和消费者的有效互动等都推动着我国市场需求的价值链升级，也使我国的国际地位显著提升。高校离岗创业的科研人员应重视国内外需求和发掘新兴市场需求对我国价值链升级的积极影响，同时，与企业协同合作，深挖科技创新，把握市场动态，研发符合市场需求的产品，使其在市场竞争中占据一席之地。

第三，技术推动。受市场需求的动态影响，如何在激烈的市场竞争中立于不败之地是高校离岗创业人员在科技研发及成果转化中应当考虑的关键问题，并且他们需要在创业成果投入市场后继续把握市场动向，发现和破除技术上的阻碍性因素与壁垒，探寻新的技术思路，不断优化科研成果转化效果，做到既迎合市场需求也牢记创新使命。同时，高校教师应考虑到离岗创业不仅可以独自创办企业，还可以采取与企业进行科研合作甚至全方位合作的形式，如高薪聘请、投资参股、技术合作等多种形式。其关键在于如何将成果成功转化，推动技术革新，通过新技术思路诱导、技术轨道、技术预期、输入推动四种途径推动科技成果转化的协同创新[1]。

（三）高校支持力

高校作为高精尖科研人才和科学技术的聚集地，被称为"智慧中枢"，对促进国家经济、政治、文化、科技、人口的全方位发展具有重要作用。高校政策导

---

[1] 周正，尹玲娜，蔡兵. 2013. 我国产学研协同创新动力机制研究. 软科学，（7）：52-56.

向、高校创业环境、高校创业文化等共同构成高校内部组织环境的学术支持力的动力因素。

一是高校政策导向。政策是社会行为执行的指向标，对社会结构支撑、组织文化等具有决定性影响。作为社会子系统的一部分，高校同样受到政策的影响，产生预设的相应行为。在离岗创业方面，教师作为高校大环境中的一部分，亦是如此。高校通过职称评审、岗位聘任、收益比例明晰分配等制度支撑承认教师学术创业成果，以政府和学校激励政策为导向，充分认可并允许教师获得合理的个人收益。加强高校、院系与专设企业之间的产业联系，制定相应的技术孵化扶持政策，鼓励开展应用型研究，有利于高校教师降低创业风险，是推动更多离岗创业行为得以发生的重要因素。

二是高校创业环境。在高校创新创业资源相对缺乏的情境下，优良的创业环境对于促使创业行为的产生具有重要意义，构建更加完善的创新创业平台和服务体系，是创建良好创业环境的有效保障。高校应专设机构协助教师开展技术转化活动，建设高校科技园、孵化器等高校衍生企业孵化平台。与院系联系密切的对口型产业不但具有开展跨学科协同创新并整合各类学术资源的灵活平台的便利条件，而且具有及时获取企业和政府最新有效信息的能力，从而在外部创业环境层面构建卓越的高校教师离岗创业生态体系。

三是高校创业文化。文化对人的影响是无形、巨大且深远的。在"大众创新、万众创业"的大背景下，各行各业纷纷响应号召，高校也进一步营造创新创业的文化氛围，使有意向离岗创业的教师在无形的熏陶中勇于打破自身屏障，积极开展创新创业活动。高校较高的社会声誉、高水平的学术团队、成功进行离岗创业的学术榜样等，都会成为高校教师离岗创业的文化支撑，增强高校教师离岗创业的信心。

## 二、内部动力子系统及其结构要素

内部动力子系统是指应用型高校教师离岗创业的内部动力因素，是进行离岗创业的内部创生性动力，也是实现离岗创业行为的关键因素，决定着离岗创业行为发展的方向。内部动力子系统也是由诸多要素构成的相互作用、相互影响的小范围的系统，包括成就内驱力、创业核心素养力、条件保障力。相较于外部动力子系统，内部动力子系统对教师离岗创业行为有更实质性的推动影响力。

（一）成就内驱力

内驱力是指在需要的基础上产生的一种内部唤醒状态或紧张状态，表现为推动有机体活动，以达到满足需要的内部动力。成就内驱力指个体产生创业意愿和行为的内在需要与动机。需要是个人的外部活动积极性的源泉，是人脑对生理或社会需求的反映，是有机体内部的一种不平衡状态，表现为有机体对内外环境条件的欲望或要求。著名的需要层次理论是由人本主义心理学家马斯洛提出的，他认为人的需要是多层次的组织系统，由低向高逐级反映人由低级需要向高级需要发展的趋向，同时也反映人的需要与行为之间的关系。创业需要会影响创业意愿的强度，创业个体是创业活动的行为主体，创业意愿是主导其进行创业活动的核心。成就内驱力能够有效地激发高校教师开展创新创业活动，也会影响其创业需要。教师离岗创业成就内驱力包括成就需要、权力需要、社会关系需要。

成就内驱力是由个人价值观指引的，价值观对成就内驱力中三种类型的需要产生内在的直接影响。价值观指人的思维感官之上对客观事物（人、事、物）做出的认知、理解、判断等，从而对自己的行为结果的意义、作用、效果做出总体评价。个体经历不同的社会环境、成长阶段等，使得个人的价值观产生一定的个体差异，因此，持不同价值观的个体在面对同一事物、同一环境时可能有不同的态度和行为。但同时，价值观又具有相对稳定性，一旦形成便很难彻底发生改变。价值观是指引并推动个体行为的内在逻辑，因此创业价值观对个体创业行为的实施具有重要影响。对于创业的利弊，持不同价值观的人也会有不同的看法。林湘羽认为创新创业价值观包含创新创业价值目标、创新创业价值取向、创新创业的职业选择、创新创业价值手段、创新创业价值评价[①]。王占仁认为创新创业价值观主要包括创新创业价值目标、创新创业价值选择、创新创业价值评价三个方面内容[②]。基于此，创新创业目标、价值评价、价值选择等都是应用型高校教师离岗创业的衡量标准，是创业价值观体系的重要组成部分，例如基于科技成果转化为创业价值目标，采用教师离岗创业价值手段，成为将科技成果完全孵化的

---

① 林湘羽. 2016. 广西大学生创新创业价值观现状调查及培养对策研究. 广西师范大学硕士学位论文.
② 王占仁. 2018. 创新创业教育与思想政治教育的关系论析. 深圳大学学报（人文社会科学版），（1）：111-115.

成功创业者。创新创业价值观将影响成就需要、权力需要、社会关系需要和外显行为。

### 1. 成就需要

1961年，麦克利兰（D. C. McClelland）在对个体需要和动机研究的基础上，明确提出成就需要理论，他认为在人们满足了基本生理需要之后，就会有更高的需要。该理论认为人的基本需要可以分为三种类型，即成就需要、权力需要、亲和需要。成就需要是指个体向往通过自身努力争取成功，追求成功后的满足感和成就感，激励自己不断做得更好，以对成功的强烈渴望来激发自身的驱动力。它是属于较高层次的需要类型，是促进自我价值实现的一种有效手段。成就需要无论是对个人、团体的发展还是对社会的发展，都产生重要的积极影响，可以通过教育手段培养和提高人追求卓越并取得成功的意愿。成就需要水平越高的人，越渴望获得成功，所从事的活动越容易成功，因为此类个体通常具有非常关心事业成败、有明确的奋斗目标、比较喜欢创造性工作、愿意承担责任、不怕疲劳等特点。作为个体寻求自我成长和自我实现的自发需要，成就需要有利于形成积极的创业动机和创业意愿。应用型高校教师离岗创业不仅仅是离岗创业教师对物质利益追求的渴望，更是对实现自身人生价值的追求。高校教师通过端正认识离岗创业中成就需求的重要性，可以充分激发离岗创业的潜能，从而最大限度地发挥自身的综合实力。

### 2. 权力需要

权力需要同样是麦克利兰提出的三种需要之一，权力需要是指个体想要影响、控制自己甚至改变环境的潜意识驱动力。高校离岗创业教师勇于直面困难，能够积极应对遇到的挑战，主动改变环境，把离岗创业活动看成自我实现的需要和途径。权力需要的满足也是吸引个体进行离岗创业的要素之一，它决定了个体的创业意愿。创业意愿是个体是否愿意实施某种创业行为的主观态度，是直接影响个体离岗创业行为的动机，能有效衡量个体付出努力的程度。一方面，受到创业价值观、创业政策、创业环境、创业动机等多方面因素的影响，应用型高校教师离岗创业的意愿会有显著不同。另一方面，创业意愿也受到外生性变量的影响，主要表现在政策支持和制度环境方面。优质的政策和制度环境会在一定程度上降低创业过程中出现的不确定性和风险性，增强应用型高校离岗创业教师对创业的认同感。就个体因素而言，内生性变量（即内生于个体与创业相关的心理属性）是个体的一种主观态度，是创业意愿的决定性因素。外生性变量只有被个体认同并内化为个体信念，才能成为创业行为的推动因素。因此，应综合考虑外生性变量与内生性变量的有效互动，衡量个体创业意愿的影响因素，推动应用型高校教师强有力地实施离岗创业行为。

### 3. 社会关系需要

社会关系需要能有效促进社会人际关系的和谐发展，良好的团队合作、优质的企业合作、协同的消费者合作都会对社会关系的稳固发展产生积极作用，帮助创业者营造自由、融洽的社会关系网络，推动创新团队协调发展。良性的社会关系需要影响着个体动机的转化。动机是能够激发个体朝着一定目标活动并维持这种活动的一种内在心理活动或内部动力。同一行为可能由不同的动机引起，不同的行为也可由相同或相似的动机引起。创业动机是个体进行创业行为背后的一种内在驱动力。多项研究表明，创业动机既有外在的利益需要、权力需要、社会关系需要，也有内在自我实现的成就需要，如同马斯洛需要层次理论，在低层次的需要被满足之后，高层次的需要才会被触发，因此创业动机会随着创业个体创业阶段的不同而发生改变。但在创业之初，个体常常遵从自身内部动机执行相关创业行为，如为了掌握自己的职业命运，避免职业发展受到外在因素的限制而进行离岗创业。个体也可能是受外部动机的影响，如为了享受创业带来的挑战性与成就感，为了通过创业赢得更多的财富进而给自身和家庭带来更多的经济保障，为了提升自身甚至学校的教学科研水平，为学生创建更多就业创业的机会，助力经济社会发展；通过创业成为领导者，享受领导力和指挥权；或是为了通过创业赢得广泛的社会认可，获得名誉声望。

较强的人际交往能力是社会关系需要的重要因素，在高校工作中教师要具备能够处理好与领导、同事之间关系的能力，在创业过程中也要处理好与员工、同行、消费者之间的关系。优质的个人基本素养对应用型高校教师离岗创业的成功具有关键性作用。

（二）创业核心素养力

核心素养是个人在成长、学习过程中逐渐形成的能够适应在社会、工作、学习过程中所需要的知识、技能、情感态度价值观等的必备品格和能力。教师核心素养力是指教师在实施教学任务过程中所显现的育人能力。在创新创业层面，教师核心素养力主要是能够应对创新创业带来的风险与挑战，运用个人内在逻辑知识、外在能力，通过相关实践展现解决创新创业过程中可能出现的问题的能力，包括个人基本素养和个人创业核心素养。创业核心素养力与教师离岗创业表现结果之间存在正相关关系，创业核心素养力在应用型高校教师离岗创业过程中具有重要地位。

### 1. 创业者特质

应用型高校教师作为离岗创业的主体，其创业者特质也是内部动力子系统的重要组成部分。创业者特质较为常见的维度是成就需要、内控制源、风险承担，需要考虑的是创业者的个人特质受到创业者年龄、性别、职称、学科、研究类型等因素的影响，不同特质的个体会产生不同的创业效果。具有较高学术造诣是孵化出专业技术的基础，例如高水平的专业知识和专业技能、在学术环境过程中形成的具有相对稳定性的学术品质、深挖本专业的知识、不断创新、具备创新思维及创造能力。成就需要在前文已经论述。内控制源是创业者特质中的一个重要领域，内控制源特质主要体现在自我激励、自我调整、努力进取方面，是创业者具有较强进取精神的特质形象。风险承担是创业者表现出的规避风险的行为或不同程度的冒险心理倾向，拥有高风险承担能力的创业者能够快速做出创新决策。创业者是否具有较深厚的人文底蕴将直接影响其创业行为能否高效实施，其能否承担并完成富有挑战性的工作，以及能否获得成就感。创业者在面临困难问题的时刻，不管事情有多困难，只要认为值得去做就会尽力而为，也是十分重要的性格特质；在面临风险时会采取大胆的决策，制订计划后能够尽快付诸实施；面对市场可能出现的各种问题时，抗压能力强，有能够接受被质疑的态度，不怕花时间和精力，通过成就需要的支撑拥有应对并做出决断的能力，并通过反复试错探寻其中的真实性和准确性。

### 2. 企业管理能力

企业管理能力是创业者必须具备的最基本的能力。对于成功的企业而言，出众的企业管理能力是在市场上站稳脚跟和赢得市场占有率的关键。优秀的企业管理者应具有沟通能力、组织协调能力、统筹规划能力、执行能力、人才管理培训能力、统领驾驭能力、能动地把控市场变化的能力等。应用型高校教师拥有良好的企业管理能力对于离岗创业行为的成功实施具有事半功倍的效果。

### 3. 个人创业核心素养力

创业核心素养力是运用个人的知识、能力、情感态度、价值观展现在创新创业中应对风险与挑战的能力，良好的创业核心素养力是创业者进行创业活动的前提条件，也是其能力的有力体现，是创业结果是否成功的关键因素。创业自我效能感是创业核心素养力的组成部分。创业自我效能感是指个体对自己是否有能力成功完成创业行为所进行的主观判断或自信程度。汤明在其研究中结合创业自我效能感的含义，认为创业自我效能感可以分为四个维度：组织承诺效能感、风险承担效能感、机会识别效能感、管理控制效能感[①]。邬丹蕾从机会识别、管理能力、创新效能三个方面测量高校创业人员的创业自我效能感[②]，在不同情境中不能将不同维度直接套用在相关理论中，对于高校教师离岗创业，要从所涉及的关键任务入手，考察边界差异和范畴。

应用型高校教师离岗创业能否成功取决于其是否具有跨学科的复合型学科背景、深厚的行业背景、坚实的专业基础；是否具有相关的专利、一定的技术优势、科技成果转化前景，以及丰富的商品化生产经验、强烈的技术前瞻性和创新意识；是否与政府、金融机构、研究院所、中介机构等多个层面建立良好的深度合作关系；是否与潜在消费者、潜在供应商、潜在竞争者、潜在合作方有紧密的联系；是否具有从各种行业会议、学术研讨、同行交流中获取创业所需信息的能力；是否具有较强的市场开发能力、经营管理能力、敏锐捕捉市场中潜在机会的能力和对市场机会的感知度、调动资源对机会进行利用与开发的能力；是否倾向于高风险、高回报的创业项目。作为内在动力子系统中创业核心素养力的重要组成部分，上述因素都是创业者在成功道路上不可忽视的。

### （三）条件保障力

条件保障力是指基于一定的有利条件保障某一事务被顺利执行的能力。从创业者内部条件分析，条件保障力主要包括成果支持力、个人资源禀赋、先前经验、家庭支持程度。对于离岗创业教师而言，有效运用自身的条件保障力是提升

---

① 汤明. 2019. 创业自我效能感的维度划分及其与创业之关系研究. 经济管理研究，（2）：66-68.
② 邬丹蕾. 2017. 高校科研人员创业绩效的影响因素及作用机理研究. 哈尔滨工业大学博士学位论文.

创新创业竞争力的重要途径，条件保障力作为内部动力子系统的组成要素，是应用型高校教师离岗创业的重要资源。

### 1. 成果支持力

高校教师研究领域的多样性使得高校在专业领域的成果类型丰硕。教学和科研成果是高校教师核心竞争力的决定性因素，是高校教师日常工作得以体现的可视化标准。在科研成果方面，论文成果影响力可依据论文发表期刊的影响因子、期刊等级进行判断，如 SCI 或 SSCI 2 区及以上/CSSCI 源期刊等；科研项目包括纵向科研项目和横向科研项目，主持省级及以上纵向课题数量多也是具有较强科研能力的关键体现，对于创新创业类而言，横向科研项目（即各级政府及政府职能部门、企事业单位、社会团体等委托研究的课题）占比较高，横向项目实到经费总额的高低（指通过技术合作获得的项目研发经费）、获得专利数量的多少（包括发明专利、实用新型、外观设计）能直接反映科研成果的级别。另外，学科专业与市场接轨的程度也会对成果转化产生十分重要的影响，学科专业能较为精准、高效地对接社会市场需求，就能够及时开展与对口企业的深度合作。这些科研水平和教学能力上的有利条件对高校教师离岗创业都是一种经验的积累，在其成果支持力方面有着举足轻重的作用。

### 2. 个人资源禀赋

"资源禀赋"一词被学者用来表示企业拥有资源的状况，通常意义上讲，资源禀赋是指创业者所拥有的各类创业的有利资源，主要包括人力资本、社会资本、技术资本[1]。本书主要聚焦应用型高校离岗创业教师的个人资源禀赋对创业的影响，所以在本书中个人资源禀赋是指离岗创业教师的个人资源、社会资源、技术资源。①在个人资源方面，良好的健康状况是进行离岗创业的基础性支撑，有研究表示，有较强离岗创业意愿的人群大多是较为年轻的教师群体。高校教师相对来说有比较灵活的时间和较为充沛的精力进行创业，特别是通过离岗创业的形式，可以给创业者提供更充足的时间资源。②在社会资源方面，丰富的企业任职经历可以为高校教师离岗创业积累企业管理经验和多方人际关系处理的经验，使其能够与政府、企业、高校、市场消费者等群体建立更加紧密的关系，有利于

---

[1] 赵春霞. 2017. 创业团队资源禀赋与企业吸引风险投资的关系研究——基于创业板的实证研究. 对外经济贸易大学博士学位论文.

创新创业的坚实发展。创业最关键的是要有充足的资金支持，其中不仅有自身的资金积累，更有国家专项、省市级创新创业大赛、高校产业孵化基地和创客空间等创新平台的创新创业配套资金扶持，高校离岗创业教师从合作企业、社会网络关系中获得资金支持，能够降低失败的风险。③在技术资源方面，高校离岗创业教师可以通过多次参加创新创业学习培训和交流活动，不断丰富实践经验，从更加系统的层面认识了解创业过程、创业所需积累的经验和资源。科技成果创新性强，能够迎合市场需求，使科技成果得到有效孵化，获得较高的转化收入，同样也是个人技术资源方面的资源禀赋。

### 3. 先前经验

创新创业活动是积攒社会资源和市场经验的过程，使个体在向前人学习和自身摸索实践过程中不断积累丰富的间接经验及直接经验。先前经验在创新创业理论中是十分重要的因素，是指从先前的理论和实践经验中积累的有关市场经济环境、产品特性及需求、优势资源等有价值的知识、观点与能力。丰富的先前经验可以更好地指引创新创业活动的开展，可以更加有效地配置创业者现有的资源禀赋。个体可以通过提升学习先前经验实现"弯道超车"，获得并进一步强化市场竞争优势。先前经验可以分为先前培训经历、先前工作经历、先前创业经历、先前创业成功经历。创业者拥有丰富的先前经验，能够从多方面、多层次、多视角考察自身和其他人的离岗创业现状、问题、优势，更有利于发现与识别创业市场中潜在机遇并果断付诸实践。先前经验有助于离岗创业者了解市场动向和需求，使其更容易感受到离岗创业的便捷性，进而更容易接受离岗创业。

### 4. 家庭支持程度

离岗创业对高校教师的家庭资金积累、陪伴家人的时间及精力等方面都会产生一定的影响。积极创建开放的创业文化环境和营造鼓励支持创业的气氛，对应用型高校教师离岗创业具有精神上有力支持的作用，这既包括创业前期的鼓励和支持，也包括创业中期的信任和肯定，以及创业成功后的喜悦或创业失败后的包容和理解，能够进一步增强其离岗创业的动力。家庭可以从创业资金、创业人员、创业氛围、创业场地、社会关系等方面为创业者提供一定的支持，减小外部复杂的市场环境给其创新创业活动带来的阻力。这在创业初期是必要的，也对创业者内在潜力的发掘起到至关重要的影响。家庭成员有成功创业先例的，可以更好地为创业者提供创业经验和规避风险的良策，充分地给予其创业的勇气和提高其创新的能力。

## 三、联动动力子系统及其构成要素

联动动力子系统是在外部动力子系统、内部动力子系统及其相关构成子要素共同作用的结果下不断发展的，主要包括动力加速、动力缓冲和联动动力三个方面。

（一）动力加速

动力加速主要是指创业动力激发的内外部子系统中的有利因素，它在整个动力系统中起到加速整体运转的作用，可以从宏观、中观、微观三个层面分析应用型高校教师离岗创业动力加速子要素。

一是宏观层面。通过对外部动力子系统中政府推动力分析可以看出，当前国家、各级政府以及教育行政部门的制度设计与制度安排不断细化，推动应用型高校教师离岗创业的深度实施，在国家制度层面更好地保障离岗创业教师的权益，激发教师离岗创业行为，为应用型高校教师离岗创业创建了良好的政策环境。同时，市场给予应用型高校教师离岗创业的机遇也是显而易见的，当前我国处于供给侧结构性改革的关键时期，能够满足大众需求的创新型产业和产品供不应求。高校离岗创业教师处于研发的上层，往往能够紧抓市场空档，相对了解国家、社会、市场亟须解决的问题。因此，在宏观层面，政府和市场能给予其动力加速的有效支持。

二是中观层面。科学研究作为高校的重要职能，在五大职能当中有着重要地位。高校是高层次先进思想理论和科学技术的聚集地，其专业类型能够覆盖对接市场的各领域，应用型高校具有高产出的先进科学技术，高校支持力不断推动高校组织的制度支持建设。从高校层面考虑，应发掘应用型高校激发教师离岗创业的原动力，即通过高校内部孵化园、产业园等平台，创建有利于应用型高校教师产出的技术环境。

三是微观层面。其主要针对的是离岗创业个人，通过成就内驱力、创业核心素养力、条件保障力三个层次分析离岗创业教师个人意愿，发掘创业者周边及个人核心竞争力，多角度地提升创业能力。其逻辑起点是有利于教师离岗创业的动力激发，以教师成功实现离岗创业为旨归。

通过动力加速，能够加快应用型高校教师离岗创业模式的有效实施，促进科技成果的成功转化，加速推动供给侧结构性改革和区域经济发展，推动区域产业升级，优化市场经济发展结构，为就业者提供更多就业、创业、实习的机会，丰富专业课程的知识架构和创新创业课程的案例模板。

（二）动力缓冲

动力缓冲主要指创业动力激发的内外部子系统中的不利因素，其在一定程度上会影响应用型高校教师离岗创业的行为。剖析相关核心理论假设可以从以下几方面进行：国家相关制度尚需健全，高校组织制度还不够完善，管理体制存在障碍，创业文化氛围还不浓厚。

第一，国家虽然颁布了相关政策文件，但对于多数高校教师而言，他们也许并未听说过"离岗创业"政策，付诸行动更无从谈起。更有个别地区出现地方和国家相关政策相冲突的情况，使得政策缺乏公信力，影响了政策的执行。同时，多层级、多部门的审批流程使得办理程序烦琐，耗时耗力，直接使科研成果孵化的时效性受到影响，科研成果转化严重贬值，科研成果"高产出低转化"的现象仍然较为明显。

第二，高校组织制度是有组织性的高等学校有效运行的制度逻辑，包括人事制度、资源分配制度等。从当前制度层面及理论假设分析，高校在离岗创业的相关人事制度、职称评审制度等方面存在欠缺，缺乏配套性制度支持，这是导致应用型高校教师不敢、不愿离岗创业的关键。

第三，管理体制方面存在一定的问题，当前我国高校普遍缺乏较为科学合理的技术孵化收益分配制度，其涉及合作企业、学校、学院、创业者个人。一方面，在与企业进行合作期间，技术转化的决策权和财权主要掌控在社会企业及校方手中，转化环节过多、转化主体过多、转化条件复杂等原因极易导致转化失败，高校教师和企业之间缺乏平等、均衡的沟通与对接[①]。科技转化过程中存在较大的潜在风险和不确定性，这也使一些拥有成果的教师对科技成果转化望而却步。另一方面，部分高校教师在科学研究上也存在惰性和"躺平"现象，科研积

---

① 顾训明，徐红梅. 2016. 高校教师离岗创业的制度性困境及其超越. 创新与创业教育，（5）：23-27.

极性不高，科研产出比例低，这从根本上直接影响应用型高校发展实力的提升。同时，企业管理能力的相对欠缺在很大程度上阻碍了高校教师成果的高质量转化，在转化过程中出现的人员管理、工作分配、劳动所得、市场迎合度、战略规划等方面一系列问题也是创业者需要面对的重要问题。

第四，应更加重视营造创业文化氛围。高校大多数教师更"静态"地进行科研项目的研究和课程内容的讲授，对于创业带来的风险更多的是担忧，身边成功创业的优秀榜样较少。另外，高校创客、孵化园等平台搭建不完善，难以从本质上带动相关教师离岗创业。

### （三）联动动力

联动动力是内部动力子系统与外部动力子系统共同作用的结果，内部动力是推进应用型高校教师离岗创业的直接动力，外部动力子系统作用于内部动力子系统，后者在前者的推动下，形成应用型高校教师离岗创业系统的竞争优势。联动动力是创业价值、创业文化、利益与创业制度的有机整合，它注重动力加速机制及其结构要素与动力缓冲机制及其结构要素的双向作用，顺应动力加速要素，消除改革动力缓冲给应用型高校教师离岗创业带来的阻碍。

应用型高校教师离岗创业联动动力机制受多层次要素的影响，通过对各个子要素的分析和归类，可以得出应用型高校教师离岗创业联动动力系统由内部动力、外部动力、联动动力等子系统构成，三个子系统相互联系、相互作用，促进了应用型高校教师离岗创业联动的发展；同时也应考虑到动力缓冲仍存在一定的弊端，需要建立一个有力的支持系统和一个有效的保障系统。因此，应用型高校教师离岗创业要正常、有序、快速地运行，仍需要建立统一的、权责明确的管理机构和专业化的人力资源组织作为支持系统，制定更加统一的政策和全面的整体规划作为保障系统，以促使应用型高校教师离岗创业联动动力系统更加优化和完善，促进应用型高校教师离岗创业联动快速发展。

## 第二节 模型构建与假设提出

根据本章研究目的，本节在前两节的基础上构建应用型高校教师离岗创业动力系统之间的关系模型,并通过动力系统内外部动力子系统及其子要素对离岗创业的作用机制提出研究假设。

## 一、理论模型的构建

针对本章前两节陈述的应用型高校教师离岗创业理论研究框架和相关文献研究,从以计划行为理论为主的角度对理论模型进行初步设计与建构,结合应用型高校教师离岗创业活动的特殊性,按照外部动力子系统、内部动力子系统和联动动力子系统对应用型高校教师离岗创业的影响因素进行划分。本节对模型的构建以第一节的五大理论为基础,以计划行为理论为逻辑,梳理归类行为态度、主观规范、知觉行为控制三个维度九个子要素之间的关系,通过三大动力子系统及其子要素之间相互作用、相互影响,深层次作用于离岗创业意愿,最终影响应用型高校教师离岗创业行为的实施。外部动力子系统更加关注国家政府政策、市场需求、高校体制机制、文化氛围等方面对高校教师离岗创业的影响;内部动力子系统中包括成就内驱力、创业核心素养力、条件保障力三个个人层面的维度要素。调节变量为联动动力子系统,包括动力加速、动力缓冲、联动动力。

1)外部动力子系统:政策、市场、高校三个维度。

2)内部动力子系统:个人能力层面的成就内驱力、创业核心素养力、条件保障力三个维度。

3)联动动力子系统:动力加速、动力缓冲、联动动力三个维度。

综上,本节构建了如图 3-2 所示的理论模型。

## 二、研究假设的提出

根据前文阐述及对相关研究成果的分析,应用型高校教师离岗创业动力不足(即动力缓冲)是阻碍高校教师离岗创业行为发生的关键子要素。回溯有机统一的整体动力机制,在外部动力子系统中,政府推动力和市场拉动力的总体状况良好,而高校支持力是应用型高校教师离岗创业的关键性外部因素。内部动力子系统中的成就内驱力和创业核心素养力对应用型高校教师离岗创业的意愿及行为影响力最大,所以也是教师离岗创业的关键因素。因此,以上述动力机制理论模型

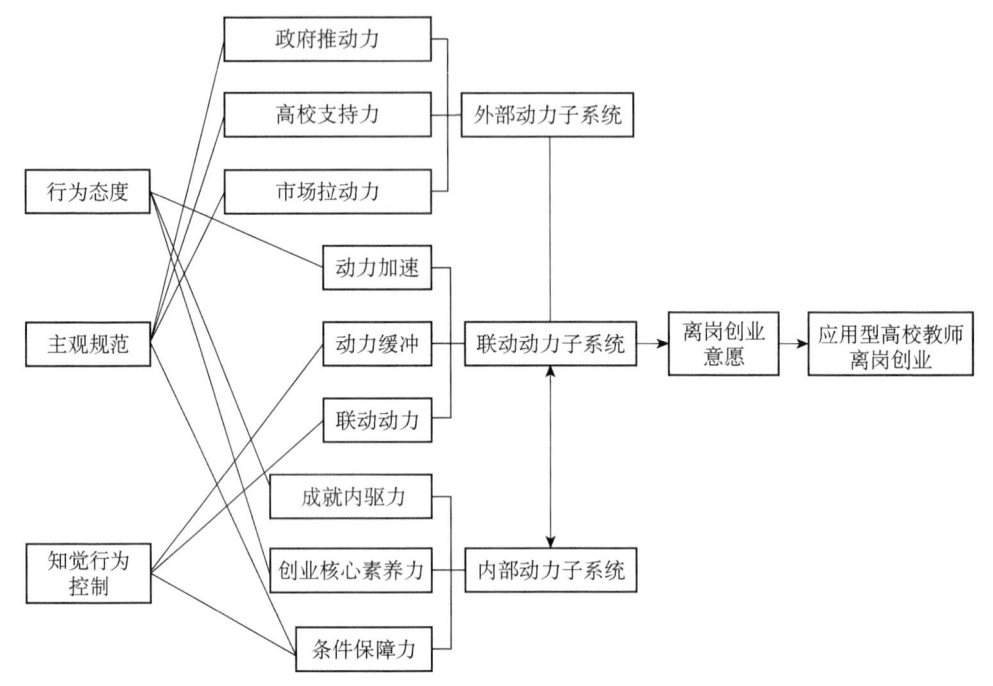

图 3-2 应用型高校教师离岗创业动力机制理论模型

为依据，基于理论推导，依次提出以下假设。

**1. 个体人口学变量与离岗创业的关系的假设**

创业者个体人口学变量基本情况一般包括年龄、性别、受教育程度、职称、地域等因素。关于年龄对离岗创业的影响，杨秀云等研究发现年龄与个体创业概率呈现出倒"U"形关系[①]。王健认为学术创业者中绝大部分是男性，女性较少[②]。余荔等认为职称越高的高校教师，越倾向于进行学术创业活动，教授和副教授职称的教师参与学术创业的概率分别是讲师及以下教师的 2.2 倍与 1.56 倍[③]。

综上，针对离岗创业个体人口学差异提出以下研究假设：

假设 1：不同性别应用型高校教师的离岗创业动力存在显著差异。

假设 2：不同年龄应用型高校教师的离岗创业动力存在显著差异。

---

① 杨秀云，从振楠. 2022. 文化多样性如何影响个体创业行为——来自方言视角的经验研究. 山西财经大学学报，(6)：99-112.

② 王健. 2022. 高校教师双元创业能力影响学术创业绩效的探讨——基于 15 所高校 204 名教师的相关数据分析. 中国高校科技，(4)：34-38.

③ 余荔，宋荣，陈静. 2022. 基于社会交换理论的高校教师学术创业影响因素与对策研究. 黑龙江高教研究，(6)：31-40.

假设3：不同职称应用型高校教师的离岗创业动力存在显著差异。

假设4：不同地区应用型高校教师的离岗创业动力存在显著差异。

### 2. 创业能力与离岗创业意愿关系的假设

教师创业能力主要涉及内部动力子系统三大子要素，成就内驱力、创业核心素养力、条件保障力反映了内部环境对应用型高校教师离岗创业意愿的影响指标。邵婷婷通过文献梳理得出创业者的先前经验对创业自我效能和创业意愿产生影响[1]，对之后创业具有一定的促进作用。王辉等的研究发现，激发创业意愿的内驱力能够增强创业者的创业意愿[2]。邓德祥等指出高校教师的专业覆盖市场的各领域，其所取得的科研成果类型多样，高校教师加盟创业无疑是驱动我国经济高质量发展的引擎之一[3]。

基于此，我们提出以下假设：

假设5：应用型高校教师离岗创业动力与成就内驱力呈正相关。

假设6：应用型高校教师离岗创业动力与创业核心素养力呈正相关。

假设7：应用型高校教师离岗创业动力与条件保障力呈正相关。

### 3. 创业环境与离岗创业意愿关系的假设

本书中的创业环境即三大外部动力子系统：政府推动力、市场拉动力、高校支持力。张光利等提出政府的各项创新创业政策激励并推动着我国的创业活动繁荣发展[4]。周正认为市场需求和市场竞争压力都会给教师离岗创业带来积极的动力[5]。张鹏通过实证研究明确了大学内部组织环境对学术创业的影响，验证大学的支持结构、组织文化、激励政策等组织环境对创业活动具有显著的正向影响[6]。

由此，我们提出下列假设：

假设8：政府推动力与应用型高校教师离岗创业动力呈正相关。

假设9：市场拉动力与应用型高校教师离岗创业动力呈正相关。

---

[1] 邵婷婷. 2022. 创业学习、创业自我效能与机会信心的关系研究. 吉林大学硕士学位论文.

[2] 王辉，朱健. 2021. 农民工返乡创业意愿影响因素及其作用机制研究. 贵州师范大学学报（社会科学版），(6)：79-89.

[3] 邓德祥，周熹，刘凯歌. 2021.高校教师创业模式与扶持机制. 创新创业理论研究与实践，(4)：153-156.

[4] 张光利，薛慧丽，林嵩. 2022. IPO 事件对地区创业活动的影响研究. 财经研究，(5)：125-139.

[5] 周正，尹玲娜，蔡兵. 2013. 我国产学研协同创新动力机制研究. 软科学，(7)：52-56.

[6] 张鹏. 2016. 学术创业的大学内部组织环境影响研究. 浙江工业大学博士学位论文.

假设10：高校支持力与应用型高校教师离岗创业动力呈正相关。

本书中应用型高校教师的离岗创业动力由两部分组成，一个是内部动力，一个是外部动力，为了进一步检验三者间的关系，提出三个并列假设：

假设11：应用型高校教师离岗创业动力与内部创业动力呈正相关。

假设12：应用型高校教师离岗创业动力与外部创业动力呈正相关。

假设13：内外部创业动力均影响应用型高校教师离岗创业动力，且内部动力的影响程度更高。

## 第三节 本章小结

本章作为全书的重点，在理论层面有着举足轻重的地位。本章着重论述应用型高校教师离岗创业的动力机制与作用机制，解决其"愿不愿"创业的问题。首先，对"应用型高校""高校教师离岗创业"两个概念进行界定，同时学术资本主义理论、资源依赖理论、知识生产模式理论、计划行为理论、三元交互理论五大相关理论为构建应用型高校教师离岗创业的逻辑理论框架及动力机制理论模型与框架打下基础。其次，应用型高校教师离岗创业是一个复杂的社会实践活动的有机系统，由多个动力子系统和相关子要素共同组成，每个动力子系统和相关子要素都对离岗创业行为有所作用，每个要素都对应用型高校教师离岗创业实践活动产生力的作用。因此，应用型高校教师离岗创业动力系统由诸多要素共同构成，它们之间相互促进或相互制约。其主要从三大动力子系统（即外部动力子系统、内部动力子系统、联动动力子系统）中分化出9个子要素——政府推动力、市场拉动力、高校支持力、成就内驱力、创业核心素养力、条件保障力、动力加速、动力缓冲、联动动力。三大动力子系统9个子要素是应用型高校教师离岗创业系统运动、发展和变化的推动力量，离岗创业动力系统中的各要素之间的相互作用是离岗创业发展的动力。整个系统是一个动态发展的过程。最后，结合五大理论，特别是计划行为理论，将行为态度、主观规范、知觉行为控制与9个子要素互动联系，搭建应用型高校教师离岗创业系统运行机制模型，加速推动社会系统运动、变化、发展，厘清动力子系统中的动力缓冲要素的作用方式，在此基础上进一步分析每个子系统的结构要素、影响因子、功能特征、相互关系以及子系统之间的交互作用与运行机理，使动力系统各个要素、部分、环节在互动中形成整体良性运行的结构和功能，真正从制度层面深刻剖析应用型高校教师"愿不愿"离岗创业的问题，为接下来从数据及理论层面深入挖掘当前应用型高校教师离岗创业的现状、问题、制度路径构建体系框架，为有力论证应用型高校教师离岗创业"能不能"的问题提出制度方案。

# 第四章

# 描述与剖析：应用型高校教师离岗创业动力现状的实证调查与问题表征

在第三章文献梳理与逻辑推理的基础上，本章以应用型高校教师离岗创业动力机制理论模型与框架为基础，设计调查问卷和访谈提纲，其中以问卷调查为主，在此基础上，选取典型样本进行访谈与案例研究。问卷调查着眼"面上铺开"，访谈与案例研究力求"点上突破"。本章从整体角度分析应用型高校教师离岗创业的动力状况。具体内容包括问卷调查方案的设计、访谈的设计与实施、主要变量的构建和测量、数据分析与假设验证、实证结果分析等。

# 第一节 研究设计

## 一、问卷设计

问卷调查,是社会科学研究中广泛使用的研究方法。依据艾尔·巴比[1]的观点,一般而言,问卷调查首先要界定被调查对象,然后按照调查对象确定样本选取,最后以正式问卷的形式展开调查。风笑天总结了问卷调查的优点:①可以节约时间、经费和人力;②保密性,能够保证很强的匿名性;③可避免人为因素的影响;④调查结果信度较高,能够较为贴切地刻画研究对象;⑤可以便捷、高效地提供丰富的素材等[2]。因此,问卷调查在开展社会现象研究方面具有显著优势。鉴于此,本章采用问卷调查的方式进行数据的采集,综合国内外学者的代表性观点进行问卷设计。

（一）问卷设计过程

问卷设计的质量决定着研究的科学性及最终结论的价值,也关乎调查数据的有效性、可靠性,是统计分析的前提和基础。本章参考相关研究[3]的建议,遵循以下步骤进行问卷的设计。

第一,形成问卷初稿。前期,在阅读大量与应用型高校转型、学术创业、创业动机、创业能力、创业环境等相关文献的基础上,借鉴权威研究的理论构思,结合半结构访谈及现实背景等,确定相关变量及其内在关联,同时参考实证研究中广泛采纳的相对成熟的量表,设计对应的测量题项,形成问卷的初稿。

第二,问卷修订。通过对本领域专家学者以及心理学专家的咨询,对问卷进行反复论证和修改。综合各位专家学者的意见,重点对调查对象的范围、变量的

---

[1] 艾尔·巴比. 2002. 社会研究方法基础. 8版. 邱泽奇译. 北京:华夏出版社, 233.
[2] 风笑天. 2009. 社会学研究方法. 3版. 北京:中国人民大学出版社, 198.
[3] Dunn W N. 2015. Public Policy Analysis. New York:Routledge.

选择进行确定,对题项测度的合理性等进行修改。

第三,听取多位博士生和一线教师对本问卷的建议,对问卷题量、题项措辞以及内容格式等方面的问题进行再次修正,尽量避免有歧义的语句,确保问卷更容易被调查对象理解和接受。

第四,形成正式问卷。通过小范围预测试,对问卷的题项进行纯化,小范围地发放问卷,并对收集的数据进行初步的检验分析。根据分析结果,结合各方面的问卷评估指标,再次咨询本领域专家及相关学者,对问卷进行进一步修正,在此基础上形成正式调查问卷。

(二)问卷结构安排

本研究采用开放式问卷,主要围绕应用型高校教师离岗创业动力及影响因素展开。采用国内外学术界通用的问卷设计格式,即选取若干个指标来描述和反映一个变量,基于利克特五级量表法,通过考察调查对象对离岗创业影响因素的感知度来评估其对离岗创业的真实态度。例如,选择"政府出台了相关法律、规定和文件政策"作为外部影响因素的一个度量指标。要求问卷填写人按照"1—非常不重要;2—不重要;3——般;4—重要;5—非常重要"进行打分。问卷构成主要包括以下几个方面。

第一,问卷的指导语。主要对问卷调查进行说明,简要介绍调查的内容和目的、填写方法以及问卷的保密承诺等。

第二,问卷的主体部分。主要分为题项和答案部分。本问卷的主体部分由四部分组成:一是个人基本信息。该部分用于了解模型控制变量所需的各项人口学信息,包括性别、年龄、受教育程度、职称、学科门类、主要从事岗位类型、所在地区、学校属性等,同时设置一个解释变量题项"在校任职期间是否有过创业的想法和实践",按照创业动力的3个强度,划分为无想法无实践、有想法无实践、有想法有实践三类,同时还设置了一个条件触发题,如果选择了"有想法有实践"则会增加一题"创业实践的方式",以便更直观地解释"离岗创业动力"这一因变量。二是应用型高校教师离岗创业内部动力认知调查。该部分主要测量模型中与教师离岗创业内部动力相关的3个变量,全部采用利克特五级量表法评分:成就内驱力(3个维度、6个题项)、创业核心素养力(4个维度、21个题项)、条件保障力(4个维度、12个题项)。三是应用型高校教师离岗创业外部动力调查。主要测量模型中与外部动力相关的 3 个变量类型，全部采用利克特五级量表法评分：政府推动力（3 个维度、5 个题项）、市场拉动力（2 个维度、4 个题项）、高校支持力（4 个维度、20 个题项）。四是应用型高校教师离岗创业制度环境调查（3 个维度、5 个题项）。

## 二、访谈设计

本研究主要根据第三章的文献推导和理论模型，同时结合学术创业领域的现实背景等，围绕研究的核心问题设计访谈的提纲，在访谈实施过程中，针对不同访谈对象确定访谈技巧，以便于能及时捕捉访谈对象对问题的真实看法。

依据学者艾尔·巴比的观点，访谈环节通常情况下以面对面的方式进行，电话、电子邮件等形式的交流也是其中可用的方法[①]。访谈作为获取调查资料的一种质性研究方法，在社会科学领域中被广泛应用，是获取定性资料的一种有力途径。国内外学者普遍以两种方式对访谈进行划分：一种是结构式访谈，另一种是非结构式访谈。袁方和王汉生认为，在结构式访谈环节中，通常依托于问卷进行展开，其特点是易于访谈结果的量化[②]。

依据风笑天的观点，半结构化访谈的最大特点是具有明确的交流主题或访谈范围，它既不依托于预先建构的问卷，也不具有某种固定的程序，而是由访谈者与被访谈者围绕某个明确的主题进行交谈[③]。半结构化访谈的主要目的是通过访谈者与被访谈者细致深入的交流，进而获得大量丰富的定性资料。经过访谈者的科学系统加工，将定性资料上升为具有某种结论性的观点。综合以上观点，本章研究采用半结构化访谈，深层次地探索应用型高校教师离岗创业的内外部动力现状及相互作用机制。

（一）访谈对象

根据研究的需要和可行性，本研究主要采用综合抽样策略，即以目的性抽样方式为主，兼顾就近和方便的方式选择能够为研究问题提供丰富信息的个体作为

---

① 艾尔·巴比. 2002. 社会研究方法基础. 8 版. 邱泽奇译. 北京：华夏出版社，222.
② 袁方，王汉生. 社会研究方法教程. 北京：北京大学出版社，269.
③ 风笑天. 2009. 社会学研究方法. 3 版. 北京：中国人民大学出版社，276.

研究对象，抽样的具体方法采用"强度"（抽取具有较高信息密度和强度的个案）与"同质型"（抽取内部成分比较相似即同质性比较高的个案）两个标准，考虑到研究能力和调研成本，主要选取×省的10所应用型高校和×市的1所应用型高校。访谈对象涵盖应用型高校教师离岗创业的主要利益相关者，包括应用型高校管理人员、应用型高校教师、高校科技园及企业相关部门负责人、大学生及其家长，共49人。

一是应用型高校管理人员（13人）：人事、科研、创新创业等相关部门负责人，以及部分二级学院的院长。在二级学院院长的选取上，尽量考虑学科的多样性和差异性，侧重于选取自然学科类的二级学院，同时兼顾与产业发展紧密相关的人文社科类学科的二级学院（如经济类、管理类等）。

二是应用型高校教师（18人）：在应用型高校教师的选取上，尽可能关注学科、性别、职称等人口学特征的多样性和差异性。

三是高校科技园及企业相关部门负责人（5人）：在行业企业的选取上，重点关注基础产业和新兴产业的行业企业。

四是大学生（6人）：在大学生的选取上，兼顾院校、学科、专业和年级等差异。

五是大学生家长（7人）：在大学生家长的选取上，兼顾不同行业领域。

（二）访谈步骤

依据艾尔·巴比的观点，访谈的核心目的是确保获得第一手宝贵实践资料，为理论框架寻找现实依据，判断理论框架是否科学合理，为后续实证结果分析提供实践方面的依据[①]。具体的实施步骤如下。

一是确定访谈议题。访谈开始之前，应明确研究的核心议题，紧紧围绕应用型高校教师对离岗创业的认知，对内部动力子系统涉及的个体层面的成就内驱力、创业核心素养力、条件保障力，以及外部动力子系统涉及的政策推动力、市场拉动力、高校支持力等变量之间的逻辑关系展开，明晰各变量的含义及其内在逻辑，尽量避免语言过于学术化、语义不清等，让受访者更加容易理解。

二是访谈注意事项。本次访谈开始前做了详细的计划，在具体的访谈过程中，通过层层引导式交谈，掌握受访者对应用型高校教师离岗创业的现状、离岗

---

① 艾尔·巴比. 2002. 社会研究方法基础. 8版. 邱泽奇译. 北京：华夏出版社，222.

创业的态度和看法、离岗创业的制度性障碍等的认知，确保访谈顺利进行，实现预期的目的。访谈时间控制在 0.5—2 小时。

三是访谈资料整理。具体包括访谈过程中的记录以及后期整理归纳。访谈过程中应对受访者的个人陈述重点进行记录，把握变量之间的关系在现实情境中的具体体现。后期的整理归纳重点是比较实践中的变量之间的逻辑关系与研究预设的核心假设是否相吻合，以期为定量研究提供实践依据。

四是形成访谈报告。对访谈的结果进行梳理和分析并最终形成报告，重点报告变量的逻辑关系和理论假设，以期为问卷调查结果提供实践上的支撑。

## 三、数据收集与分析方法

（一）数据收集

### 1. 样本与调查对象

本研究主要关注应用型高校教师离岗创业的内外部动力现状与作用机制。对应用型高校的分类依据主要借鉴别敦荣的分类依据，即应用型高校办学体系一般包括应用性学科专业、"双师型"师资队伍、应用性人才培养模式、应用导向的功能平台、校企合作办学机制五个方面[①]。原因在于应用型高校以面向行业部门实际办学或服务地方经济社会发展需要为办学宗旨和愿景。高校教师离岗创业的现象由来已久，早在改革开放之初就出现科研人员"下海"创业的例子。虽然近些年由于国家层面的政策推动掀起较大的热度，但现实中高校教师的离岗创业意愿和比例偏低，有必要就其创业动力进行深入剖析。因此，按照相关学者对样本选择的建议，有无创业意愿和经历的应用型高校教师均是本研究的调查对象。

### 2. 问卷发放与回收

从理论上来说，从整体样本中随机抽取样本，进行面对面的调查与回收是最有效的问卷发放和回收方式。但是，在实际调查中，随机的问卷发放和面对面的回收的方式是难以做到的。综合国内外相关研究，大多数研究没有通过随机抽样的方式来进行数据收集，而采用的是便利性抽样的调研原则。

为避免调查对象过度集中在一所或一类大学中，本次调查共涉及东部、中

---

① 别敦荣. 2022. 应用型高校的办学理念与建设路径. 中国高教研究，（4）：1-8.

部、西部、东北地区 20 余所大学，设置每所大学抽样数量的限制，原则上不超过 50 人。问卷的填写统一通过问卷星在线调查平台进行。主要采用两种形式发放，一是直接通过高校二级学院和各种学术团体的微信群负责人等发放问卷链接，同时说明调查目的恳请对方协助；二是委托他人（调查对象的同事、学生等）转发问卷链接，借以提高问卷覆盖范围。本次问卷调查共回收问卷 718 份，为确保样本数据的准确性，根据问卷平均完成所用时长，剔除作答时间低于 100 秒的样本数据，最终用于实证分析的问卷为 706 份，问卷有效率为 98.3%。由于调查对象是高校教师，他们有较高的知识素养，且问卷链接均是通过稳定渠道收集，因此问卷有效率比较高。

（二）数据分析方法

本研究主要运用 SPSS 27.0 等统计分析软件进行数据分析。在获取样本数据资料后，根据后续分析的需要，先对数据样本的基本特征进行描述性分析，包括样本的描述性统计分析、样本的信度与效度分析等，然后进一步采用相关分析与回归分析的方法，对本研究的一系列研究假设进行验证，增强研究结论的可靠度和说服力。

1. 样本的描述性统计分析

描述性统计，可以将搜集的原始数据经过整理后变成有意义的信息或统计量，其目的是从整体上分析与检验样本数据的基本特征。根据吴明隆的观点[①]，描述性统计的分析方法，包括以次数分布表呈现、以图表表示、以数据的各项统计量表示等，不同的变量尺度有不同的呈现方式，量表、份数等连续变量（等距或比率变量）通常以统计量或图示表示；而类别变量或次序变量通常以次数分布表或图示表示。

2. 信度分析

一份量表中有针对同一变量指标的相关题项，只有当这些题项的回答基本相同时，才符合量表的信度评价标准，这反映了量表的内部一致性信度。在利克特态度量表法中常用的信度检验方法为 Cronbach's α 系数及折半信度，有研究者认

---

[①] 吴明隆. 2009. 问卷统计分析实务——SPSS 操作与应用. 重庆：重庆大学出版社，131.

为估计内部一致性系数用 Cronbach's α 系数优于折半法。[①] α 系数越高，代表量表不同题项之间的一致性程度越高。

### 3. 效度分析

一般情况下，开展效度分析是为检验研究中所采用的测量量表是否真实反映了研究所指向的目标变量内容，通常包含内容效度与结构效度两个方面。内容效度是指测量题项对有关内容或行为取样的适用性，从而确定测验是否是所欲测量的行为领域的代表性取样。一般在研究中，通常借助于文献梳理、深度访谈、问卷测试等环节来控制量表的内容效度，而不对内容效度进行检测。结构效度反映的是测量概念能否与测量工具相符合，它能检测出测量工具的有效性，常见的计算量表效度的方法是巴特利特球度检验和 KMO 检验方法。KMO 值介于 0—1，一般认为 KMO 指标值越接近 1，量表的效度越高，越适合做因子分析。

### 4. 相关分析

相关分析是研究两个或两个以上处于同等地位的随机变量间的相关关系的统计分析方法。在实证统计分析中，一般使用积差相关系数，即 Pearson 相关系数表示，其数值介于 -1—1。当两个变量间的相关度达到最大，散点呈一条直线时取值为 ±1，正负号表示相关的方向。如果两变量无关，取值为 0。积差相关系数严格讲只适用于两变量呈线性关系，且有一定的适用条件。当数据不满足适用条件时，可考虑使用 Spearman 等级相关系数来解决。相关分析表明变量之间有可能存在因果关系，但单凭相关性的存在还不足以揭示变量之间的内在逻辑关系。相关分析不能有效区分自变量与因变量，要想具体揭示变量之间的相关程度，还需要进一步借助回归分析的方法。相关分析与回归分析不是完全独立的，要想更好地开展多元回归分析，相关分析是必要的基础。

### 5. 回归分析

回归分析是确定两个或多个变量间相互依赖的定量关系的一种统计分析方法。回归分析可以有多种用途，按照分析中所涉及的自变量的数量，可分为一元回归分析和多元回归分析；按照自变量和因变量之间的关系类型，可分为线性回归分析和非线性回归分析。如上所述，回归分析通常建立在相关分析的基础上，

---

[①] Crocker L, Algina J.1986. Introduction to Classical and Modern Test Theory, Orlando, FL: Holt, Rinehart and Winston. Google Scholar.

以进一步确定变量间相互影响的数量关系。在实证分析中，人们通常采用 $t$ 检验回归分析变量间的显著性水平，$p$ 值小于 0.05，说明回归系数有统计学意义。此外，在回归分析的过程中，还需要对回归方程的拟合度进行检验，通常以 $R^2$ 和 $F$ 检验作为反映拟合优度的主要指标。

综上，本章研究涉及的各项分析技术以及对应的研究目的和统计工具如表 4-1 所示。

表 4-1  研究目的、分析技术与统计工具

| 研究目的 | 分析技术 | 统计工具 |
| --- | --- | --- |
| 数据质量检验 | 信效度分析 | SPSS 27.0 |
| 样本特征检验 | 描述性统计、方差分析、相关分析 | SPSS 27.0 |
| 假设检验 | 方差分析、回归分析 | SPSS 27.0 |

# 第二节　变量构建及量表设计

根据前一章构建的动力机制分析模型与框架，结合变量构建及测量的文献梳理，本章研究需要度量的变量为应用型高校教师离岗创业动力，具体为内部动力子系统（包括成就内驱力、创业核心素养力、条件保障力）以及外部动力子系统（包括政府推动力、市场拉动力、高校支持力）。对应的影响因素则可以分成个体以及环境影响因素两个层面，涉及内外两个维度 6 个变量指标。

## 一、离岗创业动力变量

结合第三章应用型高校教师离岗创业动力的影响因素模型，本研究将应用型高校教师离岗创业动力作为因变量，通过创业意愿和倾向进行分析。应用型高校教师离岗创业动力可以划分为内部动力与外部动力。内部动力源于三个方面：个体动机和需要的驱动、创业核心素养力的支撑、条件和资源的保障等。因此，应用型高校教师离岗创业内部动力可以从以下三个方面来衡量：成就内驱力、创业核心素养力、条件保障力。外部动力主要来自外界环境的影响，比如政策、市场、文化氛围、社会认知、高校环境等都会对应用型高校教师离岗创业的动力产

生直接或间接的影响。因此,应用型高校教师离岗创业外部动力可以从以下几个方面来衡量:政府推动力、市场拉动力、高校支持力。关于本章研究中所有变量及测量维度汇总如表 4-2 所示。

表 4-2　变量指标构成

| 变量类型 | 变量名称 | 测量维度 |
| --- | --- | --- |
| 因变量 | 教师离岗创业动力 | 创业意愿和倾向 |
| 自变量 | 成就内驱力 | 成就需要 |
| | | 权力需要 |
| | | 社会关系需要 |
| | 创业核心素养力 | 专业能力 |
| | | 维护关系的能力 |
| | | 企业管理和把握机会的能力 |
| | | 创业者特质 |
| | 条件保障力 | 个人资源禀赋 |
| | | 先前经验 |
| | | 学术研究水平 |
| | | 家庭支持度 |
| | 政府推动力 | 规制 |
| | | 规范 |
| | | 认知 |
| | 市场拉动力 | 市场开放性 |
| | | 市场活跃度 |
| | 高校支持力 | 结构支撑 |
| | | 社会资本 |
| | | 组织文化 |
| | | 激励政策 |

(一)离岗创业内部动力变量

应用型高校教师离岗创业内部动力的变量主要从成就内驱力、创业核心素养力、条件保障力三个维度测量。测量方式为国际通用的利克特五级量表法,以降低问卷的测量误差,提高问卷的回收率。

### 1. 成就内驱力的量表设计

依据麦克利兰等学者的观点，结合访谈分析，本章中应用型高校教师的成就内驱力可以分为权力需要、成就需要、社会关系需要。权力需要，就是一个人拥有能够调配与控制他人时的满足感。成就需要，就是一个创业者需要通过创业成功给自己带来物质以及精神上的满足感。社会关系需要则是一个人在创业过程当中，渴望扩大自己的交友圈，发展自己的人脉关系网的需要。在创业核心素养力方面，创业者主要需要具有的专业能力包括个性、创业知识、丰富的情商，以及其他一些个人特质。倾向于成为企业家的个体具有高成就需求的显著性特征，为了产生内在成就感而更倾向于将个体需要转化为创业行为。[1]国外有学者认为创业动机就是潜在创业者参与创业活动，发生创业行为的内在驱动力。[2]也有学者认为，创业动机是个体参与创业活动的内在驱动力，具体表现为追寻的预期目标和愿景。[3]还有学者指出，创业动机是个体对参与或开展创业活动的内在意愿和主动性。[4]

结合以上分析，创业动机就是决定个体是否产生创业意愿和行为的重要驱动因素。本章研究中的创业内驱力，也就是创业动机，是指促进应用型高校教师离岗创业的个体自身的心理驱动因素。借鉴孔令卫的研究[5]，创建的成就内驱力的测量量表如表 4-3 所示。

表 4-3 成就内驱力的测量题项

| 变量 | 测量题项 |
| --- | --- |
| 成就内驱力 | 10-1 享受创业带来的乐趣或激情感、成就感，实现人生价值<br>10-2 通过创业积累更多财富，为家庭提供保障<br>10-3 推动教学科研水平提升，服务学校发展、国家经济社会发展<br>10-4 喜欢领导和掌控的感觉<br>10-5 掌握自己的职业命运，避免职业发展受到外在因素的限制<br>10-6 通过创业赢得广泛认可，获得社会声望 |

---

[1] McClelland D C. 1961.The Achieving Society. Princeton：Van Nostrand：60-120.
[2] Olson P D，Bosserman D A. 1984. Attributes of the Horizons. Business，27（3）：53-56.
[3] Baum J R. 2003. A multi-dimensional model of venture growth. Journal of Business Venturing，44：292-303.
[4] Shane S，LockeE A，Collins C J. 2003. Entrepreneurial motivation. Resource Management Review，13（2）：257-279.
[5] 孔令卫. 2018. 年长创业者创业动机产生、维度及影响研究. 中南财经政法大学博士学位论文.

## 2. 创业核心素养力的量表设计

根据国外学者钱德勒（Chandler）等的总结，一个成功的创业者应该具有如下优点：一是善于抓住机遇，善于抓住别人看不见的创业机会；二是能够从零起步，脚踏实地地从小做到大，有带动一班人马的基本情商以及领导能力；三是能够懂得合理利用身边的资源，高效地利用身边的人们来进行相应的框架搭建和公司构建；四是能够严格自律，能够做到努力工作，不颓废，不打退堂鼓；五是能够合理地维护团队内部的人际关系，能够不断地给团队加油打气，克服困难；六是要在自己的领域有一番作为，首先需要在这一个领域拥有较高的专业知识素养。[1]但是，"创业能力"是一个复杂的概念，对其内涵的理解和结构的划分有很多不同的形式。有学者将创业能力划分为三种类型——创业者特质、技能和创业知识，将创业能力划分为六个维度——机会能力、关系能力、概念性能力、组织能力、战略能力和承诺能力。[2]陈劲和朱学彦认为"学者型企业家"不同于传统的企业家，具有科学家与企业家的双重特质，即卓越的科学家创造力和企业家创新精神。[3]有学者从特质的角度将创业能力界定为创业者的天赋能力，如性格特质、知识和技能等。唐靖和姜彦福将一个成功的创业者的个人能力概括为良好的管理能力、专业的业务能力、会捕捉机会和利用机会的能力。[4]陈巍[5]、郄丹蕾[6]、张宝文[7]等也对创业者特质进行了实证检验。曹钰华将创业能力划分为机会能力、个人能力、企业管理能力和专业能力[8]。

综合学者对创业能力的阐述，本章认为高校教师的创业核心素养力，有别于创业者的通用能力或技能，应该是高校教师基于"学者"和"创业者"双重身份所具有的核心素养和能力。因此，高校教师的创业核心素养力不仅包括诸如资源整合能力、管理相关能力和机会相关能力这些创业者的通用能力，更包括知识素

---

[1] Chandler G N, Dahlqvist J, Davidsson P. 2002. Opportunity Recognition Processes: A Taxonomy and Out Come Implications. Babson College.
[2] Man T W Y, Lau T. Entrepreneurial competencies of SME owner/managers in the Hong Kong services sector: A qualitative analysis. Journal of Enterprising Culture, 2000, 8 (3): 235-254.
[3] 陈劲, 朱学彦. 2004. 学术型企业家初探. 科学学与科学技术管理, (8): 115-117.
[4] 唐靖, 姜彦福. 2008. 创业能力的概念发展及实证检验 经济管理, (9): 51-55.
[5] 陈巍. 2010. 创业者个体因素对创业倾向的影响：感知环境宽松性的中介作用. 吉林大学博士学位论文.
[6] 郄丹蕾. 2017. 高校科研人员创业绩效的影响因素及作用机理研究. 哈尔滨工业大学硕士学位论文.
[7] 张宝文. 2018. 创业者人力资本对创业成功的作用机制研究. 吉林大学博士学位论文.
[8] 曹钰华. 2018. 社会网络、创业学习、科技创业能力与科技创业绩效：基于关键要素多重作用视角的研究. 苏州大学博士学位论文.

养、专业能力、创新精神等学者特有的核心竞争力。因而，本章从专业能力、关系能力、企管和机会能力、创业者特质四个维度刻画创业核心素养力，采用利克特五级量表法进行测量。

表 4-4　创业核心素养力的测量量表

| 变量 | 测量题项 |
| --- | --- |
| 创业核心素养力 | 11-1 较高的学术造诣<br>11-2 复合的学科背景<br>11-3 坚实的专业基础<br>11-4 较强的人文底蕴<br>11-5 具有深厚的行业背景<br>11-6 具有相关的专利，具备一定的技术优势<br>11-7 具有科技成果转化、商品化生产的丰富经验<br>11-8 强烈的技术前瞻性和创新意识<br>11-9 与政府、金融机构、研究院所、中介机构等多个层面建立有良好的关系<br>11-10 与潜在消费者、潜在供应商、潜在竞争者、潜在合作方有紧密的联系<br>11-11 从各种行业会议、学术研讨、同行交流中获取创业所需的信息和技能<br>11-12 较强的市场开发能力<br>11-13 较强的经营管理能力<br>11-14 敏锐捕捉市场中潜在机会的能力<br>11-15 调动资源对机会进行利用和开发的能力<br>11-16 不管事情有多困难，只要认为值得去做就会尽力而为<br>11-17 承担并完成挑战性的工作会觉得有成就感<br>11-18 当面临风险时会采取大胆的决策<br>11-19 倾向于高风险、高回报的创业项目<br>11-20 制订计划后，能够付诸实施<br>11-21 抗压能力强，意志力坚定 |

### 3. 条件保障力的量表设计

社会学理论强调环境或背景因素在创业行为中的重要影响。该理论认为，个体的行为差别在很大程度上源于成长过程中不同的经历。创业者的成长环境和经历影响着他们的创业意愿和创业行为。本章基于周金平[1]、孔令卫[2]、曹钰华[3]、苏洋[4]、陈虹[5]等开发的量表，结合访谈调研获取的反馈信息，将条件保障力定义为高校教师创业具备的个体背景、资源和条件的保障力，这些因素既包括健康状况、经济状况、时间和精力等个体资源禀赋，也包括先前经验、学术研究水平、

---

[1] 周金平. 2015. 创业者先前经验、创业能力与创业绩效的实证研究. 安徽财经大学硕士学位论文.
[2] 孔令卫. 2018. 年长创业者创业动机产生、维度及影响研究. 中南财经政法大学博士学位论文.
[3] 曹钰华. 2018. 社会网络、创业学习、科技创业能力与科技创业绩效：基于关键要素多重作用视角的研究. 苏州大学博士学位论文.
[4] 苏洋. 2019. 我国研究型大学教师学术创业影响因素及激励政策研究. 上海交通大学博士学位论文.
[5] 陈虹. 2021. 人力资本、家庭禀赋、创业环境对女性创业的影响：基于 2016 年 CLDS 数据的实证分析. 常州大学硕士学位论文.

家庭支持度等保障因素（表 4-5）。

表 4-5　条件保障力的测量量表

| 变量 | 测量题项 |
| --- | --- |
| 条件保障力 | 12-1　健康状况良好<br>12-2　自有资金充裕<br>12-3　时间比充裕，精力较充沛<br>12-4　创业学习培训和实践经验丰富<br>12-5　企业任职经历丰富<br>12-6　论文成果影响力高（SCI 或 SSCI 2 区及以上/CSSCI 源期刊等）<br>12-7　横向项目实到经费总额高（指通过技术合作获得的项目研发经费）<br>12-8　主持省级及以上纵向课题数量多<br>12-9　获得专利数量多（包括发明专利、实用新型、外观设计）<br>12-10　科技成果转化收入高<br>12-11　家庭创业氛围较好<br>12-12　家庭成员提供的创业帮助很大（包括人财物、时间、精力、精神等支持） |

### （二）离岗创业动力外部变量

应用型高校教师离岗创业外部动力的影响因素变量主要从三个维度测量：政府推动力、市场拉动力、高校支持力。测量方式为国际通用的利克特五级量表法，这样可以有效降低问卷的测量误差，提高问卷的回收率。

### 1. 政府推动力的量表设计

本章中的政府推动力，主要是指推动高校教师离岗创业的政府层面的因素。大部分学者将政府推动力置于创业环境或制度环境层面进行研究。全球创业观察（Global Entrepreneurship Monitor，GEM）报告将创业环境要素体系分为金融支持、政府政策、基础设施、教育培训等九个维度。[1]周正等认为，政府是产学研协同创新的初始推动者，政府支持推动产学研协同创新主要表现在行为引导与政策激励两个方面。[2]蔡莉等认为政府干预对资源的配置、政策法规的引导是创新的主要动力。[3]李华晶[4]、魏红梅[5]、邬丹蕾[6]等学者将这种政府推动力下的制度环

---

[1] 张秀娥，王超. 2018. 创新驱动下我国创业生态环境优化研究——基于 GEM 数据分析. 经济问题探索，(5)：45-52.
[2] 周正，尹玲娜，蔡兵. 2013. 我国产学研协同创新动力机制研究. 软科学，(7)：52-56.
[3] 蔡莉，单标安. 2013. 中国情境下的创业研究：回顾与展望. 管理世界，(12)：160-169.
[4] 李华晶. 2009. 学者、学术组织与环境：学术创业研究评析. 科学学与科学技术管理，(2)：51-54+116.
[5] 魏红梅. 2015. 高校教师创业制度环境分析——基于制度环境三维度框架的视角. 教育发展研究，(5)：68-69.
[6] 邬丹蕾. 2017. 高校科研人员创业绩效的影响因素及作用机理研究. 哈尔滨工业大学硕士学位论文.

境划分为三个维度：规制维度是指正式的法律、监管、规则，规范维度指的是文化氛围、价值观念，认知维度是指获取创业信息、知识的渠道。综合以上分析，本研究主要采用以下 5 个题项测量政府推动力（表 4-6）。

表 4-6　政府推动力的测量量表

| 变量 | 测量题项 |
| --- | --- |
| 政府推动力 | 13-1 政府出台了相关法律、规定和文件政策<br>13-2 政府制定了金融、税收、审批、补贴等配套优惠政策<br>13-3 创业榜样人物的示范带动效应<br>13-4 鼓励创新创业的文化和社会氛围<br>13-5 有多种可供选择的获取创业信息、参加培训及比赛的渠道 |

### 2. 市场拉动力的量表设计

关于市场拉动力，目前学界没有一致的定义。本研究综合周正等[①]以及蔡莉等[②]学者的观点，认为风险投资是新创企业融资的一个重要渠道。技术渠道的多样性、技术转移的畅通性等对新创企业绩效有正向的影响。大学及科研机构是企业获取技术的重要渠道。市场竞争、需求和技术变动等市场环境因素是创新的主要外部拉动力。因此，从以下 4 个题项测量市场拉动力，分别反映市场开放性和市场活跃度（表 4-7）。

表 4-7　市场拉动力的测量量表

| 变量 | 测量题项 |
| --- | --- |
| 市场拉动力 | 14-1 市场较为开放，消费者需求平稳<br>14-2 产业集中度较好，产业升级需求强烈<br>14-3 尊重知识、崇尚创新，技术转移渠道畅通<br>14-4 融资环境稳定，风险投资较为活跃 |

### 3. 高校支持力的量表设计

根据班杜拉的三元交互理论，环境、认知、行为中，环境因素影响个体认知，个体认知进而影响其行为。高校教师是大学组织的重要主体，其意愿和行为受大学内部组织环境的影响最为直接。关于大学内部组织环境，本章参考国内学者张鹏[③]的研究，将大学学术创业内部组织环境划分为结构支撑、社会资本、组

---

[①] 周正，尹玲娜，蔡兵. 2013. 我国产学研协同创新动力机制研究. 软科学，（7）：52-56.
[②] 蔡莉，单标安. 2013. 中国情境下的创业研究：回顾与展望. 管理世界，（12）：160-169.
[③] 张鹏. 2015. 学术创业的大学内部组织环境影响研究. 浙江工业大学博士学位论文.

织文化、激励政策等 4 个维度，并进一步对每个维度的具体测量指标进行了分析，制定了学术创业组织内部环境测量量表。该量表在国内学术创业研究中已得到广泛应用和验证，已经较为成熟。基于此，本章采纳该量表作为高校支持力测量量表，量表共有结构支撑、社会资本、组织文化、激励政策 4 个维度，其中结构支撑维度有 4 个题项，社会资本维度有 6 个题项，组织文化维度有 4 个题项，激励政策维度有 6 个题项。测量量表的所有题项在表述上均采用肯定语句，使用利克特五级量表法进行测定，如表 4-8 所示。

表 4-8　高校支持力测量量表

| 变量 | 维度 | 题项 |
| --- | --- | --- |
| 高校支持力 | 结构支撑 | 15-1　学校有专设机构协助教师开展技术转移活动<br>15-2　学校有大学科技园、孵化器等大学衍生企业孵化平台<br>15-3　学校具有开展跨学科协同创新的便利条件<br>15-4　学校具有根据项目需要整合各类学术资源的灵活平台 |
| | 社会资本 | 15-5　学校具有较高的社会声誉<br>15-6　所在院系具有较高的学术水平<br>15-7　所在院系与对口产业联系密切<br>15-8　所在院系与对口政府部门联系密切<br>15-9　学校能及时获取传递企业或政府的技术需求信息<br>15-10　学校与创业风险资本联系密切 |
| | 组织文化 | 15-11　学校的同事、同学参与创业行为较为普遍<br>15-12　身边存在成功的学术创业榜样<br>15-13　身边的同事、同学普遍支持参与创业<br>15-14　学校的领导、院系负责人支持参与创业 |
| | 激励政策 | 15-15　面向地方或行业开展技术转移是学校的战略取向<br>15-16　学校鼓励开展应用导向的研究<br>15-17　教师岗位聘任环节承认学术创业的成果<br>15-18　教师职称晋升环节承认学术创业的成果<br>15-19　学校政策允许教师通过学术创业获得个人收益<br>15-20　学校与教师个人在收益分配上的比例较合理 |

资料来源：张鹏. 2015. 学术创业的大学内部组织环境影响研究. 浙江工业大学博士学位论文；邬丹蕾. 2017. 高校科研人员创业绩效的影响因素及作用机理研究. 哈尔滨工业大学硕士学位论文.

## 二、量表的信度与效度分析

### 1. 信度分析

吴明隆在综合国内外学者观点的基础上认为，如使用者的目的在于编制预测问卷，测量某构念的先导性，信度系数在 0.5—0.6 即可。在应用性与验证性研究中，信度系数最好在 0.8 以上，0.9 以上更佳。任何测验或量表的信度系数如果在

0.9 以上，表示测验和量表的信度甚佳。在一般社会科学领域研究中，Cronbach's α 系数受到测验或量表中题项、试题间的相关系数的平均数与向度数目的影响。如果研究不为筛选，只是一般的态度或心理知觉量表，则其总量表的信度系数最好在 0.8 以上，如果是分量表，其内部一致性信度系数最好在 0.7 以上。[①]本章在调查问卷中设计了 6 个分量表，分别进行信度分析，结果如表 4-9 所示。成就内驱力、创业核心素养力、条件保障力、政府推动力、市场拉动力、高校支持力等 6 个量表的 Cronbach's α 系数分别为 0.89、0.97、0.94、0.95、0.95、0.98，总量表的信度系数为 0.98。由此可见，各分量表和总量表均具有较高的信度。

表 4-9 量表信度检验

| 量表类型 | Cronbach's α 系数 | 题项数 |
| --- | --- | --- |
| 成就内驱力 | 0.89 | 6 |
| 创业核心素养力 | 0.97 | 21 |
| 条件保障力 | 0.94 | 12 |
| 政府推动力 | 0.95 | 5 |
| 市场拉动力 | 0.95 | 4 |
| 高校支持力 | 0.98 | 20 |
| 量表总体 | 0.98 | 68 |

### 2. 效度分析

效度反映的是问卷调查是否真的测量出了我们想要了解的内容，以及通过测量工具或手段准确地测出需要测量的事物的程度。根据凯泽（Kaiser）[②]的观点，效度通常包括内容效度、效标效度和结构效度，由于本章问卷是结合国内外现有的成熟理论模型和调查问卷构建的，因而具有较高的内容效度，因此本章重点检验问卷的结构效度，常见的计算量表效度的方法是巴特利特球形检验和 KMO 检验方法。KMO 值为 0—1，一般来说，当 KMO 值大于 0.8，这就表示量表当中所包含的题项变量间的关系是良好的，因此这几个量表就越适合做因子分析；KMO 值大于 0.9，表示题项变量间的关系是极佳的，题项变量间非常适合进行因素分析。巴特利特球形检验同样也可以对量表进行相应的分析，但是这一检验要求量表当中的被测值服从正态分布。运用 SPSS 27.0 软件，分别对成就内驱力、创业核心素养力、条件保障力、政府推动力、市场拉动力、高校支持力等 6 个量表进

---

① 吴明隆. 2010. 问卷统计分析实务. 重庆：重庆大学出版社，244.
② Kaiser H F. 1974. Little Jiffy Mark IV. Educational and Psychological Measurement，34，111-117.

行效度分析，结果如表 4-10 所示。

表 4-10 量表效度检验

| 量表类型 | KMO 值 | $\chi^2$ | $p$ |
| --- | --- | --- | --- |
| 成就内驱力 | 0.88 | 2 533.86 | 0.000 |
| 创业核心素养力 | 0.97 | 16 093.55 | 0.000 |
| 条件保障力 | 0.92 | 7 835.19 | 0.000 |
| 政府推动力 | 0.87 | 3 731.01 | 0.000 |
| 市场拉动力 | 0.87 | 2 869.01 | 0.000 |
| 高校支持力 | 0.97 | 19 237.23 | 0.000 |

由表 4-10 可以看出，创业核心素养力、条件保障力、高校支持力等 3 个量表 KMO 值均大于 0.9，成就内驱力、政府推动力、市场拉动力等 3 个量表 KMO 值均接近 0.9。且巴特利特球形检验 $p$ 值均为 0.000，说明各量表具有较好的结构效度，可以进行下一步研究。

## 第三节　应用型高校教师离岗创业动力现状分析及问题表征

### 一、应用型高校教师离岗创业动力的现状分析

（一）样本基本情况的描述性统计分析

**1. 区域**

从区域分布上看，按照国家统计局的区域划分标准，本次调查涉及的应用型高校，其中东部地区高校占 6.96%，中部地区高校占 84.82%，西部和东北地区高校分别占 7.24%、0.97%。样本学校的区域分布情况如图 4-1 所示。

**2. 学校属性**

从学校属性上看，本次调查涉及的高校涵盖综合、理工、农林、金融财经、师范、医药、科技、政法 8 种类型，其中以综合类院校教师为主，共 291 人，占

| 选项 | 小计 | 比例 |
|---|---|---|
| 东部（包括北京、天津、河北、上海、江苏、浙江、福建、山东、广东、海南） | 50 | 6.96% |
| 中部（包括山西、安徽、江西、河南、湖北和湖南） | 609 | 84.82% |
| 西部（包括内蒙古、广西、重庆、四川、贵州、云南、西藏、陕西、甘肃、青海、宁夏、新疆） | 52 | 7.24% |
| 东北（包括辽宁、吉林、黑龙江） | 7 | 0.97% |

图 4-1　样本学校的区域分布情况截图

40.53%；其次是师范类院校134人，占18.66%；理工类院校99人，占13.79%；农林类院校86人，占11.98%；金融财经类院校43人，占5.99%；医药22人，占3.06%；政法类院校17人，占2.37%；科技类院校11人，占1.53%；其他类型院校15人，占2.09%。样本学校的属性情况见图4-2。

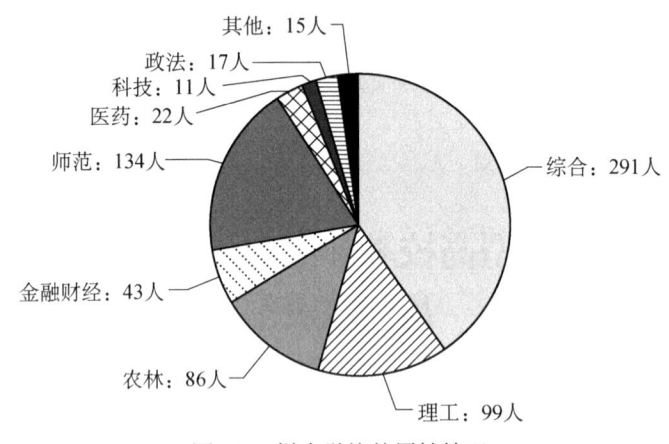

图 4-2　样本学校的属性情况

### 3. 性别

从性别分布上看，男性325人，占45.26%；女性393人，占54.74%，基本持平，具有较高的代表性（图4-3）。

### 4. 年龄

从年龄分布上看，以30—39岁为主，占比为34.35%，40—49岁群体占比为30.18%；30岁以下占比为27.40%；50岁以上占比为8.07%（图4-4）。

### 5. 学历

从样本的受教育程度上看，硕士是主要群体，占比为62.95%；其次是博士群体，占比为 20.06%；本科群体占比为 16.02%；专科及以下群体占比为 0.97%（图 4-5）。

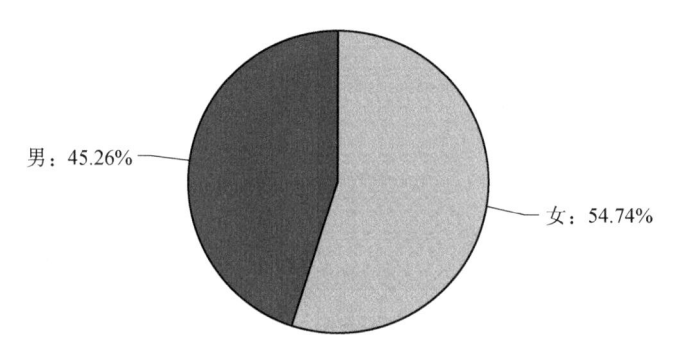

图 4-3　样本对象的性别情况

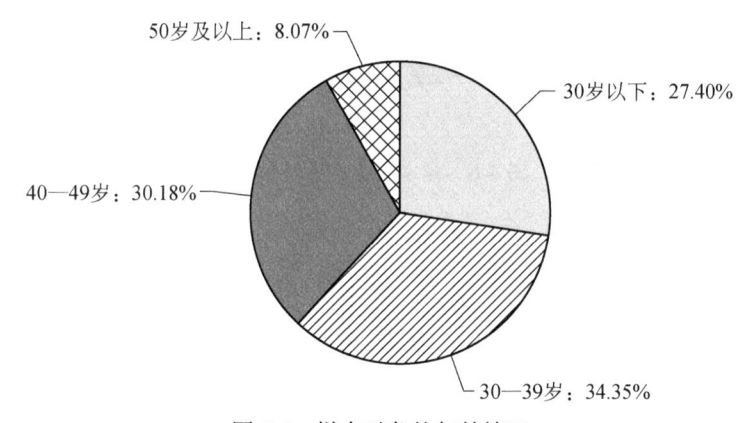

图 4-4　样本对象的年龄情况

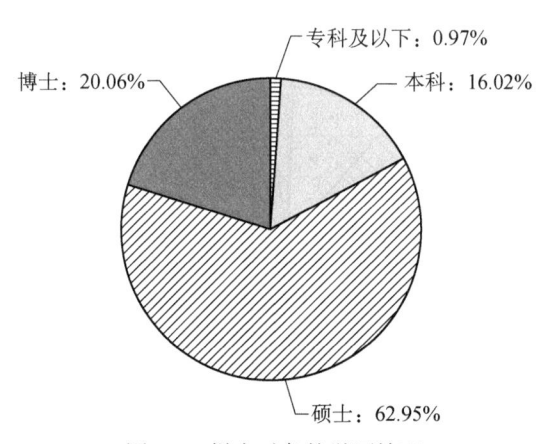

图 4-5　样本对象的学历情况

### 6. 职称

从样本的专业技术职称分布看，具有正高职称的样本占比 6.13%，具有副高职称的样本占比为 21.87%；具有中级职称的样本数量占比为 39.83%，具有初级职称的样本占比为 32.17%（图 4-6）。

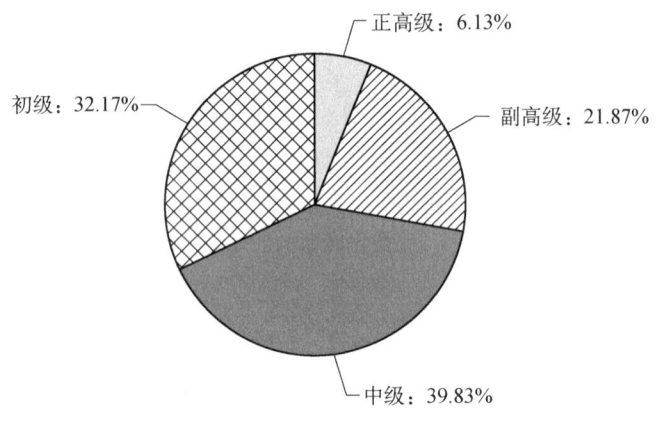

图 4-6 样本对象的职称情况

### 7. 学科

参照教育部的学科门类划分标准，样本的学科门类分布情况是：农学和理学为主，分别占 17.27%、12.26%；其次是教育学和工学，分别占 12.40%、11.56%；管理学、文学、经济学、法学、艺术学、哲学、医学、历史学分别占 11.14%、9.61%、8.91%、8.08%、4.32%、2.65%、0.97%、0.56%（图 4-7）。

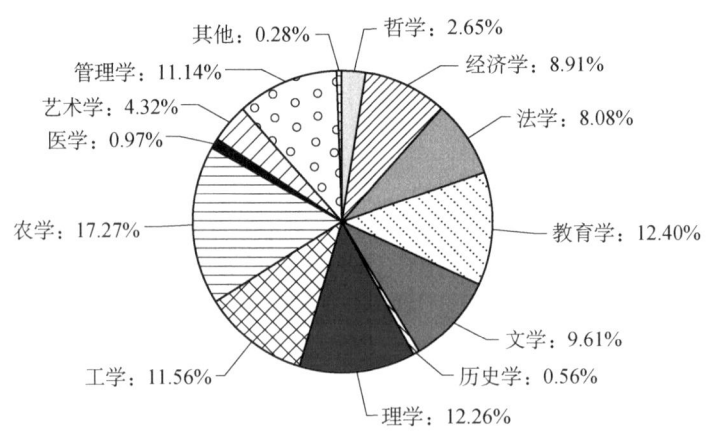

图 4-7 样本对象的学科情况

## 8. 岗位类型

从样本从事的岗位类型看,教学为主型教师占比为 27.86%;科研开发型教师占比为 4.32%;教学科研型教师占比为 25.91%;管理岗位教师占比为 30.08%,其他类型教师占比为 11.84%(图 4-8)。

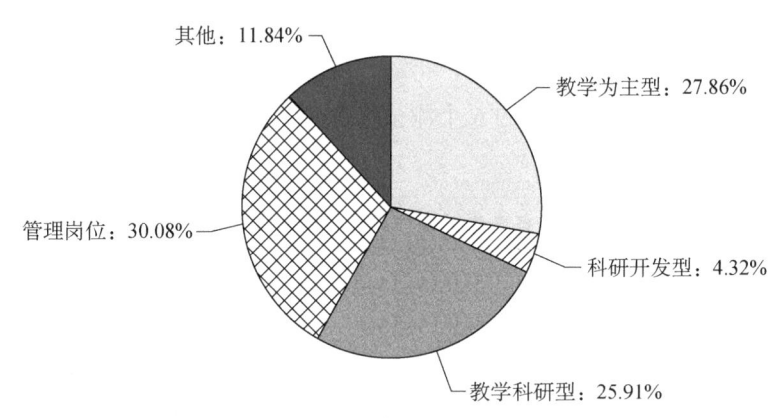

图 4-8 样本对象的岗位类型情况

## (二)变量的描述性统计

本章将应用型高校教师离岗创业动力作为因变量,其中包括内部动力与外部动力的 6 个影响因素变量。6 个变量对应的题项根据教师对相应指标的认知进行赋分,采用利克特五级量表法,将离岗创业动力认知变量确定为定量型变量,取值固定为内外部动力 6 个维度分值相加,进行描述性统计分析,以了解被调查者对离岗创业动力影响因素的总体性认知(表 4-11)。

表 4-11 应用型高校教师离岗创业动力的描述统计分析(*N*=706)

| 变量 | 极小值 | 极大值 | 均值 | 标准差 |
| --- | --- | --- | --- | --- |
| 内部动力 | 39 | 195 | 152.25 | 24.825 |
| 外部动力 | 29 | 145 | 106.66 | 21.708 |
| 教师离岗创业动力 | 68 | 340 | 258.91 | 42.507 |

根据表 4-11,样本对象离岗创业动力的极小值、极大值分别为 68、340,均值为 258.91,占总分的比例为 76.2%,说明被测对象对离岗创业动力的认知偏正面性评价,认为应用型高校教师离岗创业在推动教学科研水平提升,为学生提供就业创业机会、助力地方经济发展、促进职业发展、实现人生价值等方面均具有

积极和正向的作用。

进一步分析，离岗创业的内部动力、外部动力的均值分别为152.25、106.66，标准差分别为24.825、21.708，占总分的比例分别为78.1%、73.6%。这表明调查对象对内部动力的认知强度大于对外部动力的认知强度，教师自身离岗创业动力不足是影响其创业意愿和行为发生的内部关键因素。

本章将区域、学校属性、性别、年龄、受教育程度、职称、学科、岗位类型作为控制变量；将内外部动力的6个测量维度作为自变量。各变量的具体描述性结果如表4-12所示。

表4-12　各变量的描述统计分析表（$N$=706）

| | 变量 | 极小值 | 极大值 | 均值 | 标准差 |
|---|---|---|---|---|---|
| 控制变量 | 区域 | 1 | 4 | 2.02 | 0.421 |
| | 学校属性 | 1 | 9 | 2.90 | 2.111 |
| | 性别 | 1 | 2 | 1.55 | 0.497 |
| | 年龄 | 1 | 4 | 2.21 | 0.926 |
| | 受教育程度 | 1 | 4 | 3.02 | 0.633 |
| | 职称 | 1 | 4 | 2.97 | 0.887 |
| | 学科 | 1 | 13 | 6.74 | 3.224 |
| | 岗位类型 | 1 | 5 | 2.93 | 1.386 |
| 自变量 | 成就内驱力 | 20 | 100 | 71.93 | 16.260 |
| | 创业核心素养力 | 4 | 20 | 15.39 | 3.106 |
| | 条件保障力 | 5 | 25 | 19.34 | 3.902 |
| | 政府推动力 | 12 | 60 | 46.70 | 8.237 |
| | 高校支持力 | 21 | 105 | 83.36 | 14.593 |
| | 市场拉动力 | 6 | 30 | 22.19 | 4.758 |

## 二、应用型高校教师离岗创业动力的问题表征

### （一）应用型高校教师离岗创业意愿不强，动力不足

通过对应用型高校教师创业意愿和行为的统计（表4-13），54.0%的教师"有想法无实践"，34.0%的教师"无想法无实践"，仅有12.0%的教师"有想法有实践"，但对这部分教师的进一步调查显示，离岗创业的比例只有15.9%，大部分是在职创业。

表 4-13  教师离岗创业意愿和行为的描述性统计（N=706）

| 题目/选项 | 频率 | 百分比/% |
| --- | --- | --- |
| 有想法有实践 | 85 | 12.0 |
| 有想法无实践 | 381 | 54.0 |
| 无想法无实践 | 240 | 34.0 |
| 总计 | 706 | 100.0 |

通过访谈中受访者对离岗创业的态度也能够得到检验。72.0%的受访教师明确表示不会选择"离岗创业"，仅有28.0%的受访教师表示"如果条件和机会成熟，会考虑去离岗创业"。这一实证结果也与现实中"教师离岗创业发生率偏低"是一致的。

进一步对影响教师离岗创业的阻碍因素进行统计，其中有86.9%的教师认为阻碍自己创业的因素是"风险高，没必要"，仅有31.3%的受访对象表示"对创业感兴趣"，这表明对于真正有兴趣创业的教师来说，创业是未来学术职业的可选项之一。63.0%的受访者认为"资金、人脉、经验不足"是阻碍自身创业的原因；72.6%的受访者认为"自身创业能力不足是主要制约因素"，还有25.2%的受访者认为"没有合适的创业项目"；有68.5%的受访者认为"教学科研任务重，没有时间和精力创业"；有72.0%的受访者认为"缺乏家庭支持保障，首先要考虑家庭因素"。某二级学院书记认为，"影响教师离岗创业的主要因素，首先是政策的落实，顶层设计的指导意见已经给出好多年，但是从中央到地方各高校的配套措施何时能跟上这是首要的问题；其次是教师自身，很多教师从毕业就进入高校，已经在这个环境中工作了很多年，也已经适应或者说习惯了这个节奏模式，一旦让他们再像十多年前刚毕业那样去进入一个陌生的行业、领域，他们自身的顾忌会较多，并且家庭也会造成一部分的牵制"。

（二）应用型高校教师离岗创业动力来源多元

通过进一步对影响离岗创业动力来源的分析发现（表4-14）：第一，"通过创业积累更多财富，为家庭提供保障"这一项均值最高，是高校教师创业的动力来源之一，72.5%的受访者选择赞同和非常赞同，这意味着，经济动机是应用型高校教师离岗创业的关键驱动因素。第二，是"通过创业反哺教学科研，实现更大社会价值"。在访谈中 69.5%的受访者表示在创业中为社会创造价值并促进自身发展是其主要动力来源之一：离岗创业可以促进高校教师进一步开展科研成果转化工作；可以加强理论与实践的结合；为企业高新技术产业的发展提供帮助。F 教师表示：作为其所在大学第一个离岗创业的人，其希望通过创业能够反哺学校的教学科研，让老师有更多的资源去做科研、去培养学生。D 老师表示：创业活动与教师发展是相互促进的。为切实促进教师提高专业实践与创新能力，所在学校实行了实践教学水平制定办法——"教师企业实践办法（试行）"，通过专业课教师到企业进行专业实践和参与一线生产，提高专业技术水平和实际动手能力，从而提高学校与企业之间的交流合作，提升学校科研教学水平，主动服务地方经济发展。第三，63.8%的受访者比较赞同"享受创业带来的乐趣或激情感、成就感，实现人生价值"。C 老师表示：以后若有机会创业的话，肯定是实现自己的价值。第四，63.5%的受访者比较赞同"掌握自己的职业命运，避免职业发展受到外在因素的限制"。第五，64.3%的受访者希望"通过创业赢得广泛认可，获得社会声望"，除了个人经济和成就动机外，社会关系需要也是创业动力来源之一。第六，仅有 29.1%的受访者认为"喜欢领导和掌控的感觉"是影响其创业的重要因素，这表示权力动机不是高校教师离岗创业的主要驱动因素。

表 4-14　创业动力来源统计（N=706）

| 题目/选项 | 极小值 | 极大值 | 均值 | 标准差 |
| --- | --- | --- | --- | --- |
| 通过创业积累更多财富，为家庭提供保障 | 1 | 5 | 4.01 | 0.950 |
| 通过创业反哺教学科研，实现更大社会价值 | 1 | 5 | 3.92 | 0.948 |
| 享受创业带来的乐趣或激情感、成就感，实现人生价值 | 1 | 5 | 3.81 | 1.013 |
| 掌握自己的职业命运，避免职业发展受到外在因素的限制 | 1 | 5 | 3.77 | 0.955 |
| 通过创业赢得广泛认可，获得社会声望 | 1 | 5 | 3.63 | 0.981 |
| 喜欢领导和掌控的感觉 | 1 | 5 | 3.05 | 1.063 |

（三）应用型高校教师离岗创业的能力欠缺、保障不足

通过对应用型高校教师离岗创业的内部动力不同维度的均值进行比较，可以看出，在影响应用型高校教师离岗创业的内部因素中，创业核心素养力是最重要的因素之一，其次是条件保障力，最后是成就内驱力（表 4-15）。

表 4-15　创业核心素养力各因子均值比较（N=706）

| 题目/选项 | 极小值 | 极大值 | 均值 |
| --- | --- | --- | --- |
| 成就内驱力 | 1 | 5 | 3.71 |
| 创业核心素养力 | 1 | 5 | 3.97 |
| 条件保障力 | 1 | 5 | 3.90 |

这一结果在访谈中也得到了验证。访谈结果显示，能力、资金、人脉和经验的匮乏是制约应用型高校教师离岗创业的最主要的原因。80.3%的受访者均表示："教师创业存在创业成本高、创业能力欠缺、创业资源获取不足以及后创业时期的安置等种种创业顾虑"。A 老师表示"社会经验不足，市场开发、市场推广能力欠缺，管理与经营一家公司是与科研截然不同的两种事务，常年在校的老师还是缺少相关的经历"。D 老师和 G 老师表示："离岗创业对教师最重要的还是技术背景和行业人脉资源以及启动资金"。M 老师表示："如果离岗创业，会使生活有较大改变，最大的困难和阻碍是缺乏关键核心技术，不足以支撑产品技术革新或者升级改造，缺乏创业的项目和资金。"H 老师表示，"自己上有老下有小，还要还房贷，离岗创业风险比较高，输不起"。综上，现阶段应用型高校教师离岗创业的能力不足，缺乏必要的支持和保障，是制约其创业动力的关键因素。

高校教师不愿走出"象牙塔"也在情理之中。B 老师的观点很有代表性："大学教师这个职业是一个有社会地位且很理想的职业，没必要抛弃这一职业去重新开始；其次创业的风险太大，并不能保证自己有这样的风险承担能力。但是如果大学教师具备了创业所需的能力、机会和资源，去创业也是没问题的。"X 市某高校一名管理者也坦言，"学校制定了离岗创业政策，但缺乏响应。影响教师离岗创业的最主要的障碍因素，第一是观念。大家都不愿意轻易放弃事业编制、体制内身份。因此教师离岗创业的主动性是有限的。第二，教师的核心业务是科研学术。科研的发展速度比较快，内卷得厉害。离岗三五年之后，可能就回不到学术科研的路径上了"。现实生活中，大学教师的社会地位较高，工作环境和收入都比较稳定，是令人向往的理想职业，尤其是在疫情常态化背景下，经济下行压力加大，导致就业难问题愈加严峻，人们更加青睐"体制内就业"，而能在大学里谋一份工作更是"难上加难"，这一性质决定了大学教师属于"机会型创业"，即创业是为了改善现实需要或谋求更好的发展等。

## （四）应用型高校教师离岗创业的外部动力主体间联动性不足

通过对样本数据外部动力各因子均值比较的统计分析可以看到，现阶段应用型高校教师对离岗创业的外部环境感知度总体良好，但彼此间联动性不足（表4-16）。

表4-16　离岗创业的外部环境各因子均值比较（N=706）

| 因子 | 极小值 | 极大值 | 均值 | 标准差 |
| --- | --- | --- | --- | --- |
| 外部动力 | 29 | 145 | 106.66 | 21.708 |
| 政府推动力 | 5 | 25 | 19.34 | 3.902 |
| 政府推动力-规制 | 2 | 10 | 7.87 | 1.639 |
| 政府推动力-规范 | 2 | 10 | 7.64 | 1.658 |
| 政府推动力-认知 | 1 | 5 | 3.83 | 0.856 |
| 市场拉动力 | 4 | 20 | 15.39 | 3.106 |
| 市场拉动力-市场开放性 | 2 | 10 | 7.72 | 1.586 |
| 市场拉动力-市场活跃度 | 2 | 10 | 7.68 | 1.599 |
| 高校支持力 | 20 | 100 | 71.93 | 16.260 |
| 高校支持力-结构支撑 | 4 | 20 | 14.51 | 3.515 |
| 高校支持力-社会资本 | 6 | 30 | 21.82 | 4.989 |
| 高校支持力-组织文化 | 4 | 20 | 14.00 | 3.580 |
| 高校支持力-激励政策 | 6 | 30 | 21.60 | 5.172 |

在政策环境方面，74.2%的受访者对政策环境的感知状况均良好，无论是政策规制、社会文化规范，还是认知层面。这一点与访谈得到的反馈也是一致的。70.3%的受访者表示，国家和地方政府的政策红利在持续加码，各种激励政策，金融、税收、审批、补贴等配套优惠政策和推动创新创业的文化氛围等，成为促进高校教师离岗创业的外部主要推动力。

在市场环境方面，77.5%的受访者认为当前的市场环境良好。但访谈中90.1%的受访者表示，"受疫情的冲击，就业和经济形势不明朗，这些无形中增加了创业的风险"。受访者不同程度地表示了对市场环境潜在风险的担心："疫情常态化背景下，就业环境、经济下行压力加大，对创业大环境的影响是全方位的。市场环境更是变化莫测，存在很多潜在风险"。这一结果显示，应用型高校教师对离岗创业的市场环境还是存在很多顾虑的。

在高校内部环境方面，72.3%的受访者认为当前高校的创业环境良好。访谈中，68.1%的受访者认为，"学校强调面向地方或行业开展技术转移，鼓励教师到企业开展技术服务，实施科技成果转化，与企业结合进行应用研究"。但是，绝大部分应用型高校对"教师离岗创业"的态度是缺乏回应，普遍奉行"四不"态度，即不宣传、不提倡、不鼓励、不反对。90.3%的受访者对离岗创业相关政策知之甚少，仅仅"听说过"，几乎所有管理人员和教师均表示，"所在学校未制定教师离岗创业相关政策""未将创业成果纳入职称评审条件"。可见，目前应用型高校对离岗创业政策的宣传及政策落实还不到位，大部分教师对国家出台的针对离岗创业的优惠政策了解程度有限。此外，社会上未形成鼓励创业的文化氛围。这一点从应用型高校教师对离岗创业的认同度上可以看出：20名受访者对应用型高校离岗创业持积极态度，占40.8%；17名受访者明确表示"应用型高校离岗创业没有必要"，占34.7%；12名受访者持中性态度，认为"应用型高校离岗创业是一种选择"，如果没有足够吸引力的创业机会，没有强大的技术、资金和人脉资源，离岗创业对于他们来说是存在较高风险的。在访谈中，绝大部分教师表示没必要抛弃大学教师这一职业去重新开始，创业的风险太大，如果教师本身拥有资本，可以去创业。还有老师坦言："创业有风险，离岗须谨慎。""在目前大环境下，需要足够理由（或成功系数）、家庭支持及原单位可行性政策等。"68.1%的受访者认为"高校与政府、企业联系的渠道不畅通"，正如D老师所说："普通老师想创业很难，没有合适的创业项目，拿什么创？"

## 第四节 应用型高校教师离岗创业动力的影响因素分析

### 一、人口统计学信息差异分析

在调查问卷的第一部分，首先对样本的人口统计学信息进行测量分析，包括区域、学校属性、性别、年龄、受教育程度、职称、学科、岗位类型等相关信息，通过单因素方差分析发现：①不同区域的调查对象的离岗创业动力不存在显著性影响（$F=0.310$，$p=0.734>0.05$），说明不同区域的调查对象在离岗创业动力上不存在显著差异，这也可能与样本对象的区域覆盖范围不够均衡有关系。②不同类型应用型高校的调查对象的创业动力存在显著性的影响（$F=4.275$，$p=0.014<0.05$）。③性别对教师的创业动力存在显著性影响，男教师的离岗创业动

力高于女教师（$F=8.784$，$p=0.000<0.05$）。④不同年龄群体的创业动力存在显著性的影响（$F=6.102$，$p=0.002<0.05$）。⑤受教育程度在创业动力上存在显著差异（$F=3.894$，$p=0.021<0.05$）。⑥不同职称的教师在创业动力上存在显著差异（$F=5.718$，$p=0.003<0.05$）。⑦不同学科的教师在创业动力上不存在显著差异（$F=0.473$，$p=0.623>0.05$）。⑧不同岗位类型的教师在创业动力上不存在显著差异（$F=0.632$，$p=0.532>0.05$）。

## 二、内部影响因素对应用型高校教师离岗创业动力的影响

（一）内部个人因素与创业动力的相关性分析

在创业动力影响因素方面，参考前述理论模型，将其分为内部个人因素和外部环境因素，本部分首先就内部个人因素与创业动力的相关性进行检验，表4-17为内部个人因素与教师离岗创业动力的Pearson相关性分析结果，其中内部个人因素包括成就内驱力、创业核心素养力和条件保障力。从表4-17的分析结果来看，成就内驱力、创业核心素养力和条件保障力3个变量的相关系数分别为0.668、0.873、0.844，且在0.001水平上显著，表明内部动力子系统的3个变量均与创业动力存在强正相关关系，且相关性显著。从相关系数来看，"创业核心素养力"的相关系数最高，其次是"条件保障力"。由此可见，创业核心素养力对创业动力的影响相对更强。这一点在访谈中也得到了验证。

表4-17 内部个人因素与教师离岗创业动力的相关性分析

| 变量 | Pearson 相关系数 | $p$ |
| --- | --- | --- |
| 成就内驱力 | 0.688 | 0.000 |
| 创业核心素养力 | 0.873 | 0.000 |
| 条件保障力 | 0.844 | 0.000 |

（二）内部个人因素与创业动力的回归分析

在相关性分析的基础上，再进行相应的线性回归分析，如表4-18，就内部个人因素与创业动力之间进行回归，然后，进一步控制其个人背景特征，发现结果非常稳健，成就内驱力、创业核心素养力和条件保障力3个维度的回归系数分别为0.203、0.447、0.390，且在0.001水平上显著，再次证明内部个人因素同教师

离岗创业动力之间存在显著正相关关系。从调整后 $R^2$ 来看，其数值达到 0.859，说明拟合优度非常好。

表 4-18　内部个人因素与创业动力的回归分析

| 变量 | $\beta$ | t | p |
| --- | --- | --- | --- |
| 成就内驱力 | 0.203 | 11.200 | 0.000 |
| 创业核心素养力 | 0.447 | 18.659 | 0.000 |
| 条件保障力 | 0.390 | 17.447 | 0.000 |

备注：$R=0.927$，$R^2=0.859$，调整后 $R^2=0.859$，$F=1427.513***$

*** $p<0.001$，全书同。

## 三、外部影响因素对应用型高校教师离岗创业动力的影响

（一）外部环境因素与创业动力的相关性分析

表 4-19 为外部环境因素与教师离岗创业动力的相关性分析结果，其中外部环境因素中政府推动力、市场拉动力以及高校支持力 3 个因素的 Pearson 相关系数分别为 0.831、0.830、0.844，且在 0.001 水平上显著。从相关系数结果看，上述 3 个环境因素均与创业动力存在显著正相关关系。进一步从相关性系数来看，"高校支持力"相关系数最高，其次是"政府推动力""市场拉动力"，说明"高校支持力"与创业动力之间具有最强的相关关系，因此，高校环境对创业动力的影响是最大的，而这也是目前受访者反映较为强烈且有待进一步改进的地方。在访谈中，一些受访者表示，"现在高校老师去外面服务，都不太敢收费，除非签订横向方式协议，否则会面临校纪委的检查。主要是明确政策，即国家关于事业单位人员在外劳务费用收取的法律红线与高校老师服务收费之间的关系问题"。还有受访者表示，"学校对离岗创业教师提供的支持和帮助很有限，而且存在部分限制性措施，在科研评价制度和职称评定制度上尚未有明确的教师创业的内容，也没有为教师提供可运转的创业实践平台，没有为教师创业活动提供专门的培训或指导"。上述结果也验证了假设 8—假设 10 成立。

表 4-19　外部环境因素与教师离岗创业动力的相关性分析

| 变量 | Pearson 相关系数 | p |
| --- | --- | --- |
| 政府推动力 | 0.831 | 0.000 |
| 市场拉动力 | 0.830 | 0.000 |
| 高校支持力 | 0.844 | 0.000 |

## （二）外部环境因素与创业动力的回归分析

表 4-20 为外部环境因素与创业动力的回归分析，政府推动力、市场拉动力以及高校支持力 3 个因素的回归系数分别为 0.304、0.254、0.448，且在 0.001 水平上显著，这说明外部环境因素同创业动力之间存在显著正相关关系。但相较于个人因素而言，其影响系数相对较小，从而说明来自个体自身的需要和创业能力是影响创业动力的更主要的因素。从调整后 $R^2$ 来看，其数值达到 0.841，拟合优度非常好。

表 4-20　外部环境因素与创业动力的回归分析

| 变量 | $\beta$ | $t$ | $p$ |
| --- | --- | --- | --- |
| 政府推动力 | 0.304 | 10.746 | 0.000 |
| 市场拉动力 | 0.254 | 8.773 | 0.000 |
| 高校支持力 | 0.448 | 19.995 | 0.000 |

备注：$R=0.917$，$R^2=0.842$，调整后 $R^2=0.841$，$F=1245.074***$

## 四、内外部影响因素与应用型高校教师离岗创业动力的关系

（一）内外部影响因素与创业动力的相关性分析

表 4-21 为内部个人因素、外部环境因素与教师离岗创业动力的相关性分析。从相关性分析的结果来看，内部个人因素和外部环境因素均与创业动力显著正相关，相关系数分别为 0.925 和 0.900，且在 0.01 水平上显著，可见内部个人因素相对外部环境因素与教师离岗创业动力的相关性更强，说明教师的内部动力，即成就内驱力、创业核心素养力和条件保障力是影响教师离岗创业动力的更为主要的因素，研究还发现内部个人因素与外部环境因素之间也存在较强的正相关关系，相关系数为 0.667，且在 0.01 水平上显著，说明二者也是互相影响的。

表 4-21　内部个人因素、外部环境因素与教师离岗创业动力的相关性分析（$N=706$）

| 变量 | | 内部个人因素 | 外部环境因素 | 教师离岗创业动力 |
| --- | --- | --- | --- | --- |
| 内部因素 | Pearson 相关性 | 1 | | |
| | 显著性（双侧） | | | |
| 外部因素 | Pearson 相关性 | 0.667** | 1 | |
| | 显著性（双侧） | 0.000 | | |

续表

| 变量 | | 内部动力 | 外部动力 | 教师离岗创业动力 |
|---|---|---|---|---|
| 教师离岗创业动力 | Pearson 相关性 | 0.925** | 0.900** | 1 |
| | 显著性（双侧） | 0.000 | 0.000 | |

\*\* $p<0.01$，全书同。

### （二）内外部影响因素与创业动力的回归分析

通过逐步多元回归分析摘要表 4-22 可以发现，进一步地分析创业动力的内外部影响因素，6 个预测变量的预测力依次为创业核心素养力、高校支持力、条件保障力、成就内驱力、政府推动力、市场拉动力。从每个变量的预测力高低来看，对"离岗创业动力"最具预测力的为"创业核心素养力"，其解释变异量为76.1%；其次是"高校支持力"，其解释变异量为 20.0%；其余 4 个变量的预测力分别为 2.0%、1.0%、0.7%、0.1%。6 个预测变量与"离岗创业动力"的多元相关系数为 1，说明上述 6 个预测变量与创业动力存在高度的正相关关系。内部个人因素的回归系数显著高于外部环境因素的回归系数，与前述单独回归的结果是类似的，这说明内部个人因素是对创业动力更为重要的影响因素。这一结果在访谈中也得到验证，受访者无论是否认同和支持离岗创业，在对自己未来是否会选择离岗创业的问题上，都一致认为现阶段离岗创业要建立在对创业能力和创业条件成熟度考量的基础上，尤其是高校层面要从人事管理、科研评价、资金和平台支持等方面为教师提供离岗创业的基础保障。

从标准化回归系数来看，回归模型中的 6 个预测变量的 $\beta$ 值分别为 0.343、0.383、0.194、0.112、0.092、0.073，均为正数，表示其对"离岗创业动力"的影响均为正向。

非标准化回归方程式如下：离岗创业动力=0+1×创业核心素养力+1×高校支持力+1×条件保障力+1×成就内驱力+1×政府推动力+1×市场拉动力。

标准化回归方程式如下：离岗创业动力=0.343×创业核心素养力+0.383×高校支持力+0.194×条件保障力+0.112×成就内驱力+0.092×政府推动力+0.073×市场拉动力。

表 4-22 内外部影响因素对离岗创业动力的逐步多元回归分析摘要表

| 投入变量顺序 | $R$ | $R^2$ | 调整后 $R^2$ | $F$ | $F$ 更改 | B | $\beta$ |
|---|---|---|---|---|---|---|---|
| 截距 | | | | | | 0 | |

续表

| 投入变量顺序 | $R$ | $R^2$ | 调整后 $R^2$ | $F$ | $F$ 更改 | B | $\beta$ |
|---|---|---|---|---|---|---|---|
| 1 创业核心素养力 | 0.873 | 0.761 | 0.761 | 2 247.572*** | 2247.572*** | 1.000 | 0.343 |
| 2 高校支持力 | 0.980 | 0.961 | 0.200 | 8 686.207*** | 3608.293*** | 1.000 | 0.383 |
| 3 条件保障力 | 0.991 | 0.982 | 0.020 | 12 479.620*** | 781.398*** | 1.000 | 0.194 |
| 4 成就内驱力 | 0.996 | 0.992 | 0.010 | 21 774.116*** | 914.952*** | 1.000 | 0.112 |
| 5 政府推动力 | 0.999 | 0.999 | 0.007 | 103 925.848*** | 3454.457*** | 1.000 | 0.092 |
| 6 市场拉动力 | 1.000 | 1.000 | 0.001 | | | 1.000 | 0.073 |

# 第五节　研究结果与结论

通过问卷调查和深度访谈得知：应用型高校教师离岗创业动机不足，创业意愿偏低，创业动机呈现多元化特征，创业核心素养力和支持保障力欠缺，离岗创业外部环境不佳等。这些问题表征说明：①教师自身离岗创业动力不足是影响其创业意愿和行为发生的内部关键因素；②在外部动力子系统中，虽然政府推动力和市场拉动力总体状况良好，但应用型高校支持力缺失是制约其教师离岗创业关键性外部因素；③就当下而言，动力缓冲是联动动力子系统需要面对与解决的关键因素。解决应用型高校教师离岗创业"愿不愿""能不能"的问题，实质上是"创业意愿增进—创业能力提升—促进创业行为的发生"的演进过程，这正是本章研究的目的所在。

就影响个体性因素调查来看，除区域、学科、岗位类型因素外，应用型高校教师离岗创业动力在学校属性、性别、年龄、受教育程度、职称等因素上均存在显著差异。由此，假设1—假设3成立，假设4不成立。

进一步检验研究预设的创业影响因素模型，模型中的内外部动力子系统的6个变量及主要影响因素在实证数据和访谈中均得到验证。从应用型教师离岗创业的内部动力子系统看，成就内驱力、创业核心素养力和条件保障力3个变量的均值分别为3.71、3.97、3.90；外部动力子系统的政府推动力、市场拉动力和高校支持力3个变量的均值分别为3.88、3.86、3.61，即认为这些因素对应用型高校教师自身创业很重要的观点处于"非常赞同"和"赞同"之间。这正好验证了本章研究的设想：应用型高校教师离岗创业是一个系统工程，它涉及方方面面，这也提示我们在促进对策中要全面系统地提出解决方案。

从影响创业意愿的内部因素来看,成就内驱力、创业核心素养力和条件保障力3个变量与应用型高校教师离岗创业动力均存在较强的正相关关系,这一结果表明研究假设5—假设7均得到验证。进一步分析内部动力系统,创业核心素养力是促使应用型高校教师离岗创业的一个关键因素,因此,激发应用型高校教师离岗创业的内部动力,提升创业能力,增强离岗创业的效能感,进而激发创业动机是下一步需要关注的重点工作。

从外部性因素调查来看,政府推动力、市场拉动力和高校支持力3个因子影响力与应用型高校教师的创业动力均存在较强的正相关关系,其中高校支持力因子与创业动力的相关性最强,对创业动力的影响力最大,这也验证了应用型高校教师离岗创业亟须破解的至关重要的制约因素在于缺乏高校支持力。通过访谈也进一步验证,就对受访教师调查来看,无论他们是否认同和支持离岗创业,在对自己未来是否会选择离岗创业的问题上,他们一致认为现阶段离岗创业要建立在对创业条件和成熟度考量的基础上,尤其是高校层面要从人事管理、科研评价、资金和平台支持等方面为教师提供离岗创业的基础保障。这一结果表明,假设8—假设10成立。

从内外部动力子系统的相互作用来看,应用型高校教师离岗创业内部动力子系统的均值为3.86,外部动力子系统的均值为3.78,进一步进行相关分析和回归分析,结果显示,内部个人因素和外部环境因素同离岗创业动力之间均存在较强的正相关关系,这表明内外部创业动力子系统分别能够影响教师离岗创业动力,且内部动力的影响程度更高。这一结果表明假设11—假设13成立(表4-23)。

表4-23 假设验证结果

| 编号 | 研究假设 | 是否成立 |
| --- | --- | --- |
| 假设1 | 不同性别应用型高校教师的离岗创业动力存在显著差异 | 是 |
| 假设2 | 不同年龄应用型高校教师的离岗创业动力存在显著差异 | 是 |
| 假设3 | 不同职称应用型高校教师的离岗创业动力存在显著差异 | 是 |
| 假设4 | 不同地区应用型高校教师的离岗创业动力存在显著差异 | 否 |
| 假设5 | 应用型高校教师离岗创业动力与成就内驱力呈正相关 | 是 |
| 假设6 | 应用型高校教师离岗创业动力与创业核心素养力呈正相关 | 是 |
| 假设7 | 应用型高校教师离岗创业动力与条件保障力呈正相关 | 是 |
| 假设8 | 政府推动力与应用型高校教师离岗创业动力呈正相关 | 是 |

续表

| 编号 | 研究假设 | 是否成立 |
|---|---|---|
| 假设 9 | 市场拉动力与应用型高校教师离岗创业动力呈正相关 | 是 |
| 假设 10 | 高校支持力与应用型高校教师离岗创业动力呈正相关 | 是 |
| 假设 11 | 应用型高校教师离岗创业动力与内部创业动力呈正相关 | 是 |
| 假设 12 | 应用型高校教师离岗创业动力与外部创业动力呈正相关 | 是 |
| 假设 13 | 内外部创业动力分别影响应用型高校教师离岗创业动力，且内部动力的影响程度更高 | 是 |

# 第五章

# 归因与激励：应用型高校教师离岗创业动力不足的根源探究与动力激发

在第四章案例研究和实证分析结果的基础上，本章主要运用归因分析的方法从离岗创业行为主体的不同层面，对影响应用型高校教师离岗创业动力不足的原因进行了根源探究，并结合分析结果，提出通过外部动力机制建设、内部动力激发以及内外联动动力的激发，增强应用型高校教师离岗创业的积极性和能动性，使之成为科技生产的生力军，发挥应用型高校在推动科技创新和科技成果产业化中的积极作用。具体内容包括归因分析的概述、应用型高校教师离岗创业动力不足的根源探究、外部动力机制建设、教师个体的内生动力激发、应用型高校教师离岗创业的内外联动动力激发等。

# 第一节　应用型高校教师离岗创业动力不足的根源探究

通过对国家现有政策的回溯和梳理以及对应用型高校教师离岗创业现状的实证研究和动力模型分析，从现有统计数据和调查研究我们不难发现，在推进高校创新创业过程中，应用型高校教师离岗创业并没有取得政府和社会的预期效果，高校教师离岗创业政策的制定也没有成为推动高校科研人员离岗创业的有力手段，政策出台后，应用型高校教师离岗创业在规模、绩效上的政策目标达成度偏低，有效性不足。在促进高校科研成果高效快速转化为生产力和实现产业化过程中，离岗创业也不是高校教师选择的主要途径。

基于对应用型高校教师离岗创业动力系统和作用机制的实证分析，深入探究应用型高校教师离岗创业动力不足的深层根源，对应用型高校教师离岗创业动力不足进行归因分析，找到激发教师离岗创业的动力机制，可以从根本上解决应用型高校教师"愿不愿"离岗创业这一关键性问题。

## 一、归因分析的概述

归因是指原因归属，是将行为或事件的结果归属于某种原因，也就是寻求结果的原因所在。归因是人类从其本身经验归纳出来的行为原因与其行为之间的联系的看法和观念，作为一种抽象的思维模式和方法论，能帮助我们看清影响结果的关键因素。

美国心理学家维纳（B. Weiner）对行为结果的归因进行了系统的探究，并把归因分为3个维度，即内部归因和外部归因（内外源）、稳定性归因和非稳定性归因（稳定性）、可控归因和不可控归因（可控性）。影响应用型高校教师离岗创业行为实施动力不足的因素具有多样性和复杂性，对其进行归因分析有助于我们找到应用型高校教师离岗创业动力不足的深层次原因。

对于应用型高校教师离岗创业行为来说，从政府推动力、市场拉动力、高校支持力以及教师个体创业的内生动力 4 个方面，根据维纳的归因分析维度可以将影响应用型高校教师离岗创业动力不足的因素细化为 4 个行为主体和 11 个影响要素，其中 11 个影响要素按照内外源、稳定性和可控性归因 3 个维度进行了分类（表 5-1）。

表 5-1 影响应用型高校教师离岗创业行为的归因要素

| 归因要素 | | 归因分析维度 | | |
|---|---|---|---|---|
| 行为主体 | 影响行为要素 | 外部/内部 | 可控/不可控 | 稳定性/非稳定性 |
| 政府层面 | 政策导向 | 外部归因 | 不可控归因 | 非稳定性归因 |
| | 行为引导 | 外部归因 | 不可控归因 | 非稳定性归因 |
| | 创业文化建设 | 外部归因 | 不可控归因 | 非稳定性归因 |
| 社会层面 | 市场产业升级 | 外部归因 | 不可控归因 | 非稳定性归因 |
| | 创业环境支持 | 外部归因 | 不可控归因 | 非稳定性归因 |
| | 社会舆论营造 | 外部归因 | 不可控归因 | 非稳定性归因 |
| 高校层面 | 政策环境等支持力 | 外部归因 | 不可控归因 | 非稳定性归因 |
| | 政策执行的行动力 | 外部归因 | 不可控归因 | 非稳定性归因 |
| 教师个人 | 成就内驱力 | 内部归因 | 可控归因 | 稳定性归因 |
| | 创业核心素养力 | 内部归因 | 可控归因 | 稳定性归因 |
| | 社会家庭环境支持 | 外部归因 | 不可控归因 | 非稳定性归因 |

## 二、应用型高校教师离岗创业动力不足的根源探究

（一）政策推动力不足

公共政策的制定具有相对的稳定性，也反映了一个时期社会发展的客观需要，应用型高校教师离岗创业是在国家创新驱动发展宏观战略决策引领下，在"大众创业、万众创新"的浪潮推动下，政府为进一步发挥高校和科研院所技术创新主力军作用而采取的有效措施，试图通过鼓励和引导高校教师离岗创业来破解高校及科研院所在科研创新中"高投入、低产出"、科技成果转化率低等突出问题，并激发高校和科研人员的创新创业活力，从而使高校与企业之间通过技术创新建立新的紧密联系，使知识实现向生产力的直接转化。

在影响高校教师离岗创业动力的归因要素中，政府的推动力作为外部不可控

的归因要素，虽然出台的针对教师离岗创业相关的政策具有相对稳定性，但是政府在推动高校教师离岗创业过程中仍然显得动力不足，究其根源存在下列问题。

### 1. 国家宏观政策导向与相关配套政策不完善

公共政策的制定和实施是指针对某个政策问题提出，论证并抉择解决方案的整个过程，在政策制定过程中，要从系统论的观点出发进行综合分析，要将整体利益与局部利益、内部条件与外部条件、眼前利益与长远利益、主要目标与次要目标相结合，同时要注意各项政策之间的相互联系、相互影响、相互制约的关系，从而使各项政策成为一个有机整体，相互支持，协调配套。

从 2012 年部分地区的先行先试到 2015 年鼓励高校教师离岗创业首次出现在中央政府政策制定的视野中，再到 2021 年各级地方政府配套政策的不断完善，鼓励高校教师离岗创业政策已经从点到面逐步发展成为政府和高校推动科技创新成果转化的主要措施之一，在宏观层面上，国家和地方一系列政策的出台已经为高校教师的离岗创业提供了政策上的合法性，在中央政府印发鼓励高校教师离岗创业的政策前后，部分地方政府已经制订和出台了促进辖区内高校教师自主创业的优惠政策。高校教师离岗创业的前提是教师手握科技成果，需要实现科技成果的有效转化。高校科技成果的管理不仅涉及高校本身，更涉及国家有关部委，各部委有相应的管理规定，因此常常出现地方政策和国家部委政策相冲突的情况。以湖北省为例，2013 年湖北省出台"科技十条"，以促进高校、院所科技成果转化。湖北省将科技成果的处置权完全下放到各高校科研团队，取消了所有行政审批事项。显然，这些条款规定和国家部委的条款规定是不兼容的，这种政策上的不统一给高校教师创业带来了困惑和担忧。湖北某大学教师表示，"湖北省下放处置权是创新和突破，但这与国家一些部委相关政策不一致。地方和国家部委政策'打架'，我们不知所从"。武汉市某高校人士也担忧，"假设现在将某一项重大科技成果转化了，等企业做大了要上市时，证监会一审核，发现最初的产权不清晰，就是个大问题"。[①]

相关配套政策的缺失，使政府推动高校教师离岗创业与其之间的相互作用出现壁垒和障碍，政策之间没有形成一个统一的有机整体，从而制约了离岗创业政策执行的有效性。

---

① 配套政策拖后腿 湖北科技成果转化遭遇困境. http://news.cnhubei.com/csy/26/. （2014-04-17）.

## 2. 政府对创业行为的行政引导效应不明显

行政引导是政府通过改变国家政策来对社会行为主体施加影响，促使其价值取向和行为趋势朝着有利于国家行政目标实现的方向改变。虽然政府出台了一系列鼓励高校教师离岗创业的政策文件，但对高校教师创业行为的行政引导效应不明显：一方面，与高校教师利益休戚相关的科研项目评审政策导向未发生明显变化；另一方面，对高校教师的科技成果转化的投资政策导向机制尚不健全。

首先，国家对高校项目评审政策导向问题。进入 21 世纪，国家教育、科技、人才主管部门组织论证和评审的全国竞争性项目的论证及评审中，科技成果转化的评审指标所占比重往往很低。有学者调查发现，76.8%的高校教师认为这些项目申报的论证和评审不重视、较不重视科技成果转化。许多项目评审的标准或指标体系比较重视基础理论研究成果的产出，特别是 IF（影响因子）5.0 以上的 SCI、EI 期刊发表的学术论文，往往忽视科技成果转化的重要性。[①]

与此同时，国家在这些高校项目评审中没有对申报主体进行细化分类，尤其是对于应用型高校来说，与重视基础理论研究的研究型大学不同，其优势就在于对应用型科技成果的开发和转化，"一刀切"式的评审政策使应用型高校教师的科研优势不能得到有效发挥，也削弱了应用型高校教师对自身科技成果转化的积极性和主动性，没有实现项目评审政策的外部引导作用。

其次，对高校教师科技成果转化的投资政策导向机制尚不健全。目前，我国科技成果转化投资主要包括两方面，一是高校科技成果转化的国家财政投资，二是高校科技成果转化的社会风险投资。《2020 年高等学校科技统计资料汇编》数据显示，部委高等学校研究与发展机构有 3628 个，机构人员有 64 991 人，其中具有高级职称人员就有 40 772 人，共承担研究项目 156 327 个；地方高等学校研究与发展机构有 8631 个，机构人员 90 998 人，其中具有高级职称人员有 48 453 人，共承担研究项目 144 948 个，部委高等学校研究与发展项目经费支付 28 312 342 千元，地方高等学校研究与发展项目经费支付 14 302 762 千元，但全国各类高校全年技术转让仅 166 330 千元，涉及合同数 13 918 个。[②]研发投入经费与科技成果资金投入经费比仅为 1∶0.1，远远低于西方发达国家的 1∶10，科技成果转化的投资资金明显不足。以政府资本为主体建立的风险投资公司在高技

---

① 赵正洲，李玮. 高校科技成果转化动力机制缺失及其对策. 科技管理研究，2012（15）：133-136+141.
② 中华人民共和国教育部科学技术司.2020 年高等学校科技统计资料汇编. 北京：高等教育出版社，2021：5.

术风险投资回报体系不健全的条件下，通常不愿意投资高风险的科技成果转化；而受国家政策的影响，大多数应用型高校的办学经费不足，资本筹措能力较弱，投入科技成果转化的资本极为有限。

"经费投入不足"和"投资主体单一"严重制约了应用型高校科技成果转化的效益。高新技术企业在消化和吸收科技成果时又面临开发、生产、市场、管理、发展五大类风险，在风险投资机制不完善的环境中，不敢或不愿意独立对高校科技成果转化投入更多资金，而往往选择合作迂回、风险分担等投资方式，造成科技成果转化在产业化过程中规模较小，效益不显著。

综上所述，国家重理论成果（高水平论文）、轻科技成果转化的项目评审的标准或指标体系和国家科技投资政策的不健全严重影响了应用型高校教师离岗创业行为实施的积极性，也弱化了国家科技投资政策和项目评审政策在应用型高校科技成果转化过程中的导向功能，政府政策的行政引导作用未能得到有效发挥。

**3. 创新创业教育体系建设不完善**

在国家"提高自主创新能力，建设创新型国家"和"促进以创业带动就业"的发展战略宏观背景下，高校的创新创业教育进入深化实施阶段，2010年印发《教育部关于大力推进高等学校创新创业教育和大学生自主创业工作的意见》以来，高校的创新创业教育已进入第二个十年发展阶段。作为参与者和协助者，政府是高校创新创业教育生态系统中的重要一环，发挥着重要作用，能够在政策制定、资金支持、舆论导向、服务体系、部门协调等多方面为高校创新创业教育创造良好的外部环境，起到难以替代的积极作用。

但从高校创新创业开展的现实状况我们看到，政府在推动高校（尤其是应用型高校）的创新创业活动过程中存在不在场的状态，虽然政府出台了相关的指导意见，但政策的模糊性和服务体系的缺失使高校在实施创新创业教育中，几乎是单打独斗，未能建立政府、高校、企业之间的良性互动。完善的创新创业培育体系需要高校、政府、企业、家庭、学生等多个子系统之间相互联系、相互作用、相互支撑，形成一个像生态体系一样的良性循环系统，通过构建一个全方位的立体创新创业教育生态培育体系，使创新创业教育能够在应用型高校生根发芽，使之成为孕育创新创业的沃土。

## （二）市场拉动力不足

产业升级是指产业结构的改善和产业素质与效率的提高，产业升级依靠的是技术的进步和创新。目前，我国已进入市场产业升级的快速发展时期，从"中国制造"走向"中国创造"，技术创新是关键。然而技术市场发育不健全、高校与市场对科技成果需求存在偏差等原因，致使市场拉动力不足。

### 1. 技术市场发育不健全

当前，我国社会主义市场经济体制建设还处于不断完善的过程中。因此，与西方发达国家相比，我国技术市场发育尚不健全，即使是上海、武汉等先进大城市，其技术市场的发育也不成熟：其法制体系和运行机制等依然处在建设的初级阶段；科技中介组织往往处于附属或不完全独立地位，具有很强的计划性、垄断性和封闭性特征，人员结构及其专业能力也不能适应科技中介服务职能履行的素质要求；科技成果转化的信息供给与需求的传输渠道没有建立或不健全，对科技市场供需信息缺乏有效的搜集与储存和系统的整理及分析等，严重影响了科技成果转化的规模、时效、质量、效率和效益。可以说，我国至今还没有形成真正意义上的完全技术市场体系。

### 2. 高校与市场对科技成果需求存在偏差

在计划经济体制下，科技成果是评价科学技术活动的主要指标；而在市场经济体制下，获得经济效益的主要目标是实现科技成果的转化。从国家宏观市场规则来看，我国社会主义市场经济体制还需要进一步完善，相关法律法规还需要进一步健全，市场开放性还有待加强，市场规则内部还存在矛盾，导致存在一些市场紊乱无序的现象。科技成果转化需要和各级单位进行大量的技术交易，高校在科技开发初期即使取得突破，也常常因达不到孵化程度、无合适的接应方而导致转化困难。高校教师在长期的科研实践中，较少思考项目及其研究成果是否与市场需求相适应。客观地讲，从教师的知识结构看，我国高校自然科学领域的绝大多数教师不具备（也不能苛求其具备）较系统的经济专业知识和较强的市场意识。这些必将弱化技术市场在高校科技成果转化过程中的驱动功能。

### 3. 社会创业文化氛围欠佳

尽管当前社会创业活动活跃，但来自社会各层面对于高校教师离岗创业的支持并不乐观。其一，深受高等教育传统教育观念和高校评价体系等因素的影响，对高校的分类评价并未有效实施，应用型高校的文化依然以论文和纵向项目的学术研究文化为主，创业文化还处于边缘地带。其二，教师创业资金融资困难。高校教师以高新技术为依托，创办企业的一般属于高成长的技术性企业，但由于发展前景、盈利情况的高度不确定性，只掌握技术而社会关系网络贫乏的教师在融资过程中困难重重，直接融资与利用民间资本等方面的能力相当有限。其三，创业型社会文化应具备良好的专业化服务环境，为创业企业在整个生命周期中提供服务，包括法律、交易、金融服务、咨询、创业培训和教育等方面，但我国市场专业化服务系统尚不成熟。由于社会各层面行动支持的滞后，社会层面的创业文化氛围对高校教师创业意愿的影响力较小，也反映出社会公众对待高校教师创业还是持保守的态度，有效的社会外部拉力并未形成。

（三）高校支持力和行动力不足

在我国，高校教师离岗创业政策的执行涉及中央、地方政府、高校等多个层级，中央和各级地方政府从宏观上给予高校离岗创业的政策支持，高校是离岗创业真正的执行机构。由于处于政策执行的链条末端，高校对离岗创业政策执行的可控资源最少，相应的权力也最小。高校对教师离岗创业的支持力和行动力明显不足。

**1. 高校对教师离岗创业的支持力不足**

首先，高校教师离岗创业配套政策缺失。按照现代经济增长理论，应将制度因素纳入经济增长的框架，使有效的制度成为促进经济增长的决定因素，"如果初始状态的制度缺失，就会抑制高科技创业的发展"[①]。制度的缺失会导致高科技创业发展的滞后，中央政府为推动高科技创业和促进经济快速发展，必会提供有效的制度供给。地方政府为了促进本地经济的快速发展和响应中央的文件，更是在中央宏观指导的基础上不断细化政策供给，以期实现中央政策红利，有效带动地方经济水平的提升。

但是高校对于教师离岗创业反应却相对冷淡，对教师离岗创业的相关待遇（例如职称评定、人事待遇等）并没有做出回应，使高校教师对离岗创业或顾虑

---

① 魏红梅. 高校教师创业制度环境分析——基于制度环境三维度框架的视角. 教育发展研究, 2015 (17): 68-73.

重重，或不甚了解。目前，除了武汉、广东等地少数高校明确制定了鼓励和支持高校教师离岗创业的实施细则外，大部分高校对待教师离岗创业的态度是既不鼓励也不反对。我国高校目前正在紧锣密鼓地推进"双一流"大学建设，与"双一流"大学建设有关的评价指标（如优质学科数量、高被引论文数量、科研创新水平、师资力量尤其是高层次人才数量等）是一所大学能否冲击"双一流"高校的核心指标。可见，在高校文化中，人才培养和科学研究仍然居于主导地位，至于教师离岗创业文化仍然处于被边缘化的地位。

其次，离岗创业政策面临高校的选择性执行。一般而言，高校同时面临着来自上级政府多个行政部门和下属多个二级学院的诸多任务。为了提升管理的效率和效益，高校往往根据任务的性质将其划分为中心任务和非中心任务。对于高校而言，其中心任务的来源有两个：一是高校的定位。高校要提升自身的办学实力和社会声誉，必须不断加强师资力量、学科水平和科研实力。与此相应，高层次师资队伍建设、优质学科与学位点建设以及高级别科研成果的研发就成为高校的中心任务。二是学校党委书记的关注。对于高校而言，学校党委书记近期关注度高、注意力集中的事情往往成为该高校近期的中心任务。教师离岗创业不但不会给学校带来显著的经济效益和显著提升学校的办学实力，反而可能对学校正常的教学秩序产生一定的冲击，诸多因素决定了教师离岗创业不会成为学校的中心任务。对于中心任务，学校会投入大量的人力、物力和财力；而对于非中心任务，学校通常有选择地执行或采取变通策略。

最后，高校教师离岗创业在学术界也一直存有争议。有学者认为鼓励高校教师离岗创业会冲击高校作为人才培养和开展科学研究的主要职责，"对于教师离岗创业绝不能贸然鼓动……高新技术产业风险大，高校教师离岗创业风险更大……教师离岗创业的行为也有待商榷，并不是促进科技成果转化的一种最佳方式"[1]，加上高校教师的创业能力不足，对市场把握不准，导致创业成功率低下，并不能有效实现科技成果的快速转化。

### 2. 高校对教师离岗创业政策执行的行动力不足

高校对于教师离岗创业执行中存在执行人员行动力不足的问题。在高校教师

---

[1] 陈柏强，王伟，盛琼，等. 论正确处理高校教师离岗创业和科技成果转化的关系. 研究与发展管理，2016（5）：132-136.

离岗创业政策执行过程中，执行人员主要包括地方政府相关职能部门和高校相关处室的工作人员。在政策执行过程中，执行人员行动力不足的原因主要包括：第一，执行人员通常并不具备创业的专业知识和实践经验，难以为教师离岗创业提供专业性指导；第二，在高校教师离岗创业执行过程中，执行人员同时面临横向各相关部门和纵向各单位的组织协调，多执行机构职能的交叉和重叠使得执行人员职责划分不够明确，从而导致政策执行难以取得预期效果；第三，高校教师离岗创业政策执行过程中激励、监督和考核机制不够健全，执行人员内生动力和外部压力不足，导致高校对教师离岗创业政策执行面临着行动困境。

（四）教师离岗创业的内生动力不足

应用型高校教师是离岗创业政策执行的受众群体，高校教师的创业意愿对于政策的落地至关重要。然而，长期以来，真正选择离岗创业的教师比例很小。除了政府、社会以及高校的政策、环境等外部影响因素外，其中最重要的一个因素来自创业教师自身。基于对应用型高校教师离岗创业的归因分析，作为创业主体的教师，其自我成就内驱力和核心素养是离岗创业内部可控性因素，教师自我成就内驱力的不足和创业核心素养力的欠缺构成高校教师离岗创业的合法性障碍。

**1. 教师自我成就的内驱力不足**

计划行为理论认为，影响高校教师离岗创业意愿偏低的因素主要包括行为态度、主观规范和知觉行为控制。在行为态度方面，高校教师对离岗创业普遍持消极态度。计划行为理论认为，个体行为是经过深思熟虑计划的结果。个人对于某项行为的态度越正向，个人的行为意向则越强，反之亦然。然而，受社会环境、家庭环境以及对自身能力认识等因素的影响，高校教师对离岗创业行为的主观认识并不是正向的，多数持保守或消极的态度，从而成为其离岗创业行为的实际障碍。目前，高校普遍重视高层次人才的引进与培育，凡是进入学校高层次人才序列的教师通常会获得优厚的待遇、优越的地位以及良好的发展前景；而进入社会创业则需要承担巨大的创业风险，收益与风险的不对等以及高昂的试错成本使高校教师无法从离岗创业中获得自我成就的满足感，从而导致其离岗创业的内生力严重不足。

### 2. 教师创业的核心素养力欠缺

离岗创业存在的风险和挑战导致绝大多数教师难以形成良好的自我控制预期。虽然高新科技对成功创业的影响很大，但创业成功不仅需要技术，还需要敏锐的商机洞察力、高超的领导艺术以及丰富的资源条件，这些因素往往是高校教师所不具备的。高校教师虽然掌握较为先进的科学技术，但仅仅依靠掌握的先进科学技术是远远不够的，创业教师对于市场的开发和管理能力同样重要，而教师长时间在大学这座"象牙塔"中从事教学和科研工作，稳定的生活和工作环境导致绝大多数教师缺乏应对市场需求和社会变化的感知能力及相关经验，高校教师与企业家之间还存在巨大的鸿沟。

同时，高校教师自身所承担的教学科研等工作任务，以及来自学校各部门的考核压力，使教师没有足够的时间和精力用于自身创业能力的培养及提升，而学校对于教师离岗创业的不支持和不反对态度，不能给予其提升创业能力的机会和平台，造成高校教师即使手握可以实现产业化的高新技术，也由于质疑自身创业能力而未实施离岗创业的行为。

### 3. 社会家庭环境支持力不足

尽管普遍观点认为，高校职能包括人才培养、科学研究、服务社会以及文化传承与创新，但人才培养、科学研究仍然是高校核心的两大职能。教师一旦离岗创业，势必影响高校正常教学和科研活动，容易引起同事、学生和社会公众的争议。近年来，我国创业型经济得到蓬勃发展，社会创新创业的氛围日趋和各类创业主体所处的外部环境得到进一步改善。然而，针对高校教师这一社会关注度高的特殊群体创业问题，社会认可度仍然较低，这使教师创业普遍处于"隐性"状态[1]。同时，高校教师作为一个职业群体，与政府公务员、公司员工、企业工人忠诚于自己所在单位和所从事的岗位一样，要忠诚于自己所属的学校。在社会认知中，高校教师长期被认为是手捧"铁饭碗"的群体，稳定的经济收入和较高的社会地位使高校教师离岗创业并不被广泛地认可，尤其对于离岗创业教师的家庭而言，如果高校教师没有足够的信心保证创业成功，离岗创业带来的高风险以及经济压力使高校教师在萌生离岗创业意愿时就不被认可和支持，这也成为教师离岗创业的实际障碍。

---

[1] 金渊博，任雪，王锦良，等. 高校科研人员创业支持对策的探讨. 商业经济，2016（7）：86-87+90.

## 三、小结

从政府层面看，为鼓励和促进高校教师离岗创业，从中央到地方政府相继出台了一系列政策文件，对高校教师离岗创业期间的人事管理、职称评聘、岗位等级晋升、成果转化、股权激励、平台建设、财务税收等进行了规定，相关政策文件的出台为高校教师离岗创业优良环境的营造提供了重要的制度支撑。但综合考量，中央和地方政府发布的政策文件以指导意见为主，普遍缺乏配套性的制度支撑。例如，高校教师离岗创业政策文件中很少出现可以量化的指标，指标的模糊必然导致政策的目标淡化，与之相应的考核与监督机制也基本处于不在场状态。政府层面的政策支持难以形成制度合力，这必然削弱高校教师离岗创业的热情和信心。相关政策出台以来，政府也缺乏广泛的宣传和推广，致使大部分高校教师对于离岗创业的政策知之甚少，加上社会舆论的引导，使离岗创业政策在实施过程中欠缺外部动力机制。

作为离岗创业主体的应用型高校教师，其成就内驱力的不足和创业核心素养能力的欠缺，使其对离岗创业顾虑重重，尤其是在面对创业失败给个人家庭经济带来的巨大风险时，他们往往主动放弃离岗就业的机会。高校教师离岗创业的内生动力严重不足，这也造成针对高校教师离岗创业的政策在最终的实施环节中不能落地，成为"最后一公里"的合法性障碍。

对应用型高校教师离岗创业动力不足的根源探究，有助于我们破解国家在推动创新驱动发展战略过程中高校作为科技创新主力军的能动力不足问题，找到高校教师离岗创业动力激发的逻辑起点，最终实现应用型高校教师创业成功的价值旨归。

## 第二节 应用型高校教师离岗创业的动力激发

本节旨在通过对应用型高校教师离岗创业动力不足的归因分析，找到应用型高校教师在离岗创业过程中动力不足的根源所在，通过外部动力机制建设、内部动力激发以及内外联动动力的激发，有效增强应用型高校教师离岗创业的积极性和能动性，使之成为科技生产的生力军，发挥应用型高校在推动科技创新和科技成果产业化中的积极作用。

## 一、外部动力机制建设

（一）政府：激发政府推动力

政府政策的制定和出台为教师离岗创业提供了制度合法性，通过对应用型高校教师离岗创业动力不足的归因分析发现，政府推动力未能发挥有效的作用。要激发应用型高校教师离岗创业的外部推动力，政府应从下列方面给予支持。

### 1. 加快应用型高校的良性转型

应用型高校转型是政府根据当前国家发展战略需求和高等教育发展方向提出的政府决策，是高等教育供给侧结构性改革的现实需求，是解决高校在科技成果转化过程中"高投入、低产出"的先决前提。高校转型发展是一个系统工程，向应用型转变不是单项、局部的改革，而是从全局、整体、系统的角度设计、实施和推动的综合改革，应用型高校肩负着创新的重要使命，需要充分发挥自身的人才、技术优势，以提升服务地方经济社会发展的能力。

首先，加强政府政策执行的有效性。在加快应用型高校的良性转型过程中，一方面，政府应简政放权，加强宏观指导，落实政府与高校的"双主体"地位。政府要通过规制性政策的制定改善管理模式，对政府职能进行调整和重新定位，尽快填补应用型本科院校组织运行的"立法真空"，扩大和落实高校办学自主权，规范和完善社会评价，努力形成政府宏观管理、学校自主办学、社会广泛参与的新格局。另一方面，政府应通过分类评价推动高校的分类发展和特色发展。区域和产业间存在着较大的差异，而这种差异性正好为改变高校同质化发展的趋势提供了一种可能性。政府引导不同高校办出特色，以科学评价为基础，以创新质量和实际贡献为导向，通过绩效拨款来引导高校内涵式发展，多举措推动科技成果转化。

其次，积极发挥应用型高校转型发展的主动性和能动性。应用型高校转型为大学特色发展提供了多样化的途径，应用型高校依托的是"产教融合、校企合作"。实现学校的特色发展是一个国家战略叠加及区域经济社会发展不断深入的过程，第四次工业革命等时代机遇，亟须高校提供数以亿计的高素质劳动者、数以千万计的专门人才和一大批拔尖创新人才，政府应发挥政策导向的外部推动作用，激发应用型高校良性转型的内生动力。

通过政府分类指导，使应用型高校以服务企业、对接行业产业为主要目标，实现应用型高校对我国经济结构的转型升级和产业结构的调整优化的积极作用。通过利益相关方面角色的重新定位和调整，明晰政府、高校、社会、企业在"转型"体制下的责任和义务，避免应用型高校在转型过程中唱"独角戏"，使应用型高校转型发展契合当前和今后一个时期国家发展战略的需求，走出一条中国特色的应用型高校转型之路。

### 2. 加强政产学研协同创新机制建设

"政"指的是国家政府管理，主要由政府牵头推动开放创新平台搭建并出台相关政策来推动一体化发展，在强有力的政策保证下使产学研合作围绕应用转化和创新价值实现得到快速发展。作为一种创新合作系统工程，政产学研与传统的产学研相比，更加强调政府的平台作用，强调应用导向和以用户为中心。它是一种集合了生产、学习、科学研究、实践运用的系统合作，是技术创新上、中、下游及创新环境与最终用户的对接与耦合，是对产学研结合在认识上、实践上的又一次深化。

政产学研协同创新机制建设中，政府在科技成果转化过程中不是资源的直接提供者，而是搭建平台，构建良好的政策环境，强调政府在开放创新平台搭建和政策引导中的主体地位。随着信息技术的发展和创新形态的演变，政府与企业、高校以及科研机构等相互配合，发挥各自优势，形成强大的研究、开发、生产一体化的先进系统并在运行过程中体现出综合优势，进一步突出了知识社会环境下以用户创新、开放创新、协同创新为特点的创新 2.0 新趋势。

政产学研协同创新模式（图 5-1）强调政府的引导和推动功能。政府不再是"掌舵者"，而是"服务者"，其不再只提供直接经费支持，更是在政策与法律法规方面对科技成果转化的过程进行宏观调控和政策保护，比如间接出台减税优惠政策、提供创新补贴、建设配套设施、打通校企间信息沟通渠道，以及为科技成果转化过程中的参与者制定激励机制等。同时，我国亦可借鉴发达国家的做法，成立政企匹配的基金项目，或通过专门机构进行风险防控及监督管理，并在风险项目的资金供应上起到带头作用[1]。通过政府、企业、高校之间的协同联动融合发展，从而构建运行机制多元化、产业集群特色化的创新创业共同体，为高校科

---

[1] 王凡. 高校科技成果转化中"政产学研金服用"模式探讨. 中国高校科技，2021（6）：92-96.

技成果转化和教师离岗创业提供源源不断的动力。

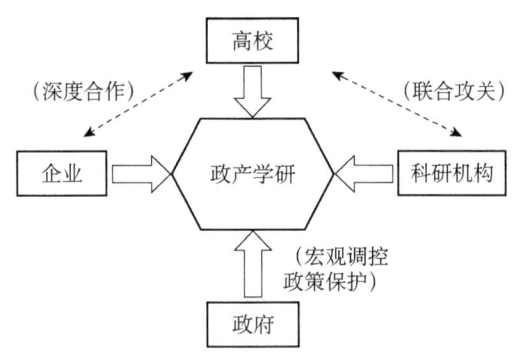

图 5-1　政产学研协同创新模式

### 3. 强化政府对离岗创业的导向作用

应用型高校教师离岗创业政策正是在政府促进应用型高校良性转型的基础上，积极发挥高校教师的科技创新主力军地位，打通高校教师投身创新创业、直接实现科技成果产业化"最后一公里"所采取的针对性措施。强化政府对离岗创业的导向作用，通过对应用型高校主导性绩效评价与舆论氛围的转向与创业环境营造，为应用型高校教师离岗创业行为的实施创造良好的外部条件，可以激发高校教师离岗创业的积极性，不断增强高校教师离岗创业的动力。

首先，完善科技成果评价体系。科技成果评价是科技成果有效转化的指挥棒，完善科技成果评价体系是充分发挥高校科技成果转化动力机制功能、注重高校科技成果转化效益的关键因素。教师积极开展科技成果转化的动力可以直接助推教师实施离岗创业。一是优化国家项目评审政策。在国家主管部门组织的教育、科技、人才等全国竞争性项目的论证和评审过程中，要实行分类管理，注意将科技成果转化列为项目的主要评审（价）指标，其重要性应与学术论文、科技奖励等同。二是完善科技投资政策。要正确处理科学研究、成果转化和工业化生产的投资关系，调整科技财政投资结构，提高科技成果转化投资在国家科技财政投入经费总量中所占的比例，以满足高校科技成果转化的资金需要。三是完善风险投资政策。要建立和健全国家科技成果转化风险投资机制，鼓励和引导风险投资公司、科技生产企业等积极投资高校科技成果转化，实现教师、高校和投资主体合作共赢。四是完善税收管理政策。要制定相关实施细则和监控措施，切实保障高校科技成果在转化过程中可以股份或出资比例等股权形式获得个人奖励，且获奖人在取得股份、出资比例时，可免缴个人所得税，以调动教师参与科技成果转化工作的积极性和创造性。

其次，加强政策宣传引导。一方面，政府相关部门应重视高校和科研机构的创业文化环境建设，深化政产学研合作理念，为高校专门设立创业培训机构，加强科研人员对创新创业的了解，加强其与企业间的科技创业信息交流，为高校和企业搭建信息沟通的平台，通过政府规制性政策的引导，营造良好的创业环境；另一方面，政府应加强相关政策的舆论宣传，打通政府对高校教师离岗创业政策落地的"最后一公里"。政策的出台赋予教师离岗创业的合法性，政策合法性有两个层面的含义，一是政策的出台符合程序和规定而获得合法性，二是出台的政策被民众认可进而获得合法性[1]。因此，政府要有针对性地进行舆论宣传工作，使高校教师和科研人员了解并熟悉离岗创业的相关政策支持，从而使该项政策获得社会层面的合法性，保障政策的有效执行；同时，通过广泛的宣传和舆论引导，纠正社会对于教师离岗创业的偏见，消除高校教师在离岗创业过程中的顾虑和担忧，发挥社会创业舆论环境对高校教师实施离岗创业的正向激励作用。

**4. 小结**

从宏观层面看，政府应积极推动应用型高校的转型发展，尽快完善针对应用型高校组织管理的法律法规，构建政产学研一体化的协同创新机制，发挥政府规制性政策的引导和推动作用，弥补应用型高校转型过程中高校唱"独角戏"的现状。通过规范完善政府对高校的分类管理、分类评价，提高应用型高校科技成果转化效益，推动教师积极投身科技成果转化的实施，调动教师创新创业的积极性；同时，营造良好的外部创业环境和舆论导向，从而在政府规制性政策导向、创业行为引导以及创业环境营造三个方面实现政府对于高校教师离岗创业的外部推动作用，成为激发应用型高校教师离岗创业的外部动力来源。

（二）社会：激活市场拉动力

当前，我国社会主义市场经济体制建设还处于不断完善的过程中。市场产业升级成为我国市场经济发展的必然趋势，产业升级必须依靠技术进步，技术进步必然需要科技的创新和创造。应用型高校作为科技创新的主阵地，要把科技成果

---

[1] 顾明训. 网民对高校教师离岗创业的政策认知和态度倾向——基于424条网络帖子的内容分析. 宁夏大学学报（人文社会科学版），2016（9）：160-165+170.

产业化作为学校发展的重要任务，激活市场拉动力，从而使应用型高校教师离岗创业成为助推社会主义市场经济不断成熟完善的有力措施。

**1. 健全以产业升级为主的技术市场**

技术市场是科技成果有效转化的平台。在知识经济时代，技术市场所交换的商品是以知识形态出现的，技术市场在我国经济发展中具有重要作用。它同科技经济发展之间存在良性循环的关系，可以促进科技成果迅速转化为现实的生产力。通过科研与生产的密切结合，成熟完善的科技市场成为促进科技人员合理流动、优化科技人才合理配置、减少人才资源浪费的重要保障。高校参与社会主义市场经济建设，主要就是通过技术市场来实现科技成果的有效转化，因此健全技术市场是充分发挥高校科技成果转化动力机制功能、提高高科技成果转化效益、推动科研人员创新创业的重要条件。

首先，重视市场需求。市场经济的重要特点是供需双方按价值规律和市场法则在一个公开、平等的平台上进行。没有竞争就不存在市场经济的基本形态，而竞争的核心就在于技术创新。应用型高校应结合自身的办学定位，积极寻求知识与社会资本的有机结合，在市场产业升级的引导和推动下，注重向应用研究倾斜，使学校的科研工作面向市场，主动寻求创新性突出、适应性强且具有较大市场潜力的科研课题[1]。应用型高校教师在进行项目研究时要把握"科技创新"这一理念，掌握产业和技术发展的最新趋势，有高度的技术前瞻性和敏感性，以市场需求来拉动高校科研工作的整体发展，使高校的技术创新成为企业发展的动力来源。

其次，深化校企合作。推动和加快校企合作是适应市场需求最好的方式。由于市场对技术创新具有导向和推动作用，现实中有很多研究成果无法实现产业化和商品化，其原因并不全是无法转化，而是转化后效益很低，失去了其技术创新的优势，转化的投入与收益不成正比或者风险过大。因此，应用型高校教师在科技创新过程中，要坚持技术创新与效益提高有效结合，发挥自身优势，创新校企合作模式，建立企业与高校之间信息沟通的渠道和平台，使应用型高校的科研工作与市场需求有机结合；按类别形成协会组织并组成统一的技术市场，进而加强高校与企业、企业与企业间的交流合作，较好地解决科研与市场需求脱节的问

---

[1] 王凡. 高校科技成果转化中"政产学研金服用"模式探讨. 中国高校科技，2021（6）：92-96.

题；对科技成果实行定向转化，促进成果的产业化，及时把科技创新成果转化为现实生产力或推动生产力发展，为离岗创业、实现科技成果产业化奠定基础。

**2. 营造良好的社会外部创业环境**

环境因素具有客观性和复杂性的特点，随着社会经济的不断发展，环境因素对创业者创业行为的影响越来越大。创业环境不仅可以改变科研人员的创业机会和创业风险，还会影响创业资源的获取和创业成本的高低，从而影响科研人员创业的成败。创业环境的优劣对创业行为实施的影响广泛而深刻。

在我国传统观念中，儒家思想对人们的创业意识和行为方式影响很大。尤其对高校教师来说，"修己安人、仁义礼智信"的思想根深蒂固，"君子喻于义，小人喻于利""君子言义不言利""无商不奸"的观念却使很多人对弃教从商有所诟病。社会舆论和传统价值观念的影响使高校教师在离岗创业过程中顾虑重重。在对应用型高校教师离岗创业归因分析中，作为重要的外部因素，营造良好的社会舆论和社会创业环境，对推动高校教师创业行为实施至关重要。2019年3月10日，习近平总书记参加了十三届全国人大二次会议一些代表团的审议，强调"要向改革开放要动力，最大限度释放全社会创新创业创造动能，不断增强我国在世界大变局中的影响力、竞争力。要坚持问题导向，解放思想，通过全面深化改革开放，给创新创业创造以更好的环境，着力解决影响创新创业创造的突出体制机制问题，营造鼓励创新创业创造的社会氛围"[①]。党的二十大报告也指出，"完善促进创业带动就业的保障制度，支持和规范发展新就业形态"。

首先，加强社会舆论引导。主流媒体应充分关注创业者并不断对其开展系列深入的聚焦报道，使成功创业者的个人魅力和奋斗经历感染并激励社会大众，利用互联网、手机等信息传播手段，引导社会大众树立对财富缔造的正确价值观，使处于转型时期的中国民众更加向往创业，使个人创业突破个人的选择，而成为社会认同的一种有价值的行为。其次，营造良好的创业环境。目前，政府大力鼓励创业，已经把"大众创业、万众创新"确立为我国社会改革的动力之源和推动经济结构调整的新引擎，使得创新创业成为国家战略和施政纲要，创业已经成为当前社会经济发展的时代潮流和价值取向。作为高新技术和科技人才密切集合的

---

① 习近平栗战书汪洋王沪宁赵乐际分别参加全国人大会议一些代表团审议. http://jhsjk.people.cn/article/30967910.（2019-03-10）.

社会组织，在创新创业的社会主流价值活动中，高校（尤其是应用型高校）需要深度参与和强力助推。高校教师作为高等教育中的主要成员，必然成为科技创业的领头羊和经济发展的生力军。只有社会的广泛认同和参与，才能最大限度地释放全社会对创新创业的动能，使高校教师的离岗创业能够在良好的社会舆论环境中轻装上阵，创造价值。

### 3. 小结

从中观层面看，应用型高校教师离岗创业是社会主义市场经济发展的必然趋势，也是应用型高校转型发展中以自身优势积极适应市场经济和产业升级需求、寻求创新特色发展的有力措施。通过完善技术市场规范性建设，深化校企合作，构建社会、企业与高校的联动机制，以市场需求拉动高校科研创新，使应用型高校转型与社会主义市场经济发展有机融合，增强高校教师的市场意识，并在社会舆论引导、创新创业氛围营造等方面最大限度地发挥社会潜能，树立正确的创业价值追求，为高校教师离岗创业创建良好的社会外部环境。

## （三）高校：提升以规范性政策和学术支持为主的支持力

除来自政府层面和社会层面的支持和引导之外，高校作为应用型高校教师离岗创业行为实施的最终执行机构，也是教师利益的直接相关者。由于高校发展与教师个人利益诉求存在差异，教师能否真正实现离岗创业，高校的态度和支持力度显得尤为重要，要使高校成为教师离岗创业的孵化园，应从下列方面着手。

### 1. 加快应用型高校的理念转变

理念是高校办学的精神皈依，是对办一所什么样的高校、为什么要办这样的高校以及如何办好这样的高校的基本主张和认识。更具体地讲，高校的核心办学理念是办学的目的观、内容观和方法论的集合。办学理念的明确和坚守与高校领导关系密切……领导的敏锐感知和远见卓识对学校办学理念的明确与遵循有重要作用[1]。在科学技术广泛应用于经济社会生产和生活之后，应用型高校成为现代教育体系的重要组成部分，为服务现实社会生产需要，应用型高校不仅成为专业技术人才培养的摇篮，而且成为促进现实社会生产发展的动力源。应用型高校的转型发展是国家推动高等教育高质量发展的有效策略，是政府引导高校教师参与

---

[1] 别敦荣. 应用型高校的办学理念与建设路径. 中国高教研究，2022（4）：1-8.

社会主义市场经济建设的前提和基础。

高校组织领导者应站在国家战略发展的高度，转变观念，明确应用型高校的办学定位，将服务经济社会发展与学校未来愿景有机地结合起来，形成个性化的办学理念，进一步增强教师离岗创业的价值认同感，最大限度地激发教师创新创业的积极性，使高校成为教师离岗创业的孵化园，通过教师的离岗创业，最终实现高校发展和教师个人价值的双赢；通过理念的转变，使师生员工达成共识，使应用型高校在发展过程中充满生命力和感召力，使先进的办学理念成为教师遵循和践行的准则，成为学校发展强有力的指导思想，也成为教师投身创新创业活动的强大后盾。

**2. 增强应用型高校的使命责任感**

与国家发展同向偕行，承担社会责任，是高校的时代使命。应用型高校位于现代职业教育体系的中端，是连接"职业教育"与"学术教育"的桥梁，应用型高校的产生满足了社会发展的实际需要，为现代社会培养了各种专业技术人才，促进了社会生产的专业化，提高了生产水平。21世纪初期开始，随着知识经济的快速发展，应用型高校进入全面发展阶段。近年来，建设应用型高校更成为中央政府的政策主题，各地将应用型高校建设纳入政府高等教育发展规划，制定了应用型高校建设的计划，提出了应用型高校建设要求。政府的强力介入为应用型高校建设和发展提供了外部动力。

应用型高校在满足社会职业对专业人才的需要、满足社会实际生产需要和促进经济社会发展进步方面发挥了巨大作用，走出了传统大学的"象牙塔"办学道路，将现实的社会生产需要与高校建设结合起来，确立了服务现实社会生产需要的办学目的，拉近了高等教育与现实社会生产之间的关系，使高等教育变得更亲近普通民众。应用型高校是以实用价值为取向、以服务学生职业发展和社会现实需要为主要办学目的的高等教育机构，是以技术应用为核心、以实用功能为主导的办学层次与类型的统一体[①]。应用型高校应更好地服务地方发展，肩负起高校发展的使命，把高校自身的发展建设与社会主义经济发展紧密结合起来，培养大批勇于创新创业、能够创新创业的技术人才，真正发挥自己的社会价值功能。

---

① 别敦荣. 应用型高校的办学理念与建设路径. 中国高教研究，2022（4）：1-8.

### 3. 对高校创新创业教育的多元反哺

正是由于社会经济发展对应用型高校的办学需求和应用型高校自身的使命担当，学校在发展过程中应大力加强创新创业教育。当前，高校创新创业教育已经从尝试探索阶段发展到细化分层、多元发展的新阶段，高校可通过完善配套政策支持，摆脱认识理解上的狭隘导致的创新创业教育学科化倾向，切实解决应用型高校在产教融合和校企合作方面的"政府热、社会冷"和"学校热、企业冷"的问题，正确认识教师离岗创业的积极作用，面向未来，把创新创业教育融入高校人才培养全过程。

首先，通过教师自身的创业经历，丰富高校的创业教育内容；通过创业教师的示范作用，培养学生的创新精神；通过教师自身创业能力的提升，培养学生创业所需要的能力素质。让更多学生接受创新创业教育，更好地激发学生的创新精神和创业意识，提高学生的创新创业能力。其次，促进创新创业教育与专业教育融合。让学生在创新创业中巩固专业知识，在专业教育中提高自己的创新创业能力。高校要推进教育目标融合，实现教育课程体系的有机融合，通过教师离岗创业丰富实践教学方法，搭建创新创业教育开放协同平台，为高校开展创新创业教育提供更有利的条件，将创新创业教育与教师离岗创业有机结合起来，使高校的创新创业成为多部门协同、跨专业融合、社会多元主体参与的系统工程。

### 4. 优化高校人力资源管理策略

应用型高校教师离岗创业中高校支持力不足，部分原因来自高校在教师离岗创业中的利益诉求存在不确定性，无论是应用型高校办学理念的转变和高校的使命责任认知等宏观层面的要求，还是应用型高校创新创业教育的丰富和产教融合、校企合作等中观层面的需求，如果教师离岗创业对高校的教学科研等中心工作产生制约作用，那么高校对于教师离岗创业都会采取不支持、不反对的中庸态度。因此，高校应从针对教师离岗创业的动力支持的微观层面，优化人力资源管理策略，使高校对教师离岗创业的支持力真正落到实处。

首先，高校要对有创业意愿的教师实施分类管理。高校应积极鼓励有创业能力的教师，为其搭建平台，创造条件；对暂时不具备条件离岗创业的，要在保护好教师创业积极性的前提下，向其做好解释说明工作，以获取教师的理解。这样既能调动离岗创业教师的积极性，又能让真正适合创业的人员发挥自身的价值，做到人尽其才。对创业 3 年后重新回归科研、教学岗位的教师，一方面要有容错机制，以包容的心态对待创业失败的教师；另一方面也要实施严格的考核和审批制度，在符合国家政策和确保学校利益之间寻求平衡。其次，高校要完善教师离岗创业的配套措施。尤其是与教师利益息息相关的职称评审、福利待遇、人事管理等工作，要加强改革创新，兼顾教师的创业成绩，并适当加大创业业绩的权重，让广大创业教师能够安心创业，得到公众的认可和公正的评价，从而避免科技人才的流失。在利益分配方面，高校要重视知识产权，针对成果归属、权益分配的所有权问题，应与离岗创业教师、相关企业签订协议，明确收益分配等内容，达到双方获益的目的，以充分调动教师科研成果转化和创业的积极性。

与此同时，积极发挥高校科技产业园和工程研究中心的功能，使这些机构成为高校科研成果与企业生产联系的"桥梁"和"过渡带"，增强其服务实效，为创业教师提供政策、法律等方面的咨询，对创业教师的项目进行孵化。通过设立高校知识产权管理办公室，专门处理教师在科技成果转化中遇到的有关产权归属问题，最大限度地为教师创业保驾护航，发挥高校科技处在教师科技成果转化方面的职能，着眼于提高创业的成功率，引导教师、科研人员清楚地把握高校创业的方向，找准成果转化和市场的切入点。

通过优化高校人力资源管理策略，出台规范性配套措施，从根本上解决高校在教师离岗创业政策执行过程中的支持力、能动力、执行力不足的问题，使高校成为教师离岗创业的又一个外部动力来源。

## 二、教师个体的内生动力激发

在对应用型高校教师离岗创业动力不足的归因分析中，除了来自政府、社会以及高校的外部因素之外，教师个体创业的内生动力不足可能成为创业行为难以实现的合法性障碍。因此，有效激发教师个体创业的内生动力，解决应用型高校教师创业动力不足的内在根源，才能从根本上实现教师创业的价值旨归。

（一）激发教师个体的成就内驱力

内驱力是在需要的基础上产生的一种内部唤醒状态或紧张状态，表现为推动有机体活动以达到满足需要的内部动力，这种内驱力有时被看作行为个体的一种需要，但严格地说，需要是主体的感受，而内驱力是作用于行为的一种动力，两者不是同一状态但又密切相连，因为需要是产生内驱力的基础，而内驱力是需要寻求满足的条件。因此，内驱力是行为个体在需要的基础上产生的一种内部推动力，是一种内部刺激。

对于应用型高校教师来说，激发教师个体的成就内驱力，使教师充分认识到将其所学直接转化为现实生产力，实现学术创业，是实现自身价值的一种重要途径，可以通过自身的努力取得一定的成就，从而赢得一定社会地位。这种个体成就内驱力的激发可以成为教师离岗创业的不竭动力。

首先，教师本人要有强烈的创业价值取向。高校教师是创业的主体，其个人意愿激发创业动力至关重要。由于高校教师长期处于稳定的体制内，在相对简单封闭的"象牙塔"中，教师所熟悉的教学科研工作都在自己可控的范围。如果此时教师本人没有意愿或外在没有压力，就会守住自己的"铁饭碗"，丧失最佳商业时机和实现创业梦想的窗口。因此，高校应通过政策引导、舆论宣传，使有创业意愿的教师抓住创业的最佳时机，将学术要素和商业要素有效整合，积极发挥科技创业领头羊和经济发展主力军的作用。其次，要增强个人创业的意愿。积极的情绪会对行为产生正向的激励作用，根据社会认知理论，积极情绪是自我效能的重要来源之一，这就意味着拥有创业激情的个体能够表现出较强的自我效能感，自我效能感代表一种更具体的行为驱动力，能直接促使个体将时间和精力投入到某一特定活动中。[1]在一定意义上，自我效能感就是教师实现自身价值的一种成就感，这种成就感能够在创业过程中转化为教师创业的一种内驱力。

（二）提升教师自身的创业核心素养力

教师个人创业动力不足很大程度上源于质疑自身的创业能力。只有提升高校教师的创业能力，才能弥合高校教师从学者到企业家之间的鸿沟。除了掌握的高新技术等专业性能力外，创业作为一种复杂的社会行为，还需要创业者具备众多非技术性能力，也就是教师在进行高技术创业中，建立和运作新企业过程中应该具备的知识技能等非技术能力。

教师和企业家是两种不同性质的职业身份，创业能力对教师是否选择创业有重要影响，对创新企业的绩效具有显著作用。清华大学唐婧等在已有研究基础上

---

[1] 黎常，朱玥，王永跃. 创业激情对创业坚持行为的影响机制研究. 科研管理，2018（9）：134-142.

构建了 2 个一阶和 6 个二阶创业能力维度,认为创业者在创业过程中需要完成两个任务,即"感知、发现和开发机会;运营管理新企业,构建组织能力并获取企业成长"[①]。首先,把握创新创业的机会能力。机会能力包括机会识别能力和开发能力,要求创业者有足够的时间和精力以及强烈的意愿去发现及寻找可以给市场带来真正有价值的产品或服务,能够捕获到好的商机,并擅长开发新产品和服务,发现新的市场区域。高校教师拥有具有市场前景的知识产权和高科技技术,存在很多潜在的创业机会和信息,但往往缺乏将机会转化为创业价值的意识而错失创业机会。还有的教师凭借对自身"研究发现"技术的自信进行创业,缺乏对市场的需求和各种变化进行及时应对的能力,在相关技能和经验方面更显不足。其次,管理运营能力。管理运营能力包括组织管理、战略规划、关系处理等能力,要求创业者有能力领导和激励员工实现企业目标,有能力根据资源环境的变化及时调整目标和经营思路,制定战略规划,能与税收、工商、各种中介机构、掌握重要资源的人或组织以及其他企业家建立良好的关系。高校教师应建立与政府、社会以及市场的紧密联系,发挥其在知识结构、能力范围和价值期望上与普通创业者不同的优势,提升"学者"和"企业家"角色之间的交融与转换能力,有效弥合两者之间的鸿沟,使创业能力不再成为阻碍教师创业的实际障碍,而转化为教师创业的动力来源之一。

(三)提高社会、家庭等外在环境的保障力

高校教师的自我成就内驱力和核心素养力的提升是推动其创业行为的内在动力,社会家庭等外在环境因素对教师离岗创业的内驱力具有重要的影响作用。提高社会家庭等外在环境的保障力可以助推高校教师个人的创业意愿,将这种外部环境因素转化为内在动力因素,从而形成教师个人创业意愿的有效合力。

首先,在鼓励和引导教师参与离岗创业的过程中,要充分考虑教师的家庭状况,家人的理解和支持将成为高校教师创业的隐形动力,通过优化高校教师创业的微观环境,使高校教师能够彻底放下包袱,解除后顾之忧。在高校教师个体创业行为的推动下,国家的离岗创业政策得以有效实施,创新创业对经济社会长远发展的支撑作用得以实现。其次,在"大众创业、万众创新"背景下,社会舆论宣传要发挥重要的思想引领作用,努力营造尊重劳动、尊重知识、尊重人才、尊

---

① 唐婧,姜彦福. 创业能力概念的理论构建及实证检验. 科学学与科学技术管理,2008(8):52-57.

重创造的良好社会氛围，消除公众对教师创业的偏见，为教师离岗创业营造宽松的社会舆论环境，使社会舆论和家庭支持成为高校教师离岗创业的外部保障力，使高校教师创业适应当前社会经济发展，成为时代发展的潮流和价值取向。

## 三、应用型高校教师离岗创业的内外联动动力激发

政府规制性政策与高校规范性制度的完善形成高校教师离岗创业政策的制度合力，政府创业文化建设、社会创业环境影响以及社会对教师离岗创业的价值认同形成社会文化聚合力。这两种合力作为高校教师离岗创业的外部环境因素构成推动教师离岗创业的外部动力，这些外部动力与教师创业的内部动力共同作用、联动发力，最终实现应用型高校教师离岗创业的成功，构建应用型高校教师离岗创业联动动力机制（图5-2）。

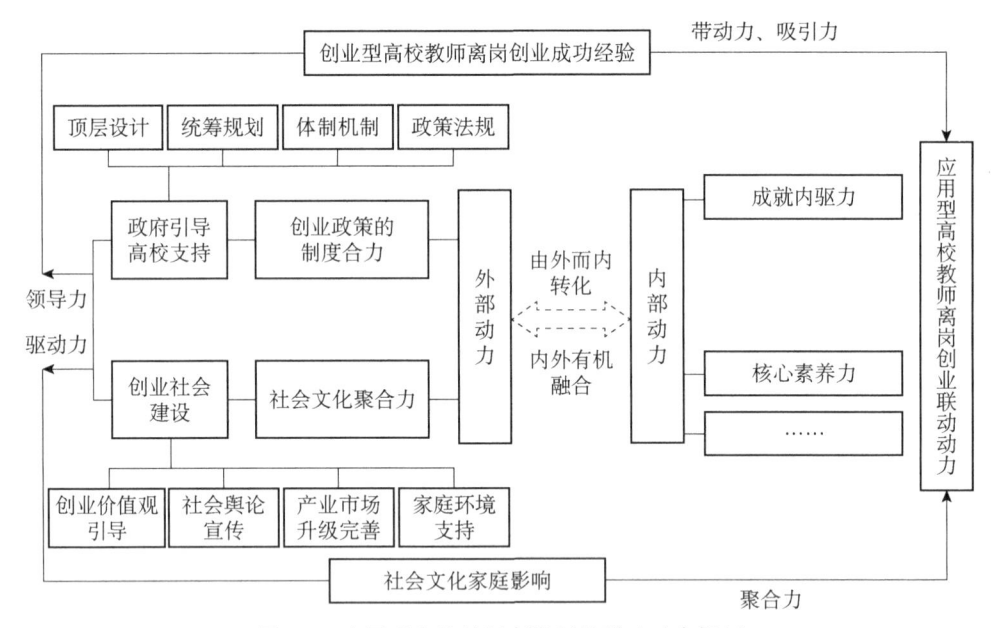

图 5-2 应用型高校教师离岗创业联动动力机制

（一）创业政策的制度合力

高校教师离岗创业正是在加快实施创新驱动发展战略、适应和引领经济发展新常态背景下，政府为激发高校教师创造活力打造的经济发展新引擎的顶层制度

设计。这一制度以中央或地方政府发布的行政法规或政府部门发布的部门规章固定下来，并被赋予合法性。与此同时，习近平总书记在不同场合中反复强调，"创新始终是推动一个国家、一个民族向前发展的重要力量"[①]。习近平总书记关于创新的重要论述为高校教师创新创业指明了前进的方向，也展现了国家领导人和政府大力推动科技创新的信心与决心。在国家宏观政策背景下，应用型高校应积极回应国家政策，加快自身的良性转型，为教师创造良好的创新创业环境，加强教师对政策的理解、认同和服从，使部分掌握先进科学技术的高校教师直接投身于高新技术产业化工作中，从而缩短科技成果转化时间和提升科技成果转化效率。高校教师离岗创业享有薪酬福利、资金扶持、税收优惠等方面的优惠政策，有利于降低教师的创业成本和解除教师创业的后顾之忧；高校教师离岗创业有利于推动产学研深度融合；高校教师离岗创业可能给高校和教师带来较为丰厚的经济效益，提升高校和教师的社会地位和社会声誉；创业政策的制度合力以及创业型高校教师离岗创业成功经验的带动力和吸引力，将使应用型高校教师的离岗创业进入良性发展的轨道。

应用型高校教师离岗创业的外部动力激发，通过国家的顶层设计、各级政府的统筹规划、有关高校教师离岗创业的体制机制建设以及配套政策的制定和出台，形成有效的制度合力。政府的引导和高校的支持能够大大激发高校教师离岗创业的主动性和积极性，使高校教师离岗创业成为推动经济结构调整，打造发展的新引擎，增强发展的新动力，这对国家实施创新驱动发展道路具有重要意义。

（二）社会文化的聚合力：创业文化和价值的聚合力

社会文化的聚合力主要来自创业文化和价值的聚合力，需要构建创业社会。离岗创业不仅是教师个人的行为，还面临来自社会、家庭等多方面的压力。创业文化是与创业有关的社会意识形态，以及与之相适应的制度和组织机构文化。它既包括有关创业的政策法规等制度规范，也包括人们对创业和财富的基本认识、价值标准、职业道德等创业精神。作为一个系统的社会文化工程，创业文化建设与社会经济文化发展紧密相关；作为影响创业主体创业行为的外在因素，创业文化是一种客观存在的环境因素，具有不确定性和复杂性特点。随着社会经济的不

---

① 习近平：加快实施创新驱动发展战略. http://www.xinhuanet.com/politics/2014-08/18/c_1112126938.htm.（2014-08-18）.

断发展，相对于政府政策导向的强制推动力，创业文化建设对创业主体的创业行为影响越来越大。

### 1. 创业文化建设的价值体现

"创业"有广义和狭义之分。广义的"创业"不再局限于企业创业，而是指所有法人和自然人自主进行生产经营、组织管理、发挥潜能、整合资源、创办事业、创造财富、谋求发展、成就事业、满足需要、贡献社会、实现价值追求的实践和过程。其本质是一种以创造价值、成就事业为目的的自主、创新的实践。狭义的"创业"一般是指人们通过开创事业来实现自身的价值的行为。根据提蒙斯（J. A. Timmons）所著的创业教育领域的经典教科书《创业创造》（*New Venture Creation*）的定义：创业是一种思考，品行素质，杰出才干的行为方式，需要在方法上全盘考虑并拥有和谐的领导能力。"文化"也有广义和狭义之分。广义的"文化"，是人类在"耕耘""化育"物质财富、精神财富中创造的，是在人类交往中"教化"形成的，体现在"人工制品"中，体现在传统意识中，包括衍生的和新生的观念。狭义的"文化"一般是指精神生产能力和精神产品，包括一切社会意识形式（自然科学、技术科学、社会意识形态），有时专指教育、科学、艺术等方面的知识与设施。

由此可见，创业文化是一个系统的社会文化工程，具有非常深刻的社会、经济、文化意义，它并不单单指文化，而是与经济直接挂钩的，具有可认知性的，体现知、情、意相统一的文化精神。其基本内涵主要包括开拓、冒险和创新，即鼓励技术创新、管理创新和文化创新，具有开拓向上的勇气和激情，直面和容许失败，拥有和弘扬团队精神，注重学习培训，将知识经济时代的科学精神与创业精神相融合，通过知识和创业价值的发掘来实现区域经济与社会经济的腾飞。创业文化植根于一个商业性生态系统，立足于地方乃至整个社会。其不仅体现地方和整个社会经济的发展，更推动地方和社会的发展。我们可以这样认为，创业文化的提出是社会发展到一定阶段的历史性产物，创业文化体现了社会历史发展观基本问题的撞击和融合。

在传统价值观念里，应用型高校主要围绕人才培养、科学研究和为社会服务开展工作，教师离岗创业通常被认为"不务正业"。创业文化环境的缺乏导致社会和高校对教师离岗创业持消极态度，严重阻碍了高校教师创业的积极性和能动性。尤其是在一些省份的高校，由于创业文化建设的缺失，部分高校教师对离岗创业不甚了解，更缺乏创业的勇气和信心，而是小富即安，求稳怕变，不思进取。要培育创业文化，就要引导人们树立甘冒风险、无所畏惧的历险理念，努力营造追求成功、鼓励创新、不懈进取、宽容失败的文化氛围，真正激活科技人员这一经济发展的主体，引导其树立自力更生、奋发有为的自强信念，在市场中寻找适宜商机，在竞争中增强谋生本领，在创业中追求物质财富，在奋斗中提升人生价值，使整个社会呈现尊重劳动、尊重知识、尊重人才、尊重创造的价值导向。

**2. 建立长效发展机制**

创业文化建设并非一朝一夕之事，不能靠领导者个人的影响力或政府的短期行为来推动，应当创新机制和体制，使创业文化建设制度化、规范化，形成创业文化建设的长效发展机制。

建设创业文化要形成完善的创业教育体系，转变人们的观念。众所周知，美国的创业文化是有力推动其经济持续发展的一个重要因素，其培育和繁荣在很大程度上依赖正规的创业教育。目前，美国的创业教育已经形成一个完备的体系，涵盖从初中、高中、大学本科直至研究生的正规教育。创业教育和管理的落后制约着我国创业文化的建设和发展，我国应当从中小学开始就重视创业意识和能力的培养，同时在全社会开展创业知识培训，促使社会成员普遍具有良好的创业意识、创业精神和创业能力，形成赞赏创业、支持创业的社会氛围，从而有利于形成新的民族风尚和价值体系。

同时，政府的善治和公平对营造良好的创业环境尤为重要，因为这样可以减少创业者谋取不正当收益的机会，实现创业者的机会均等。善治要求政府切实转变职能，重商、亲民，改善一切阻挠群众创业的体制和作风，支持、服务创业；公平要求政府为市场经济提供公平竞争的环境，以保护全民创业的积极性。通过创业文化建设，帮助创业者树立法治观念和尊重市场规则的意识，并在此基础上运用市场规则合法地积聚财富，在创业价值观的良好的引导以及社会主义市场经济不断完善过程中，为应用型高校教师离岗创业提供广阔的平台，成为激发高校教师投身创新创业的动力来源。

创业文化建设是一个系统的社会工程，是社会发展到一定阶段的历史性产物。马克思主义认为，社会存在也称社会物质生活条件，主要包括自然地理环境、人口因素和物质生产方式,以及社会意识(即人类社会生活的精神方面,包括社会心理、道德、宗教、政治思想、法律、艺术、科学和哲学等基本要素)的关系问题。这是认识和解决社会历史问题的出发点,是社会理论的基石。虽然社会意识的产生及其内容以社会存在作为自己的物质基础,并且随着社会存在的变化而变化,但是社会意识一经产生,又具有相对独立性,即社会意识的发展具有历史继承性,对经济、政治具有能动的反作用,进步的思想意识对社会发展起巨大的推动作用,反动腐朽的思想意识对社会发展起消极阻碍的作用。理解创业文化,我们更要挖掘其存在的社会理论基础。感悟社会存在和社会意识的关系问题,更能说明创业文化这个系统性社会工程并不单单指经济或文化,而是经济及文化二者的"相濡以沫",即在经济创业中发掘价值观文化,以价值观文化牵引创业、经济的腾飞。

### (三)创业的内外联动变革动力

创业是对自己拥有的资源或通过努力对能够拥有的资源进行优化整合,从而创造更大的经济或社会价值的过程,它是一种需要创业者组织经营管理,运用服务、技术、器物作业进行思考、推理和判断的行为。对于应用型高校教师来说,离岗创业就是将自己掌握的科技成果实现产业化的过程,是科技成果实现高效转化的有效途径,创业行为的实施有赖于创业者内生动力的激发,内生动力的形成和激发必须借助外生动力系统,两者共同作用才能使创业者实现成功创业。

首先,注重培养教师创新驱动的认同。认同是前提,没有深度的认同,就不可能在创新驱动问题上发挥人的积极性、能动性、创造性。认同创新驱动,就要注重针对性,激发人们创新驱动的学习精神和强化创新驱动动力。在国家创新驱动宏观战略背景下,使应用型高校教师深刻认识到创新驱动的重要作用和深刻意义,转变观念,将创新驱动与实现个人价值有机结合起来,将个人创业置于国家创新驱动发展战略之中,激活创业内生动力,发挥创新创业的主体地位。

其次,注重完善创新驱动内生动力的外生动力系统。外生动力系统是规划、制度、平台、奖励、民主、管理、导向、环境、氛围等方面的综合体现,要高度关注外在动力系统的完善,在政府引导、高校支持、创业社会构建等多方面不断提升外在动力系统的领导力和驱动力,强化外在动力系统的助推作用,同时,激发创新驱动内生动力。创新驱动内生动力,指的是行为主体把创新发展的外生要求内化为自己的内在需要，以自我担当的精神积极主动、创造性地投入经济、社会、文化、生态文明建设当中，以永不枯竭的内在动力实现一个又一个新目标，并且不断升华其境界。要把人才作为第一资源，着力加强创新团队和创新人才队伍建设，真正发挥科技人才在创新中的核心要素作用。加强内生动力的制度建设，尤其是内生动力权利和义务的制度保障，提高应用型高校教师在科技转化中的各项保障，完善教师个人创业的福利待遇、人事管理等保障机制。切实完善舆论导向，营造激发内生动力的环境和氛围。

随着国家全面深化改革各项举措的不断落地，应用型高校转型发展不断深入，高校教师创业的环境和条件日趋完善。在知识经济发展的浪潮中，应激发"创业国度"的内生动力，使应用型高校教师离岗创业能够"梦想成真"。

# 第六章

# 困境与理论：应用型高校教师离岗创业制度现状与发展路径

　　高校教师蕴藏着巨大的创新创业潜力，鼓励和扶持高校教师创业的制度支撑与法治保障能够最大限度地激发其创业动机，从而带动其创业行为，实现创业绩效。本章在分析应用型高校教师离岗创业制度的基础上，提出相关建议和发展路径。

## 第一节　应用型高校教师离岗创业制度现状

国务院、教育部、科技部、人力资源社会保障部等先后印发文件支持和鼓励高校教师创新创业，这些政策文件使应用型高校教师离岗创业有了制度保障，并对其产生了积极影响，同时也存在有待改进之处。

### 一、应用型高校离岗创业政策激发创业动机

近年来，在世界一流大学创建目标的推动下，我国对科研和科技创新的资助和投入比例大幅提高，已取得一系列科技创新成果。过去大量具有产业化前景的科技成果被搁置、高校科技创新主体学术创业意愿低、难以在经济转型和产业升级中发挥高校科技创新带动作用的情况有所改变，但还未达预期。高校教师蕴藏着巨大的创新创业潜力，他们拥有丰富的学术知识和科研经验，具备深入专业领域的能力和创新思维。对于这一群体，鼓励并扶持其离岗创业的政策支撑是激发其创业动机的关键，下面先介绍相关的两种理论观点。

第一种是伯格（G. Berger）提出的，他认为创业者的创业动机受市场机会、新机遇、自身才能、事业发展需求、自身价值体现等因素的影响。[1]上述影响因素可简化为四个：市场机会、创业才能、自我发展需要和制度条件。市场机会是指创业者选择的创业项目具有良好的市场前景；创业才能是指创业者具备从事创业活动的经营能力和技术能力；自我发展需要意味着创业者认为创业活动是实现事业进步和人生价值的途径；制度条件是指鼓励和扶持创业活动的政策，为创业者提供方便、安全的创业环境。

这四个因素并非都受创业政策干预的影响。例如，市场机会不属于政策干预领域，创业者选择的创业项目是否具有良好的市场前景需要通过市场竞争来检

---

[1] 马喆. 2020. 高校教师科技型创业的制度研究. 创新与创业教育，（5）：33-37.

验。创业才能也不属于政策干预的领域，创业者是否具有创业的技术力量和经营能力，取决于自身的学习、工作经历，不太可能受政策的影响。高校教师作为具有科技型创业潜力的群体，一般掌握着优势科研项目或科研成果，可以在市场竞争中占有一席之地，已经具备创业的市场机会。此外，通过整合高校师资力量，可以打造一支集技术力量和经营力量于一体的创业团队，因其已经具备创业者的才能。

与此相对，自我发展需要是受外部政策影响的因素，即创业动机受创业政策的直接影响。有创业潜力的人是否认为创业活动是实现事业进步和人生价值的必要条件，在某种程度上取决于个人的兴趣。也就是说，有些人具有天然的冒险精神，希望通过个人的努力开创职业道路，因此，有必要利用激励政策，通过自我发展的期望和愿望，构建创业活动与创业动机之间的必然联系。也就是说，在特定的激励政策下，创业动机能带来更好的个人发展前景，从而使不具有天然冒险精神的人也能被激发出创业行为，愿意尝试创业活动。

第二种是计划行为理论。该理论是1985年阿耶兹在多属性态度理论和理性行为理论的基础上提出的，他认为人的行为不是完全自发的，而是受多种因素控制的，他扩展了理性行为理论，新增了知觉行为控制概念，演化出计划行为理论。该理论提出后在世界多个行为领域得到广泛应用，显著提高了行为预测力和解释力，被公认为社会心理学中最著名的态度行为关系理论[1]。

根据计划行为理论，个体行为意愿影响因素主要包括行为态度、主观规范、知觉行为控制。对于高校教师离岗创业，其行为意愿的产生也是上述三个变量综合作用的结果，具体分析：①行为态度，即个人对执行行为偏好程度的自我评价。高校教师对离岗创业的态度可以反映出创业本身是否符合其兴趣、预期结果是否具有吸引力等，它往往与教师的个性特征、价值观和职业发展状况密切相关。②主观规范，是个人在考虑是否执行行为时所感知到的社会压力[2]。高校教师是否离岗创业不仅涉及个人行为，还涉及家庭、学校、政府和社会，因此家庭态度、学校和政府政策倾向、舆论导向都会影响其主观意愿。③知觉行为控制，

---

[1] 殷志扬，程培堽，王艳，等. 2012. 计划行为理论视角下农户土地流转意愿分析——基于江苏省3市15村303户的调查数据. 湖南农业大学学报（社会科学版），（3）：1-7.

[2] 陈少霞，张德鹏. 2014. 顾客创新价值形成机理及其计量模型建构：基于计划行为论. 科技进步与对策，（20）：18-26.

是个人在执行行动时自我控制的程度（对行动过程的容易性的主观知觉）[①]。离岗创业毕竟不是高校教师的常规工作，有着巨大的风险和挑战。教师能否形成良好的自我控制期望与自身的知识、能力、经验以及社会资本等有关。

长期以来，参与创业的高校教师很多，但基本上是在职创业，实际上选择离岗创业的教师比例很低。随着中央和地方政府出台鼓励高校教师离岗创业的政策，教师离岗创业行为引起了社会各界的广泛关注。因此，政策不完善对教师的离岗创业行为有很大影响，容易使有离岗创业意向的教师产生心理阴影，也容易伤害其创业的积极性。综合上述分析，高校教师离岗创业行为与政策环境有较为密切的关联。

2015年印发的《国务院关于推进众创空间发展大众创新创业的指导意见》《国务院关于大力推进大众创业万众创新若干政策措施的意见》等文件，均明确提出高度重视高校专业技术人员离岗创业的支持。根据《国务院关于进一步做好新形势下就业创业工作的意见》政策规定，对于离岗创业的科研人员，经原单位同意，可在3年内保留人事关系，与原单位其他在岗人员同等享有参加职称评聘、岗位等级晋升和社会保险等方面的权利。南京"科技九条"、"成都十条"、"京校十条"等多项鼓励高校教师离岗创业的地方政策相继出台。

通过中央和地方政策的支持，高校教师可以保留人事关系，保留职称评聘、岗位等级晋升和社会保险等方面的权利，从而开展创业活动。这些政策旨在鼓励和扶持高校教师利用自身的学术、科研优势开展创业活动，具有重要的现实意义。具体来说，相关政策不仅有利于完善我国创新创业的制度体系，提高我国创业水平，优化产业结构，促进产学研融合，实现科研成果产业化，还可以丰富学生的实训项目，整合高校教师力量投入创业活动，最大限度地拉动高校人才红利。因此，离岗创业政策对高校教师作为高科技和高素质群体通过激发学术及科研能力来提升我国创新创业水平、优化我国产业结构具有重要作用。

## 二、应用型高校教师离岗创业制度的不足

任何公共政策都是一个完整的系统，教师离岗创业政策主体根据政策环境的变化作用于政策客体，在离岗创业政策周期中的政策制定、政策执行、政策调

---

① 莫寰. 2009. 中国文化背景下的创业意愿路径图——基于"计划行为理论". 科研管理，(6)：128-135.

整、政策评估、政策终结等环节彼此紧密联系，相互深度影响。因此，对政策制定、政策执行、政策调整进行科学严谨的系统设计和把握，能够优化政策的执行效果。

（一）相关政策有待完善

**1. 政策细节存在模糊性**

部分地方只是转发上级政府文件，并没有针对离岗创业制度执行过程中本部门或地区可能遇到的实际问题提出解决方案，也没有创新性措施。由于国务院和人力资源社会保障部的文件是纲领性的、全国性的，文件规定不能详尽地罗列全国各地可能遇到的情况，细化方案这一任务就落到地方各级政府身上。

以×省为例，该省省委组织部、人力资源和社会保障厅印发的《关于×省高校科研院所等事业单位专业技术人员离岗创业有关人事管理问题的通知》对创新创业延期有这样的规定："科研人员离岗创办企业的，3年内保留其与原单位人事关系，期满后尚未实现盈利的，可以延长1次，延长期限不超过3年。"在访谈中，有被访者提及："这一规定有一些疑问，推迟工作中的'切实需求'这一标准对大学来说在考核时很难准确把握'到协议期满'这一表述，如果创业者和大学签订的合同期限是3年，不同的人在理解的过程中就会出现不同的看法。"如果可以延期，退休创业期最长可达6年，如果合同期限不能突破3年的上限，这一规定将毫无意义。由于中央文件和政府文件已经规定3年内可以保留人事关系，如果原协议不到3年，离职人员根据申请有足够的政策依据延长到3年。

关于备案，该通知规定"离岗创业人员所在单位应及时办理离岗备案或岗位聘用备案手续"，此处"及时"的表述不确定，对时效有明确规定。对于"离岗创业人员返回原单位工作时，如相应专业技术岗位无空缺，原单位可暂时突破结构比例聘用，并逐步消化"的规定，这里突破结构比例聘用，是否会造成"一岗多人"的局面，且"逐步消化"有无时间限制都尚不明确。在日常管理中，规定"离岗创业人员要自觉服从单位的管理和考核，及时向单位报告创业情况和履行约定情况"，离岗创业者既要按年度汇报，又要及时汇报，这里的规定重复或不明确。如果有突发严重情况，应随时报告或确定报告期限。通过政策分析发现，各地在制定政策过程中没有采取因地制宜的措施，规定稍宽泛，只把握了矛盾的普遍性而忽略了矛盾的特殊性，政策文本的模糊性导致执行主体不能正确理解政策的意图。

### 2. 部分政策缺乏目标认同

教师是离岗创业政策执行的目标群体，他们对政策的认识度和接受度既是影响其离岗创业政策能否顺利执行的重要因素，也是高校教师离岗创业能否成功的关键因素之一。在政策执行过程中，普通创业者对政策的一些关键问题仍然存在异议，对政策的认同度还需要进一步提高。最明显的是中央的政策规定离岗创业者可以保留 3 年的人事关系，但是按照企业的生命周期来算，3 年创业期时间较短。根据目前的经济形势和创业的一般规律，一个创业型公司至少需要给予两年的起步期，第三年项目价值往往才初见效果。如果没有更长的离岗创业期，非常容易导致创业项目不能稳定执行，造成创业虎头蛇尾、起步劲头足而后劲不足。一旦高校教师重新返回学校工作，创业公司可能无法正常运营，也难以给创业期间跟随的员工满意的交代，3 年的付出可能化为泡影。一旦企业出了问题，而学校原岗位也无法接收，这会让教师心中犹豫不决、惴惴不安，不敢下定决心继续创业。本书调查结果也同样显示，只有 25.91% 的被调查者认为离岗创业的制度体系相对完善，33.61% 认为学术造诣高、创业学习培训和实践经验丰富非常重要。因此可以得出两个结论：一是在政策制定上，需要进一步体现大众化需求；二是政策执行的目标群会影响创业效果。

### 3. 政策存在不确定性

政策的稳定和连续影响着政策执行目标群的接受程度，离岗创业政策与传统的"停薪留职"政策相比是一项新政策。停薪留职是指为职工有限期内离岗，暂停发放薪资但保留其职工身份的政策。"停薪留职"政策执行初期也取得了一定的成效，但到了后期出现"吃空工资"的现象，导致有些高校人满为患，编制满天飞。不少教师表示上下班的工作不多，这给大学管理带来了困难，也给政府的财政增加了负担。尽管政府发现这个政策的不确定性已经成为漏洞，并在清理这一现象过程中花了大量的人力、物力和财力，但办理停薪留职手续后想回到原工作岗位的人并不多。目前，鼓励高校教师离岗创业的新政策虽然规定了文件的有效期，但是也面临相似的问题。在这方面，部分地区在政策落实过程中表现较为保守[1]，那些离岗创业教师在达到文件规定的有效期前已犹豫不决，因此教师离

---

[1] 王腾. 2021. 河北省事业单位专业技术人员离岗创业政策执行阻滞及对策研究. 河北师范大学博士学位论文.

岗创业政策的不确定性同样是相关部门面临的重要考验。

**4. 部分规定有待具体化**

国务院、人力资源社会保障部等颁布的政策具有全国性，具有普遍、广泛的指导意义。由于各地的政治、经济、文化发展水平不同，气候、地理环境影响因素不同，公共政策实施过程也不同，各地各部门应以上级文件为基础，结合自身发展状况，根据当地情况制定适合本地区的政策制度。机械性地传达上位文件可能并不符合本地区的发展需要，这对政策的执行有不良影响，这是共性问题。

调查发现，河北省对于创新创业所得收入缴纳个人所得税的规定要求，离岗创业人员纳入事业单位绩效总量核定基数，同时在缴纳个税到达一定标准时要奖励1倍以上基本工资，所需经费由事业单位绩效总量统筹。[①]这样的政策中，如果奖励经费不由事业单位承担，而由政府部门以奖励或退税的形式承担，效果会更好。离岗创业时间问题也值得推敲，有延长离岗创业时间的地方文件看起来不错，但这样的规定是否符合国家的高校管理制度和中央的文件精神、是否属于政策执行扩大化还有待商榷。

（二）政策执行到位程度有待提高

要落实政策，其核心是政策的执行。为达到政策既定目标，高校教师离岗创业可从高校和其他职能部门正确执行政策开始。但这些执行主体之间也存在利益博弈，当各方利益发生冲突时，他们往往选择"理性经济人"。

**1. 主体认知水平差异的执行**

正确认识政策是正确执行政策的前提条件，政策执行是政策认识的最终目的。在政策执行过程中，政策执行主体的行为方式对政策执行效果也有重要影响。笔者调查×省高校发现，高校管理人员普遍对高校教师离岗创业存在顾虑。一些地区和高校对创新创业政策认识不足，不愿释放有能力、专业素质高的人才，担心高校教师离岗创业影响就业稳定性。特别是新政策允许高校教师在兼职或在职状态下设立企业，一些企业担忧这可能导致兼职违规、商业违规等问题。像这样不同政策间的界限不明确，也容易使创业氛围受到影响。

创新创业的条件有限且难以把握。创新创业者来自各个领域，涉及各行各业

---

① 王腾. 2021. 河北省事业单位专业技术人员离岗创业政策执行阻滞及对策研究. 河北师范大学博士学位论文.

的专业知识，再加上政策对创新创业的项目、可行性报告等没有具体细则，在岗创业教师有时无法根据现从事工作判断是否严格属于创新创业条件。基层单位普遍反映，相关政策对创业项目把握得还不够准确，在组建科技型企业或从事科技成果转化方面的限制不够，没有达到预期目的。政策执行者文化水平和综合素质的差异导致其难以全面了解政策，或者因文件专业性过强而使非相关专家无法理解，进而在执行过程中出现偏差。有些离岗创业者身兼主要创业者、合伙人的角色，并参与企业管理，但很难界定创新科技与企业管理的界限。因此，一些企业和个人将离岗创业视为"停薪留职"的延续，将其作为解决职场和个人实际问题的"盾牌"。

### 2. 执行机构之间的利益博弈

根据理性经济人理论，大学和其他需要合作的部门都是充满理性的，即所追求的目标都是使自己的利益最大化。高校教师离岗创业所涉及的利益主体包括高校教师、高校、企业、金融财税部门等。前面已提到过，作为高校教师离岗创业政策的关键执行主体，很多高校对于教师离岗创业采取的是不支持、不反对的中庸态度。究其原因，现行离岗创业政策增加了高校的人力资源使用成本和管理成本。习近平总书记指出"发展是第一要务，人才是第一资源，创新是第一动力"①。国家层面鼓励教师创新创业的政策激发了教师离岗创业的热情和积极性，但对高校来说，面临科研人员和高层次人才随时可能流失的发展困境。同时，目前的金融财税政策并未对离岗创业者的资助和补贴制定明确的奖励机制。创业总是伴随风险，金融部门在执行政策时，既要满足监管部门的风险要求，又要考虑自身利益，导致政策执行时存在选择性和表面性。而财税部门由于其特殊性质，受到严格的法律规定和制度约束，有时会使得政府出台的政策法律的某些条款与其他专门监管法规产生冲突，进而影响政策的顺利执行。

### 3. 执行过程监督制度有待健全

教师离岗创业政策存在先行先试的情况，几乎无经验可循，在政策内容设计上是"摸着石头过河"，教师离岗创业规定了大的框架、原则，但是在执行过程中的监督方面，仍存在与法律法规的冲突，并缺乏具体的操作细则。在政策制定之初，对于政策执行中可能出现的问题缺乏全面深入的考虑和预测，同时也缺乏

---

① 习近平总书记两会金句. http://jhsjk.people.cn/article/29877103.（2018-03-20）.

政策评估和政策监控的相关条款。当前的离岗创业制度供给主要采取的是自上而下的决策程序，建议将创业者和社会其他相关群体纳入创业制度的设计、运行与监督之中，这样就能按照创业者的实际需求进行合理的创业制度设计，同时增强其科学性、严谨性。

### （三）政策监控抓实还有待加强

政策在执行之前只是一种具有高度认同的意识形态，只有经过有效的执行才能发挥效用。在传统的公共政策执行监控过程中，许多政策是按照行政层级自上而下落实的，其中行政手段运用最多。离岗创业政策基本上按照传统模式执行。离岗创业政策的关键点就在于执行监控，其发挥着极其重要的作用。

**1. 政策执行主体有效监督不足**

决策部门对执行主体缺乏有效的监督也是造成政策执行阻滞的原因之一。部分政府机关对事业单位是业务指导关系，而不是行政领导关系。例如，高校和行政级别较高的科研院所有很大的自主权，是否执行这一政策完全取决于单位自身，省（市）科技厅（局）、教育厅（局）、人力资源和社会保障厅（局）也无法以行政命令的形式要求这些单位必须执行某项政策。例如，×省事业单位专业技术人员离岗创业政策实行的是备案制，如果某事业单位的专业技术人员申请离岗创业，事业单位的审批结果基本上就是最终结果；如果单位不同意，则主管部门也无从知晓，因此政策的执行过程缺乏政府部门对事业单位的有效监督。

政府部门之间也存在这种问题，某一部门出台的政策，另一部门不一定配合执行，虽然推出了联席会议制度，但是联席会议是一个议事机构，没有事务的决定权，也难以有效地解决这一问题。

**2. 社会参与政策监控流于形式**

公民参与公共政策监测的相关制度有待完善，缺乏责任追究机制，这使得人民群众的监督权利无法得到充分体现。首先是有些公共政策在制定过程中缺乏广泛的民意基础，容易使社会参与政策监控流于形式。其次，在政策执行阶段，公众对政策执行的监督也显得困难重重，通常只能通过官方主流媒体的宣传来了解政策执行的相关情况，知道更多的是执行结果，新闻媒体的监督也可能因为没有制度保障而受到公共政策执行主体的限制，导致信息披露不及时或得到的信息不完整。①因此，如果公众不能有效参与政策监测，公共利益就得不到根本保障，从而可能造成巨大的资源浪费。

### 3. 政策有效支持调整不到位

从地方政府对高校教师离岗创业的扶持政策来看，只有北京、成都、南京、杭州、武汉等少数地方政府制定了奖励扶持政策。大部分地方政府没有出台奖励政策，也没有制定符合中央政府奖励政策的细则方法。除了缺乏政策支持外，地方政府对高校教师离岗创业的注册资本、资金援助、融资支持、税收优惠、行政事业性收费等援助较少。从全国来看，有研究者发现，在全国100所"211工程"高校中，只有约30所受到地方政府对高校教师创业的扶持和资助，仍有70%未受到创业优惠待遇和政策倾斜②。

教师创业或多或少会对学校管理特别是教育管理产生一定的影响。为了最小化这一影响，有创业意愿的教师应在每学期初提前提交书面申请，并在申请提交的学期内继续履行其原有教学和科研职责。这种制度设计能为学校提供一个缓冲期，即每学期至少增加一次寒假（或暑假），以应对因教师创业而造成的临时人员短缺问题。在这个缓冲期内，学校可以考虑安排临时教师或重新聘用新教师。根据宁波市规定，离职人员空缺岗位，如确有工作需要，经同级机关编制管理部门和人事综合管理部门同意，所在事业单位可以按照国家和省市有关规定引进紧缺的高层次人才。这也为申请离岗创业的教师提供了一个良好的过渡期，以便他们妥善完成校内工作交接和创业前的各项准备工作。

## （四）社会文化和制度合力

高校教师离岗创业政策目前在全国铺开，这一政策不仅是对国家"双创"政策的跟进和迎合，也是凸显高校科研功能的重要举措。然而，高校教师离岗创业政策的优化和实施离不开创业文化氛围的营造、激励机制的提升。

### 1. 创业文化氛围有待改善

政策要顺利落实，营造创业文化氛围不可或缺。只有这样，才能使执行主体和目标群理解政策的含义、目的和远景目标。对×省高校的调查显示，人力资源

---

① 张延超. 2014. 公共政策合法性研究——基于协商民主理论的视角. 山东师范大学硕士学位论文.
② 顾明训，徐红梅. 2016. 高校教师离岗创业的制度性困境及其超越. 创新与创业教育，(10)：23-27.

和社会保障部门组织现场会议对事业单位进行政策解读和说明后，不少事业单位并没有开展政策宣传说明活动。事业单位专业技术人员离岗创业政策的执行不是人力资源和社会保障部门一个部门的任务，只有多个政府部门合作才能完成。现有的宣传大多是对人事关系和人员管理的解读，而缺乏对财税政策、货币政策的解读，对政策战略意义的解读也很少。专业技术人员往往只能自行理解部分离岗创业政策，而做不到全面把握。

西方学者提出"成功创业企业（生存3年以上的企业）成功的两个因素是网络和当地创业环境"[1]，也有学者认为"创业成功主要在于创业者和创业环境两个方面，尤其注重环境对创业企业的影响"[2]，由此可见，创业环境条件是创业活动活跃程度的重要影响因素。

要提高教师创业效益、办特色、办品牌，高校首先要在师生中形成正确的舆论导向，营造兼容的创业氛围，通过广泛宣传中央政策统一思想，并将各级政府关于鼓励教师创业的政策落到实处，构建有效的扶持激励机制，让有创业意愿的教师积极投身创新创业。例如，如果有些教师只懂技术而不懂营销和管理，学校可以对其进行培训，或者让其去企业学习考察；对于创业活动资金不足的教师，学校可在预算中留下一定比例的资金，转借给创业教师或直接以股权的方式衍生企业，以解其燃眉之急，也可以考虑将教师创业项目作为学校层面的课题进行立案和支援。在职称考核方面，高校可改变对创业教师的考核条件，建立创业经历、成就（绩效）与教学工作量和科研水平的相互认识机制。例如，南京理工大学规定教师在产学研基地的创业经历可作为校内职称晋升、干部招聘、岗位招聘的依据，创业教师可在产学研基地申报科研项目、经费、成果专利等，与校内教师享受"同等待遇"。

### 2. 创业者的激励机制有待提升

美国心理学家詹姆斯（W. James）指出，在缺乏激励的环境中，人的能力只能发挥20%—30%，如果受到足够的激励，其能力可以发挥80%—90%。[3]对于

---

[1] Littunen H. 2000. Networks and local environmental characteristics in the survival of new firm. Small Business Economics, (15): 59-71.

[2] Bosma N, van Praag M, de Wit G. 2000. Determinants of Successful Entrepreneurship. SCALES, RESEARCH REPORT 0002/E.

[3] 转引自陈惠莲. 2006. 试论激励在人力资源管理中的运用. 浙江人事，(6)：19-20.

想创业的高校教师来说，经济利益是促进其离岗创业的核心动力，建立合理的离岗创业利益分配机制可以大大增强教师的创业意愿。具体来说，高校教师离岗创业的利益分配主要涉及学校和教师。高校应积极鼓励教师科技成果转化，建立"学科性公司"，制定适当的利益分配办法。"京校十条"和"成都十条"均规定，高校科技成果转化产生的收益占70%以上的，可按有关规定对科技成果的主要完成人或对科技成果转化做出重要贡献者，给予现金奖励。从国内局部实践情况来看，在分配转化收益时，离岗创业教师在研究过程中付出很多，在离岗创业的过程中承担市场风险，因此占据分配的主体地位，分配比例可由原来国家规定的20%上升到70%。如此，高比例的转化收益归属于高校教师及其研究团队，可以有效解决高校教师离岗创业动力不足的问题。

总之，高校是科学知识丰富的场所，在创新驱动发展的国家战略中具有重要的战略地位。高校教师离岗创业作为推动高校科技成果转化的有效形式，不仅可以推动科技知识产学研之间的顺畅流动，而且可以将高校科技成果的经济社会发展效益最大化。但高校教师离岗创业仍存在国有资产管理体制、高校教师创业项目审批程序烦琐、地方与国家部委政策冲突影响高校政策执行、离岗创业收益税收较高，以及对大学教师创业支持和资助较少等制度困境。这些制度困境妨碍了高校科技成果转化的历史进程，因此制度建设是一个重要的突破口。

## 第二节　应用型高校教师离岗创业发展路径

本节根据制度环境三维度理论，以 Kosotva 的国家制度环境三要素模型为理论基础，结合 Busnezti 的制度环境三维指标，对大学教师制度环境的三维预先进行概念划分和界定。①规制维度是指政府对创业者和创业活动的制度支持维度，主要包括政府层面支持创业的相关法律、规定、文件政策等；②规范维度是指社会对创业者和创业活动的认同支持程度，与文化、社会规范有关；③认知维度是指新企业创业者具备相关的知识技能维度，构建和运营与创业者的知识技能和信息获取相关的东西。这三个独立维度之间相互影响，构成制度环境的整体，几乎全面地反映了创业活动所需的制度环境因素。因此，从高校教师离岗创业制度的角度对环境的规制、规范、认知三个维度进行研究是合理可行的①。本节将在政府（高校）的支持制度、社会规范制度、创业教师认知性制度方面展开讨论。

## 一、政府（高校）的支持制度

高校教师创业的支持制度反映了政府对高校教师创业的制度支持，但高校教师创业者不同于其他普通创业者，其创业行为的发生与必然依赖的组织有关，因此高校教师创业的支持制度应从政府和高校两方面进行分析。在现代经济增长理论中，制度学派对经济增长提出了新的观点，认为不仅要把制度因素纳入经济增长的框架，而且有效的制度是促进经济增长的决定性因素。

2015年3月印发的《国务院办公厅关于推进众创空间发展的群众创新创业的指导意见》，鼓励科技人员和大学生创业，完善科技人员创业股权激励机制，支持中小企业公共服务平台和服务机构建设，发挥财政资金杠杆作用，通过市场机制引导社会资金和金融资本支持创业活动。为促进科技创业，提高科研成果转化能力，2015年4月印发的《国务院关于进一步做好新形势下就业创业工作的意见》明确支持高校、科研院所等专业技术人员在职和离岗创业，经同意离职的，可以在3年内保留人事关系。随后，2015年6月印发的《国务院关于大力推进大众创业万众创新若干政策措施的意见》在体制机制创新、优化财税政策、激活金融市场、扩大创业投资、发展创业服务、建设创业创新平台、激发创造活力、开拓城乡创业渠道等领域提出了具体的政策措施。这一系列政策进一步确立了高校教师创业的制度合法性基础，并成为科技创业发展的动力。

（一）地方政府政策支持

在中央政府印发鼓励高校教师离岗创业政策前后，一些地方政府制定出台了促进辖区内高校教师自主创业的优惠政策。离岗创业制度的缺失会抑制高科技创业的发展，各地政府在意识到这一抑制作用后，为促进本地经济快速发展，采取积极措施为科技创业发展提供明确的制度支持。例如江苏省政府为鼓励高校、科研院所科技人员科技成果转化、科技企业成立，于2003年制定了鼓励高校和科

---

① 魏红梅. 2015. 高校教师创业制度环境分析——基于制度环境三维度框架的视角. 教育发展研究，(5)：68-73.

研机构科技人员创业的若干措施,对科研人员离岗创业、注册资本最低限额、对横向课题经费节减的使用以及政府服务和支持等方面做出了详细的规定,有力地支持了科技人员创新创业。2011年出台的《中共陕西省委 陕西省人民政府关于加快关中统筹科技资源改革 率先构建创新型区域的决定》,明确了高校、科研院所科技资源与区域经济发展的密切联系,支持科技人员有序合理流动,鼓励高等学校、科研院所和大中型企业科技人员从事兼职活动或受聘于中小企业。2012年,南京市政府出台南京"科技九条",重点解决科技人员创新创业身份的制度保障问题,提高了科技人员创业和科技成果转化的社会价值,解决了创业者初期的实际困难。2012年出台的《中共杭州市委、杭州市人民政府关于实施创新强市战略完善区域创新体系发展创新型经济的若干意见》,鼓励科技人员以自主科技成果创办企业,鼓励高校科技人员"兼职"在创业资金和成果收益人事制度方面做出相应规定。2012年出台的武汉"黄金十条",在科研人员下岗创业、建设新型产业技术研究院、支持科技型企业、股权激励、风险投资、银行担保、对科技企业孵化和加速器的用地以及非公领域科技人员职称评定等方面制定了明确的支持及奖励政策。多维创业政策密集组合为大学教师创业提供了良好的规制性制度环境。

高校科技成果管理不仅涉及高校本身,还涉及国家有关部委。由于各部委有相应的管理规定,地方政策与国家部委政策可能存在冲突。以×省为例,2020年实施的《×省科技成果转化促进条例》,鼓励研究开发机构、高等院校等组织和个人以多种形式与企业结合实施科技成果转化,依法设立各类科技中介服务机构;国家设立的研究开发机构、高等院校对其持有的科技成果,可以自主决定转让、许可或者作价投资,但应当通过协议定价、在技术市场挂牌交易、拍卖等方式确定价格。×省将科技成果处理权完全下放给各高校科研队伍,取消了所有行政审批事项。部分条款的规定与国家部委条款的规定不兼容,给大学教师创业带来了困惑和忧虑。×省一位大学教师表示,×省处理权下放是一种创新和突破,但这与国家部分部委的相关政策并不一致。在访谈中,×市一位高校管理人员也表示担忧:"地方和国家部委的政策在'争吵',我们不知道自己应该怎么做。"

(二)高校相关政策支持

即使有政府的政策支持,对高校教师创业行为的支持最终也要经过高校实现。从目前情况看，早就重视科研成果转化的武汉大学、华中科技大学等高校，在教师离职许可和奖励方面有具体的执行细则。许多高校对教师离岗创业停留在国家层面的政策宣传上，缺乏具体的实施细则，多数教师对创业的态度是不提倡、不支持、不反对、不表态。

目前，高校相关政策的支持主要涉及教师离岗创业期间的人事关系、工资和社会保险、专业技术岗位的评估招聘、考核管理、创业收益分配等方面，但大多数政策是一些原则性规定，缺乏可操作性方案和实施细则，对高校的约束力也不强。在"双一流"高校建设的背景下，高校科研方向更加明确，根据日常教学和人才培养的需要，高校一般不鼓励和不支持有科研实力的教师离岗创业。现实中，传统的"重科学研究、轻科技服务"观念一直存在，绝大多数高校仍将公开出版物的数量和水平、政府基金项目、发明专利作为获得教育资源的主要竞争力，很少有高校对这项政策提出具体的政策和措施。其一，定职编制的人事管理制度难以操作教师离岗创业政策中的"保留编制3年"。其二，在教师创业重要支撑的科技成果和知识产权方面缺乏成果共享与利益分配机制。因此，教师创业缺乏大学层面的制度支持。修订后的《中华人民共和国科技成果转化促进法》以及《国务院关于进一步做好新形势下就业创业工作的意见》等鼓励高校教师离岗创业的法律和政策出台后，仍有不少高校未出台相关性执行细则。从目前来看，高校最缺乏的关联性制度支持应该是科研评价制度。根据赵正洲和李玮的问卷调查[①]，大学在教师专业技术职位评定过程中，一是重基础研究项目，轻服务社会研究项目；二是重学术论文，轻科技专利；三是重鼓励科技成果，轻转化科技成果。高校科研评价制度如同指挥棒，引导着高校教师开展科技研究工作的努力方向。现存的高校科研评价制度已构成高校教师离岗创业的制度障碍，包括科研评价普遍存在的重科研评价、重论文、重数量、重基础研究、重教学任务、重影响因素以及轻质量、轻应用、轻转化、轻专利的学术氛围已成为高校科研评价的常态。这种科研评价制度使得高校教师只注重教学和学术研究，只注重论文数量和稿件数量，忽视科技成果的转化，缺乏科研转化和创业的意识。

（三）政府与高校的结合作用机制

高校作为教师创业的直接支持者和领导者，第一，要改变观念，统一认识。

---

① 赵正洲，李玮. 2015. 高校科技成果转化动力机制缺失及其对策. 科技管理研究，(15)：133，136，141.

从学校领导层到院系管理部门，要支持和鼓励高校教师在职创业、离岗创业，特别是对拥有丰富科技成果的教师，要鼓励其创新成果向企业转化，要把促进教师创业作为学校发展的重要思路。第二，以科技人员分类评价制度的构建、高校教师创业制度支持体系的完善、岗位的维护、兼职创业教师科技成果的转化贡献作为其职称评定的重要依据，构建成果收益分配制度和知识产权保护制度，通过提高教师科技成果转化收益比例构建科技创业激励机制，支持和鼓励高校创建改革完善科技企业的高校人事管理制度，构建人才稳定机制。第三，增加创业资金投入，设立教师创业专项基金，帮助高校教师创业和成果转化。创业能力不足是当前高校教师创业的短板，高校教师普遍缺乏将知识产品与市场相结合、将资源转化为市场商品的能力。提高教师创业能力，促进高校教师创业，需要着力加强对高校教师创业知识的培养。高校可邀请国内外优秀企业、高水平工商管理学院、专业培训机构开展创业领军人才、创业团队核心成员、科技型中小企业家等各类培训，使高校教师能够熟练掌握创业的基本知识和技能。同时，高校可为教师提供专业的创业指导和咨询服务，邀请知名资本运营和战略管理咨询机构、优秀企业家等对教师创业进行专题讲座及一对一的专业指导，提高其创业能力和创业成功率。为了提高教师创业的实践能力，政府和高校可为其提供创业种子基金，建立各类教师创业项目，在高校、科研院所之间进行创业竞争，充分调动高校教师创业的积极性，积极营造创业氛围，在创业实践中敏锐地观察市场机会，获取创业资源，实施组织管理等能力，提高创业竞争力，全面提高高校教师科技创业的竞争力和内在动力。

## 二、社会规范制度

规范维度属于意识层面的文化和规范。文化和规范是社会群体潜在的社会约束机制，是因人类广泛的社会需求而产生的。它不仅为行动者本人提供指引和标准，也为行动者提供判断其他人行为的标准。高校教师创业环境的规范维度主要包括社会层面是否存在鼓励创业的氛围和有效的行动支持，社会层面的创业文化是否对个人创业有明显影响，高校教师自身是否具有创业意志。

## （一）社会层面的创业氛围和行动支持

在创业过程中，社会应重视社会支持和创业环境的建设，为创业者创造更好的条件和机会。只有这样，才能够培养出更多的创业者，推动社会的发展和进步。腾讯、阿里、百度、小米、华为等这些科技创新企业的高速发展，是当前我国日益改善的创新创业环境的缩影，也是国家积极鼓励创新创业、优化创新创业环境的结果。主流媒体不断深入开展对创业者的关注和一系列聚焦报道，成功创业者的个人魅力及奋斗经验感染和激励着处于转型期的中国公民更向往创业。创业不只是个人选择，更是一种应该得到社会认可的行为。目前，关于创业奖励的文化氛围浓厚，政府大力鼓励创业，创新创业已成为推动我国社会改革动力源和经济结构调整的新引擎，确立了"大众创业、万众创新"，以创新创业为国家战略和施政纲要，创业成为当前社会经济发展的时代潮流和价值取向。高校（无论是研究型高校还是应用型高校）作为高新技术与科技人才密切集合的社会组织，也需要深入参与和大力扶持创新创业的社会主流价值活动。高校教师作为高等教育的主要成员，应走在科技创业的前列，成为经济发展的生力军。

然而，来自社会、高校等方面的行动支持却不容乐观。第一，深受世界一流大学建设和学校评价体系等因素的影响，部分高校主导文化仍以论文和纵向项目学术研究文化为主，创业文化还是边缘文化。第二，很难获得金融支持。高校师资创办企业一般是高成长技术型企业，早期研发阶段需要大量资金投入，而这些初创企业由于发展前景、盈利状况的高度不确定性，只掌握技术、社会关系网络贫乏的高校教师在直接融资和民间资本利用等方面的困难是相当多的。第三，一个创业型社会文化要良好，就需要具备专业化的服务环境，为创业企业提供全生命周期服务，而我国在法律、交易、金融服务、咨询，包括创业培训和教育等方面的市场专业化服务体系还不够成熟。基于社会各层面行动上支持的滞后，选择离岗创业的高校教师人数极少。这也从一个方面反映了社会大众对高校教师离岗创业的态度是保守的。

## （二）社会层面的创业文化的影响

以×省为例，《关于×省高校科研院所等事业单位专业技术人员离岗创业有关人事管理问题的通知》于2016年出台后，《××日报》等大型纸媒，以及中国政府网、×省人民政府官网、×人社网官网等微信平台都对此进行了大量宣传报道，以便专业技术人员了解政策和事业单位落实政策。×省多次组织事业单位对创新创业政策进行说明和答疑，组织事业单位业务培训班，并将创新创业政策解读为重点培训内容。2018年培训覆盖县区一级，各县区、各部门具体工作负责人将相关创新创业政策传递给各事业单位专业技术人员，对保障政策做出充分说明。笔者关于应用型高校教师离岗创业制度路径的调查结果显示，应用型大学教师对离岗创业政策认知度较高，44.85%的教师和管理人员认为应用型高校教师对离岗创业政策"重要"，22.44%的认为"非常重要"。由此可以得出两个结论：一是政府部门宣传渠道大众化，媒体受众不断扩大；二是事业单位绝大多数管理人员在学习政策后对此进行了推广、宣传，从而有利于形成政策执行的环境，提高对高校教师离岗创业的影响力。

（三）高校教师自身的创业意愿

高校教师离岗创业政策的目标群体是高校专业技术人员，离岗创业政策的目标是激发专业技术人员的创业意愿，促进专业技术向生产力转化。专业技术人员对政策的接受度和认可度直接影响政策的执行效果。一是专业技术人员在思想认识上还存在一些顾虑。他们对创新创业政策了解不深、认识不够，部分专业技术人员担心离岗创业政策和其他政策衔接不够，比如到企业兼职、经商办企业等会不会被认定为违规，继而影响其创业自主性。二是部分专业技术人员在创业项目的选择和把握上还存在一定难度，一些专业技术人员会将离岗创业理解为停薪留职，致使离岗创业政策在执行过程中存在大打折扣和出现偏差等现象。三是离岗创业政策稳定性和连续性还有待增强。当前部分省份离岗创业政策规定了有效期限，一方面可能在执行过程中出现"吃空饷"的现象，造成人浮于事，不仅增加了事业单位的管理难度，也增加地方财政的经济负担；另一方面，政策的不确定性也使得有离岗创业意愿的专业技术人员犹豫不决，一旦离岗，倘若企业出现问题，原单位也不能接收，从而减弱了其离岗创业的积极主动性。

## 三、创业教师认知性制度

即使有了政府的政策支持和社会的认同，高校教师自身也可能构成高科技创业制度的合法性障碍。认知环境维度主要是衡量创业者在创办和运营新企业过程中应具备的知识技能维度，即教师进行高科技创业的非技术能力。

## （一）创业机会认知能力

认知能力体现了个人在未来采取某种具体行动的意向，是心理学认知水平的一个重要概念。认知反映了个体进行某种行为的动力、识别和开发水平。认知影响微观个体的心理状态，直接引起其后续行为活动的发生，以便将注意力和精力分配给与特定行为实现相关的方法、途径和目标。认知也可以从动机的角度解释特定行为为什么发生。已有不少研究指出，认知对创业意向很重要，而创业意向是众多预测行为因素中效果更好、更直接的。

博德（B. Bird）首先提出了"创业意向"（entrepreneurial intention）的概念，将创业意向定义为"将创业者的注意力、精力和行为导向某一特定目标的心态"[1]，他认为创业行为不是由创业构想和灵感引起的，而是创业构想和创业行为之间存在的中介。之后的研究文献大多采用了上述关于创业意向的定义。我国学者范巍等根据潜在创业者的概念更新了创业意向的定义，认为创业意向反映了潜在创业者的创业行为和是否从事创业活动的主观心态，它在个人态度、能力等方面描述了创业者所具有的与特质的契合度[2]。汤普森（P. Thompson）认为，个人具备创业特质并不等于个人有创业意向，两者应该有效区分，将创业意向定义为"个人创办新企业的信念，在未来某个时候自觉履行这些计划"[3]。简丹丹等在总结前人创业意向内涵分析的基础上，认为创业意向是一种主观心理准备状态，是潜在创业者对未来开展创业活动设立公司自身素质和外在因素等方面的评价，包括潜在创业者对自身创业潜能和创业知识资源的评价程度，以及对外部环境下创业资金、市场需求、社会支持程度的主观判断[4]。

## （二）创业行为实践能力

创业行为实践能力是指创业者拥有发现或创造一个新的领域、致力于理解创

---

[1] Bird B. 1988. Implementing entrepreneurial ideas: The case for intention. Academy of Management Review, 13, 442-453.

[2] 范巍, 王重鸣. 2004. 创业倾向影响因素研究. 心理科学, （5）: 1087-1090.

[3] Thompson E R. 2009. Individual entrepreneurial intent: Construct clarification and development of an internationally reliable metric. Entrepreneurship Theory and Practice, 33（3）: 669-694.

[4] 简丹丹, 段锦云, 朱月龙. 2010. 创业意向的构思测量、影响因素及理论模型. 心理科学进展, （1）: 162-169.

造一种新事物（新产品，新市场，新生产过程或原材料，组织现有技术的新方法）的能力，并且能运用各种方法去利用和开发它们，然后产生各种新的结果。长期生活在体制内的高校教师，特别是科研人员，通常不需要处理如此复杂的管理和运营问题，也不需要与政府和社会建立关系网络。高校教师在知识结构、能力范围和价值期望上与普通创业者存在不同程度的差异，往往难以获得有效的社会资源和市场资源，造成信息不对称，因此许多高校教师创业者在"学者"和"企业家"两个角色间的融合转换创业过程中缺乏市场竞争力。由于缺乏创业力、创业竞争压力加剧、传统"求稳定"文化的主导，高校教师通常缺乏冒险精神，优秀的科研人员在体制内的劳动环境、社会地位、经济收益等方面几乎都处于较高水平。在衡量创业风险与收益之间存在的巨大机会成本后，许多高校教师对创业持观望态度。因此，高校教师创业的内生动力不足。

　　有研究者以与创业机会开发阶段（而不是创业机会探索阶段）相对应的风险企业为样本进行实证探索，旨在发现创业者的调节焦点对风险企业业绩的影响。实证研究结果表明，调节焦点是否影响业绩与风险企业所处行业的稳定性有关系，只有风险企业处于动态的行业环境中，风险创业者的促进型调节焦点与风险企业的业绩之间存在显著的正相关关系。风险创业者促进型/防御型两个调节焦点在稳定的行业环境中对风险企业的业绩影响不显著。[1]王洪波等以特质通过行为影响业绩的理论为基础，调查了 227 名国内企业首席执行官，实证研究旨在发现企业首席执行官调节焦点、绿色创新与企业绩效之间的关系，结果表明企业业绩受到企业首席执行官促进型调节焦点的积极正向影响，反之，企业业绩则明显下滑。企业业绩是企业首席执行官防御性调节焦点。[2]有研究者研究了焦点调节与创业意愿的关系，结果表明创业意愿水平随着采取创业行动对收益增长的信号加强而提高。对于促进型调节焦点占主导地位的创业者来说，上述正向相关关系比防御型调节焦点占主导地位的创业者更为显著。[3]因此，创业意愿水平的高低取决于创业者的调节焦点和创业机会性质两者的匹配程度，创业机会的性质取决

---

[1] Hmieleski K M，Corbett A C. 2008. The contrasting interaction effects of improvisational behavior with entrepreneurial self-efficacy on new venture performance and entrepreneur work satisfaction. Journal of Business Venturing，23（4）：482-496.

[2] 王洪波，刘艳，肖凤军. 2017. CEO 调节焦点、绿色创新与企业绩效研究. 科技进步与对策，（7）：82-87.

[3] Mcmullen J S，Shepherd D A，Patzelt H. 2009. Managerial（in）attention to competitive threats. Journal of Management Studies，46（2）：157-181.

于创业者能否对创业机会获得有效知觉。

约翰逊等在探究学者创业意向的研究中引入了焦点调节理论,对395位科学、技术、工程学、数学领域学者的实证研究结果表明,个人长期特质性促进型调节焦点对其创业意向产生积极正向影响的个别特质防御型调节焦点越强,其明确从事非正规商务活动的创业意向就越弱。[①]此外,考虑到情况对创业意向的影响,领导者的调整焦点和职场同事参与创业活动的程度会影响其创业意向,且两者存在差异。一方面,促进型调节焦点占主导地位的领导人增强了促进型调节焦点学者的创业意向,防御型调节焦点占主导地位的领导人则相反;另一方面,职场同事参与创业活动的程度增强了学者的创业热情。

(三)创业素质开发能力

高校教师是创业主体,其个人特征对离岗创业行为的意愿有重要影响,加强个人能力素质开发对创业具有积极的促进作用。首先,要判断创业教师的个性特征和价值观。个人倾向对创业决策的影响很大。部分高校科研人员比较低调,与思维能力相比,其行动能力相对弱一些,在一定程度上不适合创业。因此,一些大学教师虽然有创业实力,但更注重体制内的稳定生活,不愿为离岗创业承担风险。其次,教师创业主要是根据个人兴趣开发科技创新成果,着力实现个人愿景,并将愿景成果产业化。在创业过程中,个人兴趣对创业成败有很大影响,但仅靠兴趣是不够的,教师必须具备较强的机会识别、市场开发、经营管理能力,而大学教师往往缺乏这些能力。最后,一些高校教师安于现状,如果在学校发展顺利,有良好的待遇和发展前景,他们通常不愿冒险离岗创业,与创业风险相比,目前的境遇让教师比较满意,因此面对创业时,他们通常缺少相应的心理素质和挑战精神。

运用制度环境三维度理论对我国高校教师创业制度环境的分析表明,一方面,目前高校教师创业的支持环境较好,教师只要得到政府制度方面的足够支持就可以进行创业;另一方面,作为教师创业行为直接行动支持者的高校反应滞后。目前,社会公众对教师创业活动观念上的接受程度较以往有了较大改善,教师创业规范性环境良好,但来自社会层面行动上的认同支持(如创业资金支持体

---

① Johnson M, Monsen E W, Mackenzie N G. 2017. Follow the leader or the pack? Regulatory focus and academic entrepreneurial intentions. Journal of Product Innovation Management, 34(2): 181-200.

系、创业服务体系、创业教育和培训体系等）还远远不够。规范性环境反映的社会大众对创业活动态度的变化是一个长期缓慢的过程，因此要促进高校教师积极创业，必须从高校的认可和教师创业能力的提高入手。在所有高校教师创业制度环境中，认知维度水平是最低的，很多教师缺乏创办企业所需的能力，其创业意识薄弱、创业意愿低下。

# 第七章

# 应用型高校教师离岗创业的域外启示与制度路径探索

　　本章对美国、英国、德国等代表性国家在创业型大学或应用技术型大学建设、学者企业家创业、科技成果转化、科技园建设以及产学研合作等方面的有益经验,特别是对相关制度设计与安排进行比较研究,以期为我国应用型高校教师离岗创业制度提供经验。在此基础上,本章结合我国应用型高校教师离岗创业实践中存在的科技成果转化、创业收益税收、政策扶持与资金资助、人事管理与绩效评价等问题,提出制度设计的价值选择、改革思路以及具体路径。

# 第一节　美国创业型大学教师创业的启示

## 一、美国创业型大学教师创业的制度模式

对于美国创业型大学教师创业的制度模式，本节主要从规制性制度、规范性制度和认知性制度三个方面进行分析。规制性制度指高校内外部系统给予教师创业政策与规则的有力支撑，有利于满足教师创业的支持要素所需；规范性制度指高校内外部系统给予教师创业利益与冲突的有效调节，有利于维持教师创业的正常秩序所需；认知性制度指高校内外部系统给予教师创业价值导向的有益认可，有利于发展教师创业的健康环境所需。

（一）规制性制度：有力支撑教师创业的政策与法规

**1. 政府层面：出台多样化的激励性政策与计划**

第一，学术创业政策支持。20世纪80年代，《拜杜法案》《史蒂文森·威德勒技术创新法案》《联邦技术转移法》等法案（表7-1）颁布，知识产权重新回到美国高校和教师手中，高校技术转移的商业化过程有了具体的法律和制度保障。自此，美国高校专利许可收入及所创办衍生企业的数量均有显著增长。仅1980—1990年，拥有技术许可办公室的高校数量就从25家增加到200家，许可收入由1991年的222亿美元增长到1997年的698亿美元。[①]美国大学技术经理人协会（Association of University Technology Managers，AUTM）公布的数据显示，1980—2020年，美国高校创办的衍生企业的数量持续增长，从1981年的59家增

---

[①] Mowery C, Nelson R, Sampat B. 1999. The effects of the Bayh-Dole Act on US university research and technology transfer: An analysis of data from Columbia University, the University of California, and Stanford University. Research Policy, (29): 729-740.

长到 2020 年的 1117 家。[1]哈佛大学、斯坦福大学、麻省理工学院、加利福尼亚大学伯克利分校等高校教师创办了具有世界影响力的优秀企业。

表 7-1　20 世纪 80 年代美国代表性创新创业法案

| 年份 | 创新创业法案 | 主要内容 | 作用和意义 |
| --- | --- | --- | --- |
| 1980 | 《拜杜法案》 | 允许高校及其他科研机构享有由联邦政府资助所产生的发明的知识产权 | 促使高校教师申请专利合法化、科研成果商业化 |
| 1980 | 《史蒂文森·威德勒技术创新法案》 | 联邦政府的研究机构把部分研究经费用于技术转让 | 促进联邦政府科研成果向企业转移 |
| 1984 | 《国家合作研究法》 | 允许两家以上公司在同一个研发项目上开展合作，成立大学和产业界组成的技术转移联盟 | 奠定产学研合作基础 |
| 1986 | 《联邦技术转移法》 | 允许联邦政府与州政府、高校、非营利组织、企业签订合作协议 | 促进高校向企业的技术转移 |
| 1989 | 《全国竞争技术转移法案》 | 提倡政府、高校、企业共同致力于研发科研成果，鼓励将研究成果转化为生产力 | 将技术转移上升至提升国家竞争力的高度 |

第二，学术创业计划支持。高校教师学术创业的双要素是学术研究和成果转化，学术研究的结果是促进成果转化，而成果转化依赖学术研究。美国政府每年为高校研究投入大笔科研经费，为研究成果转化奠定了基础。从表 7-2 可以看出，美国联邦政府对全美前十名顶尖高校[2]的研发投入基本呈逐年递增态势。而对全美高校的科研经费总投入从 2015 年的 68 694 256 千美元上升到 2020 年的 86 444 902 千美元。[3]以约翰·霍普金斯大学为例，其创立的技术风险投资中心和创新创业中心需要大量的经费支持，其实际完成成果转化的产品和服务极大地促进了巴尔的摩地区的经济发展。此外，美国政府制定一系列支持高校教师学术创业的研究计划，比如赞助高风险高潜力产品研发的"小企业创新研究计划"（Small Business Innovation Research）和资助高校合作研发项目及企业的"小企业技术转移研究计划"（Small Business Technology Transfer Research）等。目前，小企业已被视为美国创新创业的源泉和促进美国经济发展的引擎，因为它们提供了

---

[1] AUTM. 2020. AUTM 2020 Licensing Activity Survey. https://autm.net/AUTM/media/SurveyReportsPDF/FY20-US-Licensing-Survey-FNL.pdf.

[2] World University Rankings. 2022-06-19. World University Rankings 2022. https://www.timeshighereducation.com/rankings/united-states/2022/page/0/length/25/sort_by/rank/sort_order/asc/cols/stats.

[3] NSF. Rankings：Total R&D Expenditures. https://ncsesdata.nsf.gov/profiles/site?method=rankingsBySource&ds=herd.

众多就业岗位。

表 7-2　美国政府对全美前十名顶尖高校的科研经费投入　　单位：千美元

| 高校名称 | 2016 年 | 2017 年 | 2018 年 | 2019 年 | 2020 年 |
| --- | --- | --- | --- | --- | --- |
| 约翰·霍普金斯大学 | 2 431 180 | 2 562 307 | 2 661 033 | 2 917 436 | 3 110 494 |
| 哈佛大学 | 1 077 253 | 1 123 160 | 1 173 371 | 1 239 736 | 1 239 983 |
| 斯坦福大学 | 1 066 269 | 1 109 708 | 1 157 597 | 1 204 116 | 1 203 950 |
| 杜克大学 | 1 055 778 | 1 126 924 | 1 167 611 | 1 226 517 | 1 196 638 |
| 麻省理工学院 | 946 159 | 952 017 | 964 336 | 1 009 466 | 987 968 |
| 耶鲁大学 | 881 765 | 951 084 | 990 399 | 1072 309 | 1 094 135 |
| 西北大学 | 713 491 | 751 809 | 805 672 | 857 069 | 874 671 |
| 加利福尼亚理工学院 | 371 060 | 400 312 | 391 003 | 399 931 | 449 651 |
| 布朗大学 | 347 016 | 212 290 | 244 838 | 256 954 | 266 127 |
| 普林斯顿大学 | 307 653 | 334 125 | 365 007 | 385 739 | 396 502 |

资料来源：National Science Foundation. https://ncsesdata.nsf.gov/profiles/site?method=rankingsBySource&ds=herd.

### 2. 高校层面：倡导多元化的激励性制度与原则

美国高校的激励性政策以教师为主体，对教师创业有明确的规章制度和激励措施，并有具体的创业资源支持和赞助。美国高校制定多元化的学术休假制度、"五分之一原则"、教师任职与晋升制度、教师荣誉奖励制度等，以激发教师参与创业活动的热情，并为教师在学术创业活动中的积极贡献提供服务。

第一，美国高校允许教师在休假时进行学术创业，即学术休假制度。教师休假期间保留职位且不必承担教学与科研任务，全身心投入创业活动中。该制度极大地鼓舞了教师创业的热情，提升了高校科研成果转化率，催生了众多高校衍生公司。比如，麻省理工学院的教师与校友每年均有近百家新公司成立，且其中近40%的创始人不止创办一家公司。[1]

第二，美国高校普遍接受麻省理工学院于 20 世纪 30 年代率先规定的"五分之一原则"，允许教师在一周内的任意一天进行校外服务或参与企业的活动。[2]该制度既保证了教师的教学与科研工作时间，又鼓励教师将科研成果运用于实际，强化了理论与实践的深度融合、高校和企业的密切合作，全方位推动了高校教师创业活动。

---

[1] MIT Facts. 2015-12-01. Entrepreneurship and Innovation. http://web.mit.edu/facts/entrepreneurship.html.
[2] 埃兹科维茨. 2007. 麻省理工学院与创业科学的兴起. 王孙禺译. 北京：清华大学出版社，12.

第三,美国的部分高校明确将学术创业作为教师任职与晋升制度的内容,该创业激励政策释放出一个重要信号,即学校层面更加重视并鼓励有价值、有作为的学术创业活动。比如,密歇根州立大学晋升与终身教职标准修订后的 6 年间,全校有 13%的教师参与了学术创业活动,工程学院的参与比例高达 36%。[①]

第四,美国高校设立专门的教师荣誉奖励制度,肯定教师在学术创业活动中的功绩。以犹他大学以及南加州大学的劳埃德·格雷夫创业研究中心为例,所设立的"卓越创新与贡献奖"(Distinguished Innovation and Impact Award)和"年度格雷夫研究影响奖"(Annual Greif Research Impact Award),旨在表彰在创业活动与创业研究中做出突出贡献的教师。

(二)规范性制度:有效调节教师创业的利益与冲突

为了缩短学术创业中教师和企业家间角色的差距,更好地将二者进行衔接,美国高校设立技术转移办公室(Technology Transfer Offices,TTO)作为中介组织,将教师的科研成果进行技术转化,从而形成一套完备、规范的学术创业流程(图 7-1)。从参与学术创业活动的主体来看,政府、高校、教师、TTO、企业都是相关利益群体,如何有效地调节其中的利益与冲突、解决主要的经济冲突和承诺冲突,需要各高校制定相关的政策并进行相关的培训。

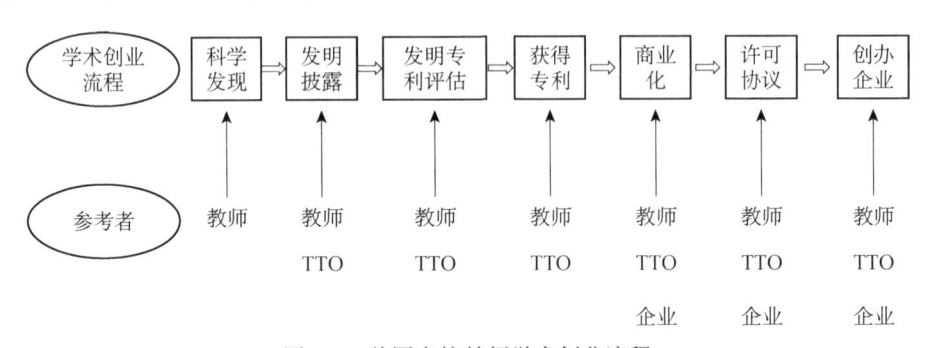

图 7-1 美国高校教师学术创业流程

资料来源:Siegel D S,Waldman D A,Atwater L E,et al. 2004. Toward a model of the effective transfer of scientific knowledge from academicians to practitioners:Qualitative evidence from the commercialization of university technologies. Journal of Engineering and Technology Management,(21):115-142.

---

① Michigan State University. 2015-06-15. University outreach at Michigan State University. http://outreach.msu.edu/documents/Provost Committee Report_2009ed.pdf.

## 1. 建立学术创业标准，平衡教师责任冲突

在教学、科研与创业的过程中，高校教师往往身兼数职，面临着时间与责任的冲突，因此对于学术创业出现了支持和反对两种声音：支持者坚信教师学术创业所获取的资源、技能、资金能够反哺教学与科研，提高教学质量，克服研究经费的限制，并增强学术成果的实用性[①]；反对者认为在商业化利益驱动下，部分教师把更多时间用于创办企业，这样会降低基础研究的比重，破坏学术自由[②]。为了有效平衡教师在教学、科研与创业之间的责任冲突，美国高校建立了具体的标准和制度，以规范教师学术创业活动。

第一，明确学术创业教师的准入资格。美国高校普遍将学术创业活动视为一项特权，并非所有高校教师均有资格进行创业。以斯坦福大学为例，直接具备学术创业资格的只有学术委员会成员，专职教师和其他学术人员申请并获得批准后才具备创业资格，剩余人员并无资格进行创业。

第二，划定教师学术创业的行为边界。以杜克大学为例，进行学术创业的教师如果创办高校衍生公司，教师本人不允许在该公司担任重要的行政管理职务，不能从该公司获取任何资金赞助，教师指导的学生也不能参加该公司的具体事务工作。

第三，限制教师创业活动的时间长度。美国高校一般给予教师参加创业活动的时间为每周一天，即遵守麻省理工学院首创的"五分之一原则"。美国高校教师每季度最长可进行校外活动13天，如遇特殊情况，可逐级向院系和学校提出申请。

第四，制定教师利益冲突的解决策略。经院系审核，若判定这些利益冲突不可控，比如教师的创业活动或影响教学与科研，或创业时间超出限定范围，就需要解决这些利益冲突的有效策略。比如，公开披露外部承诺或经济利益、修改研究计划及人员分工、独立监督可能受影响的研究活动、剥离或禁止外部承诺或经济利益。[③]

---

① De Silva M. 2016. Academic entrepreneurship and traditional academic duties: Synergy or rivalry? Studies in Higher Education, 41 (12): 2169-2183.

② Toole A A, Czarnitzki D. 2010. Commercializing science: Is there a university "brain drain" from academic entrepreneurship? Management Science, 56 (9): 1599-1614.

③ Cornell Research. 2020-09-20. COI Reporting: When and What. https://researchservices.cornell edu/resources/coi-reporting-when-and-what.

## 2. 明确收益分配比例，协调知识产权冲突

美国高校制定了保护教师知识产权的相关政策。《拜杜法案》明确了高校应与创业教师共享许可收入，但并未指出具体的收益分配比例。各高校在收益分配的政策上有一定的差异，需要结合具体情况兼顾技术转移办公室、创业教师及其所在部门、院系、学校的相关利益（表 7-3）。美国高校教师在高校资金和资源赞助下所取得的研究成果，其知识产权归高校所有，教师有权获得科研成果转化后的部分收益。一般情况下，创业教师所获得的创业收益小于净收益的一半，之所以各高校在收益比例上达成这样的共识，是在"用奖励鼓励教师创业行为理应得到合理回报"的前提下，防止经济利益变成驱动高校教师学术创业的首要原因。[1]目前，多数高校遵守的是斯坦福大学分配科研成果利益的比例和原则，即总收益的 15%分配给技术转移办公室，在剩余净收入中，1/3 分配给创业教师，1/3 分配给创业教师所在院系，1/3 分配给创业教师所在学校。有些高校为了鼓励教师，会提高其收益份额；也有一些高校有不同的分配标准，以伊利诺伊大学为例，教师科研成果转化后的实际收益中，创业教师、创业教师所在院系、创业教师所在学校获得的收益各占 40%、20%、40%，高校所获取的收益必须用来开展之后的学术研究与创业活动。[2]对于教师的初创公司，多数高校会以加入公司股权的形式支持与合作，如斯坦福大学一般接受低于 5%的公司股权。[3]

表 7-3　美国部分高校的学术创业收益分配比例

| 高校 | 利益相关者 | 收益分配比例 |
| --- | --- | --- |
| 斯坦福大学 | 技术转移办公室 | 总收益的 15% |
|  | 创业教师 | 剩余净收益的 1/3 |
|  | 创业教师所在院系 | 剩余净收益的 1/3 |
|  | 创业教师所在学校 | 剩余净收益的 1/3 |
| 伊利诺伊大学 | 创业教师 | （总收益-扣除的相关费用）×40% |
|  | 创业教师所在院系 | （总收益-扣除的相关费用）×20% |
|  | 创业教师所在学校 | （总收益-扣除的相关费用）×40% |

---

[1] 亨利·埃茨科维兹. 2016. 三螺旋创新模式. 陈劲译. 北京：清华大学出版社，103.

[2] Office of Technology Management, University of Illinois at Urbana-Champaign. A Handbook for Inventors & Innovators, Technology Transfer at the University of Illinois. https://otm.illinois.edu/sites/all/files/2013inventorshandbook-final-print.pdf.

[3] Stanford University Office of Technology Licensing. 2017-10-06. Start-up Guide. https://otl.stanford.edu/sites/g/files/sbiybj10286/f/otlstartupguide.pdf

续表

| 高校 | 利益相关者 | 收益分配比例 |
|---|---|---|
| 威斯康星大学麦迪逊分校 | 校友基金研究会 | 总收益的65% |
| | 创业教师 | 总收益的20% |
| | 教师所在部门 | 总收益的15% |
| 宾夕法尼亚大学 | 创业教师 | （总收益−扣除的相关费用）×30% |
| | 教师所在实验室 | （总收益−扣除的相关费用）×12.5% |
| | 教师所在部门 | 剩余净收益的20% |
| | 教师所在学院 | 剩余净收益的40% |
| | 教师所在学校 | 剩余净收益的20% |

资料来源：以上四所大学的官方网站的信息整理

### 3. 制定利益冲突政策，合理兼顾各方利益

美国国家科学基金会（National Science Foundation United States）和国立卫生研究院（National Institutes of Health）作为美国高校外部研究基金的主要来源，要求高校制定具体的利益冲突政策并将该政策告知申请人才能接受其基金资助。申请资金赞助的创业教师需要同时提交重大经济利益披露报告和财务利益清单，以确保遵守相关机构和学校的利益冲突政策。多数美国高校基于"尽量将利益冲突减少甚至消除"的原则，明确规定创业教师需要披露具体的利益冲突类型（教学/科研/管理）、详细的经济利益种类（股权费/许可费/咨询费等）、准确的信息披露时间。经院系审核，若判定这些利益冲突可控，则教师的学术创业活动可以继续。此外，高校内部也有与教师创业活动有关的、专门的经济利益冲突制度。比如，创业教师在企业中拥有财务利益时，不得邀请其他同事或学生参与相关的商业化开发或研究，不得参加所在高校与企业进行的商业谈判，不能强迫资历较浅的教师参与企业活动；所教学生若拥有该公司股权，也必须提交详细的财务披露报告。总之，高校内部的利益冲突制度大多要求创业教师披露自己校外创业活动的收入信息，而在校内进行传统教学、与科研相关的学术活动的收入不需要额外报告。

### （三）认知性制度：有益于保障教师创业的价值与生态

### 1. 服务公共利益：明确教师学术创业的价值导向

美国政府和其他政府机构每年向高校投入大量科研经费支持科学研究，既包

括医学、生物工程、航天技术等领域，也包括短时间内无法产生经济效益的基础研究。美国高校在制度设计上鼓励教师进行学术创业的同时，也规范着教师不能忘记高校的传统使命和自己的教师角色。即使是建议将教师专利和创业的商业活动纳入终身教职的坚定的支持者，也坚信以上学术创业活动不能替代教师教书育人和教学科研的学术追求。①这是高校服务社会、服务公共利益的职责所在，也是明确教师学术价值导向的基础。美国国家科学研究委员会（National Research Council of the National Academies）认可的有关大学技术许可的九条注意事项，始终将公共利益作为核心价值，美国100多所高校均表赞同，且付诸实际行动。以阿拉巴马州立大学赫伯格设计与艺术学院为例，除为创业教师提供创业资金赞助、助力新创业项目运转之外，还组织创业教师与当地企业合作公益项目，共同为自闭症儿童设计玩具。②

### 2. 规范组织与资源：打造教师学术创业的有利环境

正如西格尔（Siegel）与赖特（Wright）所言，高校教师学术创业的目标已经从创造收益进展到为学校提供更广泛的经济与社会效益；活动的形式从许可、专利、衍生公司发展为培养学者企业家和创办公司；资源和组织支持已经从技术转移办公室、科技园发展到孵化器、加速器、产业协作网络等。③美国高校为了打造更有利于教师学术创业的环境，在内外部系统不同行业或领域的协同合作中逐渐形成规范的创业服务组织，具体衔接校内外整个成果转化的流程。比如美国南加州大学的劳埃德格里夫创新创业研究中心（The Lloyd Greif Center for Entrepreneurial Studies）旨在对学术创业教师进行前沿技术、创业研讨会、丰厚奖金等全方位的支持。再如，美国密歇根大学建立的"企业加速器"，旨在为创业教师提供先进的创业理念、配套的实验设备、合适的办公场地，是该校创业服务组织的重要组成部分。麻省理工学院更是为创业师生提供了80多种创业资源，包括创业论

---

① Sanberg P R, Gharib M, Harker P T, et al. 2014. Changing the academic culture: Valuing patents and commercialization toward tenure and career advancement. Proceedings of the National Academy of Sciences of the United States of America, (18): 6542-6547.

② The Science Coalition. 2013. Sparking Economic Growth 2.0: Companies Created from Federally Funded University Research, Fueling American Innovation and Economic Growth. Washington, DC: The Science Coalition: 32-35.

③ Siegel D S, Wright M. 2015. Academic entrepreneurship: Time for a rethink? British Journal of Management, 26 (4): 582-595.

坛、创新计划、创业指导服务以及德什潘德技术创新中心等。①

## 二、美国创业型大学教师创业的组织保障

为了缓解教师创业的心理担忧、打破教师创业的物理壁垒、增强教师创业的内在动力，美国创业型大学积极、主动与社会不同行业和领域进行交互及融合，在协同合作中主要形成三种类型的创业服务组织：第一类服务于创业教育，比如创业中心、创业学系、创业学院等；第二类服务于产业合作，比如产业合作研究中心、产业联络办公室等；第三类服务于创业孵化，比如技术转移办公室、研究园、孵化器、加速器、概念证明中心、联合办公空间、创客空间等。②

（一）聚焦创业教育的创业服务组织

美国高校内部通常会建立专门的创业服务组织，引导全校师生打造并规范校园创业文化和生态、提高教师及学生对创业的接受度与认可度。

创业中心一般设立于商学院，在美国高校的创业教育发展过程中起着关键性作用，之后逐步发展至管理学院、金融学院、生物工程学院等，或者独立成为学院。在师资方面，创业中心有获得博士学位的全职教师，也有具备创业经历或在某一行业领域成为行家里手的全职或兼职教师，还有创业捐赠席位的教师。在运营资金方面，创业中心往往寻求多样化的渠道获得捐赠，可以用捐赠者名字直接命名创业中心，或者吸引冠名商入资已设立的创业中心。在服务范围方面，创业中心设置了创业课程、创业计划比赛、创业活动咨询、创业孵化器、创业项目培训、创业奖励机制、募集资金流程等多种服务。另外，一些创业中心专门进行与创业活动有关的科学研究，或者主动负责校内创业教育报告和教师创业报告。

创业学系或创业学院设立的初衷即建造一个创业"大家庭"，既充分开展创业活动的学术研究，又积极进行创业培训工作，在学校范围内积极推进创业项目、创业实践的交流及协作，支持全校师生不分学科、不分专业主动参与创业。以创业学系为组织模式的资源投入相对较大，从创业学系开始，逐步发展为创业学院，也体现了创业项目高效发展的整个进程。在美国，部分高校已进行创业学

---

① MIT Facts. 2020-05-10. Entrepreneurship and Innovation. http://web.mit.edu/facts/entrepreneurship.html.
② 杨婷. 2021. 美国大学学术创业的组织保障研究. 临沂大学学报，（2）：131-143.

院的模式尝试，如圣托马斯大学、俄克拉荷马州立大学、布拉德利大学等。①

（二）聚焦产业合作的创业服务组织

高校学术与外部产业的交互时有发生，但美国高校和产业的交织密切程度实属罕见。高校与产业之间的合作愈加转向研发网络模式，由过去线性趋势的单向知识流动转变为现在互动模式的校企双向知识交流。维持该互动模式需要校企双方坚实的联结机制，比如共同开展研究、共同开发研究工具、共享基础设施、共同申请专利等；合作开发创业课程、联合培养硕博士生、共同研发创业实习项目等；引导人才双向流动，教师参与创业实践、企业高管到高校授课等；密切商业合作，开展专利许可、合同咨询、联合创业等。校企互动范围越来越广泛，互动频次越来越高，产业界经常参与高校教师的学术创业活动，有时也会给予创业师生必要的专业协助。高校师生和产业界关系密切，并非呈单向性，反而具备双向互动交流的基本特征，双方肯定彼此的重要性，互相支持且互惠互利。比如，阿克伦大学和蒂姆肯（Timken）公司引领了高校与产业合作的一种新模式，与传统的技术生产方和技术接收方的关系不同，阿克伦大学接管了蒂姆肯公司的一项核心技术，并将其开发至更广阔的全球市场。②

为了向教师和学生的创业活动提供资源与便利，美国高校往往会设立多样化的跨边界组织，比如产业合作研究中心和产业联络办公室等，以平衡教师的科研兴趣和产业的市场需求，使教师的学术研究兴趣符合市场的长远需要，并积极寻找长期合作的产业合作伙伴。在合作前，这些组织认真评估校企文化是否彼此熟悉、文化环境能否圆融共生、科研转化能力能否互补、合作员工能否胜任、合作计划是否可行，并就合作意向达成共识。在合作中，这些组织进行具体规划，以促成科研成果向企业转移转化成功，首先要明确双方的主体目标与各方责任，其次要制定合作的具体目标与项目规划，最后要建立行之有效的互通机制，以推动长远的校企合作计划。一旦多次合作成功，高校很可能与合作企业建立更密切的联系，即集中精力在少数几家最有可能获取互补性能力与包容性理解的企业。③

---

① 杨婷. 2021. 美国大学学术创业的组织保障研究. 临沂大学学报，（2）：131-143.
② Timken. 2011-08-25. Timken and UA Join Forces to Accelerate Commercialization of Specialized Research. http://news.timken.com/2011-08-25-Timken-and-UA-Join-Forces-to-Accelerate-Commercializationof-Specialized-Research.
③ Peters D，Lucietto A M. 2016-01-18. A Survey of Types of Industry-Academia Collaboration. https://www.asee.org/public/conferences/64/papers/14634/view.pdf.2016.

在合作后的成果上，校企双方应更加关注有形产出和无形产出，有形产出指技术发明、共创公司、出版、共同专利等，无形产出指社会关系网络建立、人员知识资本提高等。[①]

（三）聚焦创业孵化的创业服务组织

高校作为人才的汇聚地与知识的生产地，却往往无法将知识直接转化为实际生产力，因此从高校教师新的科学发现到科研成果商业化中间还有一些障碍需要清除。如何使这条路走得更平稳顺畅，如何顺利跨越高校和产业界间的鸿沟并协助教师解决创业难题、减少创业教师的试错频率、提高教师创业效率，是亟待解决的问题。配套专业的创业平台、聚焦创业孵化的创业服务组织在此背景下应运而生。依据不同的服务项目，可将聚焦创业孵化的创业服务组织具体分为技术转移办公室和创新创业孵化空间两类，后者又具体包含研究园、孵化器、加速器、联合办公空间、概念证明中心、创客空间等。

美国高校以上几种创新创业孵化空间略有差异且侧重点不同，然而所提供的服务具有重叠性。技术转移办公室协助发明者申请知识产权（包括专利、版权等），还帮助发明者获得商业化资金；研究园是国家与区域创新体系的重要组成部分，是研究成果转化为商业实践的中介渠道；孵化器是为商业创意、初创企业早期孵化所设计的空间，其目标即协调所有参与创业生态系统的人与组织，保证学校师生的创业活动得以持续发展；加速器是孵化器概念的一种变体，孵化器计划的目标是企业的早期启动阶段，加速器计划适用于正在扩展到下一商业化阶段的初创企业；联合办公空间在于创建合作社区、促进思想的碰撞。[②]这些办公空间典型的特征与魅力即促进校企协作、共享创业资源和机会、呈现随机密切互动。美国概念证明中心是一种通过提供种子资金、商业顾问、创业教育、孵化空间和市场研究等个性化支持，从而促进高校科研成果转化的服务组织。近些年，更多高校开始专注创意原型制作的创客空间，因其为发明和原型设计提供了以创

---

① Roshani M, Lehoux N, Frayret J M. 2015-12-22. University-Industry Collaborations and Open Innovation: An Integrated Methodology for Mutually Beneficial Relationships. https://www.cirrelt.ca/DocumentsTravail/CIRRELT-2015-22.pdf.

② 杨婷. 2021. 美国大学学术创业的组织保障研究. 临沂大学学报, (2): 131-143.

业者为核心、模块化、可灵活再配置的模拟空间和文化环境。[1]创客空间设立的初衷始终不变,既协助创业教师评估市场机遇,也提供给创业教师标准的办公空间,又支持产品开发、获取资金赞助、建立关系网络等,其创业支持活动的内容越来越丰富。这些创客空间专注于为教师的科研成果提供创业孵化服务,既让创业教师实践锻炼的频率增大,也为创业项目提供了专业化建议与支持,使创业教师有时间和条件反复尝试并收获经验,在学术创业的道路上继续前行。

## 三、美国创业型大学教师创业的典型案例:美国百森商学院

20世纪90年代,美国的创业教育正式起步,发展至今,美国已有超过1000所院校开设了创业教育课程,铸就了美国高等教育创新的显著特色。麻省理工学院、哈佛商学院、宾夕法尼亚大学等一流学府在创新创业领域均成绩斐然。"百森创业教育"的品牌效应和实际影响力在美国迄今依旧独占鳌头,在教师创业方面的经验值得世界各国高校学习和研究。

第一,吸引专业的创业师资。百森商学院创业学院拥有由全职教师和企业家兼职教师组成的师资队伍,87%的全职教师拥有博士学位或同等学力,同时他们有丰富的创业经验。[2]百森商学院有一位全职教师代表凯利·马瑞(Kelley Marram),在创业的过程中创办了一家高科技公司,并担任该机构的总裁和首席执行官。百森商学院的兼职教师大多数是企业或公司的负责人,因此能够敏锐地洞察和捕捉到创业走向及市场的变化。百森商学院有一位兼职教师代表马克·卡尔(Mark Carr),同时他也是美国南街战略集团(South Street Strategy Group)的联合创始人。[3]百森商学院还创办了创业教育者研讨会(Symposia for Entrepreneurship Educators),旨在结合先进的创业理念以及高效的教学方法来提高创业教育教师的综合能力。该研讨会关注的创业理念包括创业思想与行动、创业教育的生态系统、创业思维和观念的生成、市场预测与商业模式、创业融资、创业的成功和失

---

[1] Deskmag. 2017-01-09. 2017 Global Coworking Survey. https://zevillage.net/wpcontent/uploads/2017/01/2017-global-coworking-survey-Deskmag.pdf.

[2] Babson College. 2017-07-15. Thought Leaders. Innovative Teachers. Accessible Mentors. http://www.babson.edu/Academics/faculty/Pages/default.aspx.

[3] 熊华军.2018.百森商学院创业教育的运行机制.比较教育研究,(2):19-25.

败。①此外，每学年百森商学院专门挑选出一些有创业愿望却经验不足的优秀年轻教师，为其开展目标性强、专业化程度高的创业初期培训。

第二，设立实操型的创业平台。阿瑟·布兰克创业中心（Authur M. Blank Center）成立于1998年，它几乎能够为百森商学院所有创业活动保驾护航，不仅提供创业课程学习、创业经费、创业资源赞助、创业教师培训，还帮助教师设立创业平台，从而有目标地指导教师进行创业项目实践。实操型创业平台分为自建类实操型平台和合作类实操型平台。自建类实操型平台又具体分为：一是项目平台，如巴特勒风险加速器项目（Butler Venture Accelerator Program），能够为创业教师提供创业资金、工作空间、销售渠道和合作伙伴等；二是实体平台，如家庭创业所（Institute for Family Entrepreneurship），能够为创业教师提供家族企业管理方向的专业理论和具体实践经验；三是咨询平台，如百森商学院组建了一支由创业者、首席执行官、风险投资家、天使资本家、律师和顾问组成的智囊团，智囊团为具有创业意向的师生提供业务咨询、融资方案、客户定位、推广宣传等帮助。②合作类实操型平台具体分为：一是与大学合作的平台，比如百森商学院与伦敦大学商学院合作的全球创业观察，现在已经成为全世界成立最早、规模最大的创业研究组织。③全球创业观察的研究结果能够帮助创业教师深谙不同国家和地区之创业情况与影响因素，为教师的创业实践提供可靠的信息。二是与政府合作的平台，比如美国国家自然科学基金会（National Science Foundation），大力推动创新创业和工程教育的有机融合，并用资金支持百森商学院发展"工程教育教师培养项目"（Engineering Education Teacher Development Program），以期培育出具备创业能力和企业家精神的优秀工程师。三是与公司合作的平台，以核桃风投联盟（Walnut Venture Associates）为例，该平台的成员中已有20多家公司的创始人、125家公司董事会成员，已投资逾200家公司。④与核桃风投联盟建立密切的战略合作伙伴关系，能够帮助百森商学院的创业教师充实创业团队、完善创业计划、明确融资策略并发展伙伴关系。

---

① Babson College. 2017-07-26. Global Symposia for Entrepreneurship Educators（See）. http://www.babson.edu/executive-education/education educators/global-symposia/Pages/home.aspx.
② 熊华军. 2018. 百森商学院创业教育的运行机制. 比较教育研究，（2）：19-25.
③ Babson College. 2017-08-23. Global Research. http://www.babson.edu/Academics/centers/blank-center/global-research/Pages/home.aspx.
④ Walnut Ventures. 2017-08-03. For Entrepreneurs. https://www.walnutventures.com/portfolio.html.

## 第二节　英国创业型大学教师创业的启示

### 一、英国创业型大学教师创业的制度驱动

英国在日益激烈的国际竞争中，科技发展依然备受瞩目，其全球创新指数在132个经济体中位列第4[1]，拥有全球领先的高校及研究机构，其中4所高校位列全球前20[2]。在面对创新能力欠缺、创新人才流失、科技转化效率不高、研发投入不足等问题时，英国政府制定了一系列政策，逐步完善大学科技创新治理体系，提升高校知识创新和应用转化能力，充分引领大学创新创业在产业转型中扮演重要角色。结合我国现实，应用型高校教师创业也面临诸多制度性障碍，英国政府与创业型大学在相关政策改革方面的成功经验对我国高校教师创业制度的完善具有参考价值。

（一）政府诉求：适应国家创新创业战略布局

英国政府于2017年颁布《高等教育和研究法案》（Higher Education and Research Bill）以来，全力支持赞助高校的创新创业发展，并明确高校在国家产业战略中的重要地位[3]，2020年后，英国经济因疫情而深受打击，经济持续低迷。2020年的GDP较上一年下降9.9%，是300年来的最大年度降幅。[4]面对国家经济层面的巨大挑战，英国研究与创新署（UK Research and Innovation）制定了"英国研究与创新基础设施路线图计划"（UK Research and Innovation Infrastructure Roadmap Programme）。[5]该计划着力推动建设国家基础设施，根据经济发展状

---

[1] World Intellectual Property Organization（WIPO）. Global Innovation Index 2021：Tracking Innovation Through the COVID-19 Crisis. https://www.globalinnovationindex.org/gii-2021-report.

[2] Times Higher Education. 2021-06-02. Times higher education world university rankings 2021. https://www.timeshighereducation.com/world-university-rankings/2021/world-ranking/.

[3] Johnson J. 2017-02-24. Speech：Higher education and research bill. https://www.gov.uk/government/speeches/jo-johnson-higher-educationand-research-bill.

[4] HM Treasury. 2021-03-03. Budget 2021. https://www.gov.uk/government/publications/budget-2021-documents.

[5] UK Research and Innovation（UKRI）. The UK's Research and Innovation Infrastructure：Opportunities to Grow Our Capability. https://www.ukri.org/wp-content/uploads/2020/10/UKRI-201020-UKinfrastructure -opportunities-to-grow-our capacity-FINAL.pdf.

况、社会需求和未来规划，坚定政府将会不遗余力提升国家的科技创新能力，大力推动英国领跑创新创业领域。英国政府于2021年3月发布"重建美好：我们的增长计划"（Build Back Better：Our Plan for Growth）①，明确基础设施、创新创业、技术能力乃国家经济复苏之三大投资支柱。2021年英国政府还发布了《英国研发路线图》（UK Research and Development Roadmap），认为创新创业是应对挑战、寻求发展机遇的关键，必须大规模建设并完善创业生态系统，提高核心竞争力，在创新驱动的全球经济中占有一席之地。②纵观以上政策与计划，英国政府在促进高校创新创业发展的过程中制定并实施了一系列具体政策，完善创业基础设施，鼓励公司深入研发，增加资金扶持力度，推动创新创业人才培养进程，优化创新创业监管制度，拓宽国际网络平台等。以上具体措施为促进高校-产业互动协作、激发高校教师创业热情、推动创新创业战略发展起到了积极的作用。

（二）大学回应：整合教师创新创业资源

随着英国政府适应国家创新创业战略布局所出台的系列政策支持，高校在创新创业系统中的地位逐步升级，在引领知识经济增长、科研成果转化、推动生产力发展、促进经济增长等方面都发挥出重要作用。

第一，聚焦全校合力开展高新技术研究。在国家创新创业战略布局相关政策的引领下，众多英国高校着手带领教师大力开展创新创业有关的技术研发，并逐步汇聚成生产型经济集群，较有代表性的有爱丁堡大学的高性能计算集群、剑桥大学的生物科学集群等。③另外，剑桥大学、牛津大学、爱丁堡大学、格拉斯哥大学等一流高校在全球范围内建设科学研究基地，这些基地不仅具备世界领先研究水平，还创造出一系列国际性先进成果。④

第二，整合各方资源促进产学研有效合作。伦敦政治经济学院于2018年提

---

① HM Treasury. 2021-03-03. Build Back Better：Our Plan for Growth. https://www.gov.uk/government/publications/build-back-better-our-plan-for-growth.

② BEIS. . UK Research and Development Roadmap. https://www.gov.uk/government/publications/uk-research-and-development roadmap.

③ UK Research and Innovation（UKRI）. The UK's Research and Innovation Infrastructure：Opportunities to Grow Our Capability. https://www.ukri.org/wp-content/uploads/2020/10/UKRI-201020-UKinfrastructure-opportunities-to-grow-our capacity-FINAL.pdf.

④ HM Treasury. 2021-03-03. Build Back Better：Our Plan for Growth. https://www.gov.uk/government/publications/build-back-better-our-plan-for-growth.

出高校的科研活动能够产出创新成果,为产业创造溢出效应;高校人力资本、科研成果和产业互动,借助高校孵化器推动地区经济发展;可持续建设"基础设施",发挥了创新引领作用。①英国创业型大学和区域产业开展协同合作,合作范围与合作方式也发生着变化,渐渐衍生出联合开发、合同研究、科研联盟等形式促进产学研合作。英国创业型大学充分发挥 21 世纪以来高校被赋予的第三种使命,高校、政府与产业之间呈现"三重螺旋"关系,高校在地区科技创新及经济发展中的核心作用凸显。②

第三,制定有效政策培养创新创业人才。曾任英国商业、能源和产业战略部大臣的夏尔马(A. Sharma)提到,"发展科学、研究和创新的核心是人才,必须掀起创新浪潮,培养创新创业型工程师、生物学家、企业家等"③。英国政府和高校完善相关措施来培养创新创业人才:优化顶层制度设计,统筹人才发展战略;搭建创业研发平台,增加孵化产品数量;加大创业扶持力度,提高创业人员津贴;还为创新创业人才提供专项奖金,较著名的有牛顿国际奖学金(Newton International Fellowships)、英联邦奖学金(Commonwealth Fellowships)等。④

## 二、英国创业型大学教师创业的路径保障

为了进一步促进创新创业的发展,英国政府积极完善创业组织平台,有序完善市场评估和监督机制,探索一种能够激发创新创业活力且多元主体协同发展的新型创业治理体系,由政府、地区产业、创业型大学、专业研究机构、科技转化组织、投资者共同参与。高校也制定了相关政策和具体保障措施,进一步为教师创新创业发展铺平道路。

(一)健全组织平台:推进科创融合发展

英国创业型大学身为创新创业行业的引领者,在培育创新创业人才方面身先

---

① Azmat G, Murphy R, Valero A, Wyness G. 2018. Universities and Industrial Strategy in the UK: Review of Evidence and Implications for Policy. London: Centre for Economic Performance: 3.

② Smith H L, Bagchi-Sen S. 2010. Triple helix and regional development: a perspective from Oxfordshire in the UK. Technology Analysis & Strategic Management, 22(7): 805-818.

③ BEIS. . UK Research and Development Roadmap. https://www.gov.uk/government/publications/uk-research-and-developmentroadmap.

④ 徐小洲,江增煜. 2022. 效能优先:英国高校科技创新治理体系变革新趋向. 比较教育研究,(1): 69-79.

士卒。同时，提供创新创业的专业知识、推动技术成果的高效转化，打通与相关企业、创新组织、地区产业、投资方以及政府的沟通桥梁，积极发挥创业型大学的办学优势，有效推动产业转型和升级也是其必要任务。英国政府根据不同行业和领域成立了与之相关的科技创新攻关及协作中心，与高校密切合作的科学园区（UK Science Parks）就是鼓励教师创新创业的重要平台。此外，英国政府鼓励高校、科创组织以及相关研究机构促成长期的国际科学研究战略伙伴合作关系，并在全球范围内建立研究基地，为世界各地的高校创业教师、行业投资者、企业家提供新的资讯、新的机遇、新的资源，共同推动全球科技进步与产业发展。创业者通过全球"技术中心"（Technology Center）这个专业平台，每年都能获得关于数字技术的专业知识和大量的创业案例。高校在区域、国家、国际合作领域，充分发挥自身的创业优势，并将其融入不同的组织平台，鼓励教师将科研成果和创新成果转化为经济效益、社会效益，进一步促进产业转型和企业发展。

（二）完善支持机制：促进产学研高效合作

英国政府制定并实施相关资助计划，促进高校、研究机构、地区产业、外部企业与社会的高效融合与协作，积极完善创业型大学教师创业支持机制，不断促进创新创业及高新产业的快速发展。高校教师创业支持机制能够有效促进产学研的高效合作，且具备平等性、多样化、效率高、聚合好等系列特点，推动了大学的科技创新发展。

第一，丰富创新创业基金类别。英国政府对科技创新给予高度重视，依据国家发展战略先后发布绿皮书和白皮书，并颁布了系列政策，不断拓展创业资助基金的数额和种类投入。为了充分发挥高校服务于社会的功能，英格兰高等教育基金委员会（Higher Education Funding Council for England）于1999年专门设立高等教育面向企业、社区的基金，并于2001年创立高等教育创新基金（Higher Education Innovation Funding），以加速高校的科研成果向市场转移转化；威尔士高等教育资助委员会（Higher Education Funding Council for Wales）于2004年成立第三次使命（3M）基金，也就是后来的创新和参与基金（Innovation and Engagement Fund）；北爱尔兰对英格兰高等教育创新基金进行改编；苏格兰设立知识转移资助金（Knowledge Transfer Grant）。[①]这些都加大了政府、大学、企业

---

[①] Zhang Q T，Larkin C，Lucey B M. 2017. Universities，knowledge exchange and policy：A comparative study of Ireland and the UK. Science and Public Policy，44（2）：174-185.

以及社会的合作力度，促成创新创业的可持续发展，积极构建全球合作伙伴关系，通过科技创新创业解决现实难题，应对经济危机与全球难题和挑战。

第二，增加创新创业资助力度。近年来，英国政府一直在支持并加大对创新创业的投资。2018年，英国科研发展经费总支出为371亿英镑，其中，对大学和高等教育机构组成的高等教育部门资助约占总额的24%，主要用于制药、机动车辆与零件、计算机编程和信息服务、航空航天、技术测试和分析、软件开发等。①2020年，英国政府对核聚变、太空、电动汽车和生命科学等关键性技术的研发投资超过9亿英镑，其中高等院校为重要投资对象。②2021—2022年，政府计划在研究创新和设施的公共研发投入146亿英镑，并承诺2024—2025年在科学、创新和技术方面的资助金额达到220亿英镑。③英国政府在科技创新领域不断加大研发资助力度，进一步增强了英国的科技创新实力。

第三，确定核心支持领域。①为了明确最新的科技创新知识交流框架，英国政府通过制定创新创业知识交流政策，鼓励行业与高校之间达成紧密联合，促进高校科研和创新创业的有机融合，使其成为国家抓住机遇并迎接挑战的凝聚之力。②着重支持稀缺性、关键性研究，除重点支持解决全球性问题的创新研究外，政府还投资数据技能、生命科学、人工智能、量子技术和机器人等新技术，关注物理科学、数学、医学、设计和文化研究等优势领域，提升数据、超级计算机、软件和人员相关领域的数字科研能力。④③长期支持并赞助基础设施建设和研究机构的完善。在高校、专业的研究机构以及科学研发实验室的整个体系中，开发基础设施、配套资源与专业服务，为创新创业研发提供全球一流的专业实验室，从而满足包括高校教师在内的科研人员的前沿或热点研究需求，提升教师的创业能力，促进行业产业的创新进展。

**（三）强化监管体系：降低创新创业风险**

为了保障创业型大学教师创业创新活动有序、规范、持续发展，保护知识产

---

① Office for National Statistics（ONS）. Gross Domestic Expenditure on Research and Development，UK：2018. https://www.ons.gov.uk/economy/governmentpublicsectorandtaxes/researchanddevelopmentexpenditure/bulletins/ukgrossdomesticexpenditureonresearchanddevelopment/2018.
② HM Treasury. 2020-03-12. Budget 2020. https://www.gov.uk/government/publications/budget-2020-documents.
③ BEIS. 2021-01-21. UK Research and Development Roadmap. https://www.gov.uk/government/publications/uk-research-and-development roadmap.
④ 徐小洲，江增煜. 2022. 效能优先：英国高校科技创新治理体系变革新趋向. 比较教育研究，（1）：69-79.

权、保障创收安全、防范潜在风险、规范风险管理、维护公共利益，英国政府采取多种措施强化创业监管体系，加强对大学教师创业的监管力度，以规避创业风险。

其一，创立专业的监管机构。为了保证其政策落实、立法改革及监管职责，英国政府于多个行业及领域设立不同的专业化监管机构，具体包括知识产权局（Intellectual Property Office）、英国标准协会（British Standards Institution）、产品安全和标准办公室（Office for Product Safety and Standards）、英国认证服务机构（UK Accreditation Service）等。

其二，设立规范的监管框架。英国政府结合最新的市场行情及行业需求，成立了不同领域的专家团队，制定了规范的监管框架与有效的运行机制，以确保创业体系、制度法规、组织平台均依法依规有效运行，从而积极推动基础设施建设与高新技术开发。

其三，展开严格的监管审查。在规范的监管框架指引下，监督管理部门对创业整个流程进行监督，以保证大学的科学研究和产业、企业的良性衔接与协同运作。英国政府鼓励核心产业同利益相关者根据特定的政策和产业发展趋势开展公共对话、进行互动协作，推动科研成果不断符合社会的基本需要。英国政府为适应国家科技创新与发展的需求，与一些机构展开合作，比如英国研究与创新署（UK Research and Innovation）、国家学术机构（National Academies），对国内的人才供应系统展开审核，从而判断相关产业发展的人才储备是否达标。

（四）推进绩效评估：构建创业资助制度

英国大学校长委员会（Committee of Vice-Chancellors and Principals of the Universities of the United Kingdom）认为："应制定涵盖投入和产出的一系列绩效指标，用于各个机构内部和机构之间的比较，以识别和减少公共资源的低效分配。"[1]英国创业型大学对教师的科研成果的资助和创业绩效评估制度就是在此背景下应运而生的。

第一，以创业目标和知识架构为基，建立绩效评估体系。科研成果绩效评估以质量为核心，评估结果既是资金机构拨款的依据，也是大学学术声誉的衡量标

---

[1] Committee of Vice-Chancellors and Principals, Steering Committee for Efficiency Studies in Universities. 1985. Report of the Steering Committee for Efficiency Studies in Universities. London: Committee of Vice Chancellors and Principals, 36.

准。英国的公共资金问责制度体现在对科研成果的评估中,其核心是科学研究的质量,英国的专业评估机构依据全球性评估标准,在此基础上制定绩效评估体系的各级相应指标:①呈现包括研究水准的学术出版物和出版物的学术认可度在内的科研成果,一直以来在质量评估指标中起到重要作用;②对经济发展、社会进步、文化认同、政策决策、生活品质等产生影响的科研项目成为越来越重要的质量评估指标;③科研人员、基础科研设施、资金资助、合作网络、战略研究等方面的研究环境也被列入评估指标。英国创业型大学以"卓越研究框架"为基础衡量目标,始终相信高校的高水平研究依赖优秀的科研学者,如何培养并积极引进高水平的研究人员是"卓越研究框架"实现的重中之重。"卓越研究框架"对促进大学教师的多元化竞争、激发其创造力和创业精神具有很强的推动作用,也是高效管理教师创业行为中最重要的环节。

第二,以创业类型和创业方式为据,开展质量导向型资助。英国高等教育拨款委员会和研究委员会以质量相关性为依据,将科研经费相应分配于科研质量过关的高校。政府和有关科研基金组织采取各种模式,拨款支持高校与政府、企业、社会合作,开展创新活动,促进高校参与技术改进、产品和服务的开发,从而提高经济和社会效益。英国政府非常重视科学研究与创新创业,于 2016 年发布《知识经济的成功:教学卓越、社会流动和学生选择》(Success as a Knowledge Economy:Teaching Excellence,Social Mobility and Student Choice),主流质量保证基金(Main Stream Quality Research Funding)金额增加 0.2 亿英镑;英国政府同样看重科研成果及创新创业对产业升级的促进作用,于 2017 年发布产业战略的绿皮书与白皮书,对科研成果数量、品质、相对成本的拨款金额增加 0.17 亿英镑;英国政府为了进一步鼓励科研发展和创新创业,于 2018 年后陆续制定《国际研究与创新战略》《重建更好:我们的增长计划》《英国研发路线图》等系列政策,将此列为国家核心发展战略;2020—2021 年,英国研究部门获得 1.07 亿英镑国家生产力投资基金(National Productivity Investment Fund)。[1]由此看出,英国政府在增加主流保证基金金额之余,加大了对科研学者及其成果的支持力度,同时也增大了对创新创业活动的资助比例。政府根据国家产业战略,将不同的资助分配给相应的研究基金。科研成果绩效评估制度体现了以效率和质量为核心的

---

[1] 徐小洲,江增煜. 2022. 效能优先:英国高校科技创新治理体系变革新趋向. 比较教育研究,(1):69-79.

价值取向，教师在学术和创业过程中的绩效杠杆有效推进了大学的应用性研究，也随之提高了其经济与社会效益。

### 三、英国创业型大学教师创业的典型案例：沃里克大学

沃里克大学是英国创业型大学的典型代表，始终兼顾学术和创业齐头并进的办学理念，坚持"学术创业、知识应用"的实用主义导向，鼓励师生开展创业活动。沃里克大学在创业型大学办学方面成绩斐然，在教师创业方面亦成绩显著。

第一，推动与政府、企业、产业等外部组织开展密切的创业合作，促进学校和企业的协作与交流，为教师营造自由的学术创业环境，并搭建良好的合作交流平台，产生了一定的经济与社会效益。比如，沃里克综合合成生物学中心（Warwick Integrative Synthetic Biology Centre）于2019年解决了脂肪、油、油脂潜伏在主要城市排水系统中积累的难题。[1]

第二，创办学术与创业于一体的产学研机构，如商学院、沃里克大学制造业集团（Warwick Manufacturing Group）、创业集团、创业学院、科学园等。商学院主要提供多种可选择的职业培训、商业辅导、继续教育等课程，为沃里克大学全校的师生创业铺平道路、提供选择路径；沃里克大学制造业集团集中了教学、科研与成果转移等多种功能，有力促进了地区制造业平稳发展，为培养地区创新创业型人才贡献力量；科学园可以为学校具备商业潜力的科研成果提供转化的平台和土壤，为企业的孵化、创业人员的培训提供了制度化的基础。[2]

第三，沃里克大学创新管理机制，建立学术与创收相互支持的运行机制，如建立统管全校事务的联合战略委员会，实施校部集权化管理；沃里克大学创业集团及三大学术委员会（自然科学委员会、社会科学委员会、人文科学委员会）由联合战略委员会统一负责管理。[3]沃里克大学创业集团主要负责创业事宜以及创收学校经费，并将资金收益汇入联合战略委员会；联合战略委员会接收到创业集团的创收学校经费后，直接将其纳入三大学术委员会，以此支持并促进主管学校

---

[1] Warwick. 2015-10-22. Warwick Integrative Synthetic Biology Centre. https://www.wisb-uow.co.uk/igem-2/.

[2] 陈霞玲，马陆亭. 2012. MIT与沃里克大学：创业型大学运行模式的比较与启示. 高等工程教育研究，(2)：113-120.

[3] 冯凯瑞，王江海. 2021. 英国创业型大学人才培养模式特色与启示：以沃里克大学为例. 世界教育信息，(11)：41-46.

学术事务的三大学术委员会之学术发展（图7-2）。沃里克大学施行的是一种集权化管理方式，就是将校部委员会（比如三大学术委员会）联合起来，共同领导学校的学术和行政。该管理模式的一大优势就是"顶层切片，交叉补助"，能够引领创收效益好的院系协助创收效益较低的院系，推动各个院系的教师团结协作并激发其创业动力。至于学术管理和创业管理，沃里克大学采取的是高度分权的模式，把自主决策权充分交给各领域的学术人员、管理人员和创业人员。得益于此种学术与创收相互支持、集权化与分权化共同管理的创新管理机制，沃里克大学在整体发展和学术创业过程中始终可以吸引众多顶尖人才，并实现学术、创业与科学研究三者的有机融合。

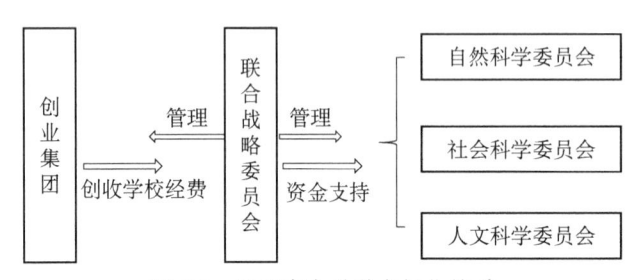

图 7-2　沃里克大学学术创业关系

# 第三节　德国应用技术型大学教师创业的启示

## 一、德国应用技术型大学教师创业的制度基础

（一）"双元制"职业教育制度

德国的政策导向和行业协会的经费支持合力促进了"双元制"职业教育的发展与完善，以德国政府2005年修订颁布的《联邦职业教育法》（合并了1969年经合组织发布的《学校之外的技能职业教育与培训综合分析报告》与1981年的《联邦职业教育促进法》）为起点，之后德国各州政府颁布了《职业教育条例》《职业教育框架教学计划》，这些政策文件自上而下层层递进，形成了德国"双元制"职业教育的法律政策体系。职业院校作为"双元制"最初的实施主体，对师资队伍要求较为严格，聘任教授的申请者既要拥有博士学位，还必须拥有5年以

上企业工作经历。师资队伍包括全职、兼职、特聘教师,拥有创业经历和丰富创业经验的全职教师所占比例不高,兼职、特聘教师大多数为来自企事业单位的高级管理人员。一支具备企事业单位任职或创业实践经验的师资队伍为应用技术型大学教师创业奠定了良好的基础和前提。

在德国"双元制"职业教育的延伸发展过程中,"产教融合"作为一种核心模式值得借鉴,即高校与企业双元协作,各司其职,共同培养应用型技术型人才,合力推动教师依据科研成果创办企业。产教融合是指学校根据所设专业积极开办专业产业,将产业与教学密切结合,相互支持、相互促进,办成集人才培养、科学研究、科技服务为一体的产业性经营实体,形成学校与企业浑然一体的办学模式。[①]"产教融合"的模式之所以取得巨大成功,源于高校和企业的密切联系与切实合作,它填补了高校科研与地区企业之间的鸿沟,真正建立了科研成果市场化的通道。目前,德国"双元制"教育制度发展已经进入新的发展阶段,其"产教融合"模式的内容更加丰富、参与主体更加多元,不仅有助于应用技术型大学的学生更顺利地实现"学"和"用"的无缝衔接,还鼓励支持教师更顺畅地连接"教"与"产",使科学研究实现成果转化。这一方面实现了学校理论教学与企业实践教学的有机结合,另一方面促进了教师在产教融合模式中发挥重要作用,推动教师成为创办企业的行家里手。

(二)"双师型"教师队伍建设机制

"双师型"的师资队伍是德国应用技术型大学发展的关键力量,有效地促进了应用技术型大学的综合发展。德国"双师型"教师队伍建设目前具有相对成熟、规范的体系,无论是引进"双师型"师资,还是对"双师型"教师的考评机制,抑或对教师创业的支持保障,均为我国应用型高校教师创业的制度路径提供了思路。

**1. 重视校企合作、全面考察的引入机制**

德国应用技术型大学在引入师资时就非常严格,招聘"双师型"教师必须具备全面考查标准,既考查教师的知识体系是否达标,还检验教师有无实践经历,能否解决实际中的难题。通常情况下,德国应用技术型大学招聘教授的标准如

---

[①] 田娜. 2022. 德国"双元制"大学体系延展下的产教融合模式研究. 现代职业教育,(22):22-24.

下:"一是取得博士学位;二是通过第二次国家教师资格考试,取得教师资格,并在有关应用或科技开发方面取得特殊成就;三是具备至少五年的职业实践经历,且有三年以上在高等学校范围外进行;四是具备专业知识、教学能力和社会能力,在实践教学方面能够理论联系实际,传授知识、指导实践,担负起培养人才的责任,并推动企业技术创新。"[1]德国应用技术型大学引进"双师型"师资的时候会对教师进行全方位的审核,应聘教师必须具备理论与实践相结合的能力,也就是要求应聘者在科研方面获取过优异成果,同时具备切实推动企业科技革新的能力。此外,对应用技术型大学的专业实践课教师来说,还有一些硬性要求:两次国家考试成绩必须达到合格以上的等次,而且具有2—3年的企业实习经历。还有一些德国应用技术型大学开设了"双元制"专业,学生的学习地点在学校与企业之间交替,教学方式多采取"培训一体式",大学主要负责理论教学,企业负责实践教学。[2]"双元制"专业的设置进一步强化了德国应用技术型大学的师资引进制度,学校对引入师资的要求向教师的实践教学、参与企业、创办企业等能力进一步倾斜。全面考查的师资引入机制为德国应用技术型大学的"双师型"师资培养提供了合理依据,同时也为学校后续的教师创业活动提供了师资储备。

**2. 在职进修、多元评价的考评体系**

德国应用技术型大学对不同级别的教师(包括教授、"双师型"全职教师、"双师型"兼职教师等),无论是在科研成果数量和质量方面还是在实践工作经验方面,均设立了较高的考核标准。德国应用技术型大学积极鼓励教师创业,支持在岗教师与相关企业开展密切互动与有效合作。以凯泽斯劳滕应用技术大学机电一体化专业的负责人米古林博姆教授为例,获得研究生学位后,他便从企业的生产一线做起,后因表现出色被提拔为企业经理,因其丰富的企业管理经验和专业技术能力而被凯泽斯劳滕应用技术大学引入,获得教授职称后创办两个专业技术工作室,获取经济效益的同时也为广大师生提供了实践机会。[3]德国应用技术型大学"双师型"教师的考评内容覆盖教学、科研、进修培训等,进修培训以在职脱产培训为主。一般情况下,在职脱产培训的教师可以在理论进修和实践进修中

---

[1] 张兆诚,曹晔. 2020. 应用技术型高校"双师型"教师标准:现状、问题与对策. 职教论坛,(9):78-84.
[2] 钱英红. 2019. 德国应用大学教师建设的特点及启示. 太原城市职业技术学院学报,(3):57-60.
[3] 刘玉菡. 2015. 德国应用科技大学创建发展、办学特色及其启示. 河北科技大学硕士学位论文.

选择其一，或者到国内外高校访学进修，或者选择去某企业或公司挂职进修。挂职进修的教师于培训结束后提交给学校一份考核通过证明，从而保证挂职进修的培训质量，这份证明由导师或企业负责人开具。德国应用技术型大学的"双师型"教师考核内容涉及教学、科研工作和继续教育，考核主体包括学生、教学负责人、督导、校长等。适时进修、多元评价的考核机制既有助于教师获取客观的综合评价，又有助于教师通过培训进修提升创业能力，并合理平衡学术与创业的时间。

**3. 制度规范、依法管理的保障机制**

"双师型"教师队伍建设工作获得了德国政府和应用技术型大学的双重机制保障。德国《职业教育法》于1969年出台；《企业基本法》于1972年颁布，把企业的职业教育与学徒培训作为重点内容，并对行业协会在职业教育中的权利和义务做出了明确规定；《高等教育、职业教育专业培训及考试细则》于1973年颁布，明确了"双师型"教师培训的内容，从而使"双师型"教师培训更加规范化、制度化；《高等教育总法》于1985年通过，明确了德国应用技术型大学的办学定位和"双师型"师资招聘的程序。[①]可见，德国政府为应用技术型大学"双师型"师资队伍建设提供了完整、规范的法律保障。从高校层面看，大多数应用技术型大学对包括职位晋升、薪资、教学时间、科研任务、教师休假、教师培训在内的"双师型"师资队伍设置了系列规范。在德国政府和学校的政策指引下，教师创业活动拥有了进一步的法律和制度保障。

（三）专业化科技成果转化体系

第一，企业具备强大的技术吸收能力。德国企业不仅在思想上重视创新，而且在行动上持续开展研发与创新工作，逐步具备强大的技术吸收能力，成功吸纳公共科研体系的科技成果并将其有效转化。德国创新创业竞争力中的一个显著优势就是，德国企业（尤其是中小企业）与公共科研部门之间的通力合作。参照德国工商会的相关数据，德国有80%的企业技术革新的必要手段是将大学的科研成果市场化[②]，而且德国大中型企业普遍设立专业研发部门，主动赞助大学开展联

---

① 谭敬豪，王江海. 2022. 德国应用科技大学"双师型"教师队伍建设的经验与启示. 职教通讯，（4）：95-100.

② 周华东. 2018. 德国科技成果转化的经验及其对我国的启示. 科技中国，（12）：22-26.

合科学研究。

第二，建立了多层次的科技成果转化服务体系。于科研体系内部创立专业化的成果转移转化服务机构是德国科技成果转化体系突出的特征。大多数高校（尤其是工科高校）成立了专业的科技成果转移转化机构。德国的四大国立科研机构积极探索科技成果转化的不同模式且特色不同：弗朗霍夫协会擅长应用技术的研发与科技成果的转化；马普学会的全资子公司马普创新公司（具有独立法人地位），擅长科研成果的商业化运营；亥姆霍兹联合会旗下的所有研究中心都设有技术转让组织和成果转化基金会，擅长技术熟化与孵化；莱布尼茨联合会成立有专业的应用实验室，擅长与企业联合开展技术熟化和成果转移。①

第三，实施了德国特色的政策措施。首先，制定具有激励保障作用的法律和条例。德国于 2002 年对《雇员发明法》进行了修改，研究者个人手中的专利权和所有权转移到研究机构，以更好地促进高校研究成果商业化。《雇员发明法》还明确规定，高校和其他公共研究机构的专利实施收益中的 30% 应给予研究者个人。其次，给予高校的资金赞助与其企业合作的业绩相关联，根据高校获得的企业研发经费数额按比例提供机构性经费资助，从而保证机构有足够的动力与公司进行联合开发。最后，不断推进创新集群政策，促进产学研有效结合。德国系最早启动集群创新政策的国家之一，鼓励支持科学研究和产业企业联动以此推动区域产业向集群创新方向发展：1996 年启动生物集群 BioRegio 计划，1999 年专门针对东部实施创新集群计划 InnoRegio，2007 年启动顶尖集群竞争计划，截至 2018 年，共启动 14 个不同侧重点的创新集群计划，这些集群已经成为德国产学研合作和成果转化的集中平台和枢纽。②产学研结合的"双元制"教育也是德国颇具特色的政策措施，德国长期推行"双元制"教育，从职业院校、应用技术型大学到研究型大学，乃全球推动"教育-产业"结合最成功的国家之一。德国上至联邦政府下至各州政府，其政策法规都大力引导高校教师和产业界合作联动，甚至应用技术型大学聘用的教授需满足 5 年以上企业工作经验的条件。

---

① 周华东. 2018. 德国科技成果转化的经验及其对我国的启示. 科技中国，（12）：22-26.
② 周华东. 2018. 德国科技成果转化的经验及其对我国的启示. 科技中国，（12）：22-26.

## 二、德国应用技术型大学教师创业的具体举措

### （一）政、商、校促进创业教育融合发展

德国政府、商业界、高校联系密切，形成合力，有效地促进了创业教育进一步融合发展。德国联邦以及州和地方各级机构公布了相当多的政策措施，所有这些措施都是为了刺激未来企业家的创业精神和促进商业初创的项目成功孵化。[1]2016年12月，德国联邦经济和能源部为了促进初创企业的项目孵化，提倡建立公众服务机构，以联合初创公司、高校、企业和行业协会形成有效的合作。慕尼黑这座城市已经形成规范、有序的创业生态，能够紧密衔接学术中心、大中小型公司、初创公司与孵化公司等，联合负责科技创业。此外，慕尼黑的工业基础雄厚、工业前景良好，在汽车工业、医疗技术、航空航天等领域具有显著优势。慕尼黑工业大学、慕尼黑大学、路德维希-马克西米利安大学等应用技术型大学持续推进创新创业活动，并为初创公司保驾护航。另外，德国一些知名企业（比如宝马创业车库、Next47、西门子、广播影视公司Pro7等）为保障项目顺利开展，联合各州政府及地区高校合作创办了25个加速器与企业孵化器。以数字媒体和IT行业闻名的德国汉堡，一共拥有2.3万家信息技术和媒体公司，包括推特（Twitter）、谷歌（Google）、Yelp在内的多家运营中心均落户这座城市。位于汉堡的多所知名高校（汉堡应用科技大学、汉堡大学、汉堡港口城市大学等）开设创业共享课程，且成功孵化了多个媒体、游戏初创公司的项目，以在线信贷企业（Kreditec）和消费信贷技术公司（Finanzcheck）为例，分别获取8250万欧元、3300万欧元的融资。[2]

### （二）大学协同开展创业研究，孵化创业项目

大学之间或大学协同企业、科研机构合作开展创业项目研究已成为一种趋势。比如，作为德国3所"生存-学术创业计划"（EXIST计划）应用技术型大学之一，慕尼黑应用科技大学是地区的产业创新驱动者，始终将培养创业思维、营造创业文化视为学校首要任务，非常注重和行业伙伴合作进行应用研究及开发，

---

[1] Welterf S. 2009. Entrepreneurship and Small Business Development in Post-Socialist Economies. London: Routledge, 161-219.

[2] 程丹, 詹增荣. 2020. 协同视域下德国创业教育对我国职业院校创业教育的启示. 中国职业技术教育, (18): 67-72.

注重校际、专业、学科之间的资源共享。在创业理论和实践方面，慕尼黑应用科技大学不仅注重提高师生对企业家思维和行为之间互惠关系的认识，还非常重视创业实践及其相关研究，并且与该地区其他两所同样重视创新的大学协同开展研究、发展创业集群效应。这两所大学是慕尼黑大学和提出"创业者大学"定位且入选德国第一批"精英计划"的慕尼黑工业大学。2018年，慕尼黑的这三所高校强强联手，联合立项并且这个项目每年获得300万—1000万欧元的经费资助。这些创业集群不仅具备强大的创业资金优势，而且充分发挥其各自的创业特色，吸引了众多有声望的教授、研究者和投资者，为教师创业活动的可持续发展提供了充足动力。德国除了在大学间开展创新创业集群，也延续联邦政府和州政府共同推动创业集群发展的战略。不同地区的创业集群关注不同领域的科技创新，以下萨克森州为例，莱比锡、德累斯顿这些工业城市，协同大学、企业、行业协会、研究机构等，重点开展能源、微电子、物联网等技术领域的战略合作关系。

（三）产学研人才双向流动，积极鼓励教师创业

德国应用技术型大学总体的创新能力逐步提升，主要得益于产学研人才的双向流动和多方创业利益团体的通力合作。德国职业教育推行"双元制"，其创新创业师资队伍的主体是高校专任教师，还有来自相关行业、企业和其他科研机构的具备实践经验的兼职人员。德国应用技术型大学鼓励教师利用科研成果创办企业或者担任公司顾问指导研发工作，企业也定期与大学进行相关领域的合作交流。应用技术型大学不以教学为唯一目标，不断拓展应用领域的科学研究，与企业建立科研合作伙伴关系。目前德国以应用创新、积极创业为发展目标的大学数量已超半数，且这个比例还在逐年攀升。因此，德国应用技术型大学教师不仅理论功底十分深厚，创业能力较强，还具备企业家精神，其中一些教师本身已经成为成功的企业家。通过产学研人才的双向交流，"请进来"的专业创业团队既可以帮助大学专任教师提升创业热情及创业能力，也能够激发校内师生的创业热情，还有助于培育创业学生的创造力、执行力和领导力。很多大学的校友联盟会中成功创业的部分成员有意愿逐步加入大学创业教育队伍或创业服务组织，成为创业指导者或创业教师，通过分享自己的创业经验鼓励更多教师加入创业行列。

## （四）"创业文化"渗透，多方联合培养学者企业家

20世纪90年代末，德国制定并推行"创业文化"政策，尝试联合应用技术型大学、校友联盟、公司企业、孵化机构、科研基金会等密切协作，共同致力于在大学和社区凝聚创业文化。创业文化精神延续至今，旨在促进创业文化的多方渗透，提高创业人员的热情参与度；推动大学创业教育资源与其他创业组织的资源整合；打破初创公司准入壁垒，促使企业平稳步入市场；拓展资金资助渠道，支持孵化项目和后续的企业发展；提供创业辅导和职业培训，支持创办多元化企业孵化机构，努力发展高质量的创业项目。德国学者在企业家特质有关研究中使用频率最高的词是"创新""远见""责任"，德国大学采取一系列构建校园创业文化的措施培育创业师生的企业家精神，比如通过校友会促使大学和校内创业社团组建"创业者校友会"，并以此开展"创业圆桌会""创业研讨""创业培训"等相关活动。创业师生具备一定的人脉资源和创业资金支持，能够极大提升创业成功率。慕尼黑工业大学就是通过"校友联盟"推动、反哺形成校园创业文化的典范。大学、政府、企业协同合作，建立创业学会、创新与创业中心、创业基金等，整合多方资源，旨在支持创业教师的创新精神，引领教师创业生涯的方向。[1] 经过多方资源的联合培养，所成就的学者企业家能突出大学教师的人才优势、外部企业的规模优势，携手共建创业文化。

## 三、德国应用技术型大学教师创业的典型案例：慕尼黑应用科技大学

慕尼黑应用科技大学是巴伐利亚州最大的应用技术型大学，在全国应用技术型大学中位列第二。从办学类型上看，慕尼黑应用科技大学以培养大学生应用实践能力为导向，以理论学习和实践培训为两大抓手，发挥大学服务社会的功能，促进地区产业发展、优化人才结构、推动区域经济进步；从办学目标来看，慕尼黑应用科技大学以实际行动践行着自己的使命担当，培养本校学生掌握专业知识和实际技能，不断成长为行业领域的行家里手，将所学所获转化为实际的产品与

---

[1] 程丹，詹增荣. 2020. 协同视域下德国创业教育对我国职业院校创业教育的启示. 中国职业技术教育，（18）：67-72.

服务，以满足多元化社会的需求及动态化经济形势的需要；从办学方式上看，慕尼黑应用科技大学积极与政府、企业、其他大学、科研机构开展合作，整合有效资源并将其应用于人才培养，使学生充分将理论运用于实际，实现各方资源的优势互补。①政府为大学指引发展方向，推动校企双向选择，合力解决创业过程中的现实问题。

第一，鼓励教师创业，增强服务地方的意识。慕尼黑应用科技大学自建校起就明确了学校的人才培养目标：不断适应市场需求，积极培养满足产业需要的实用型青年人才。该校的发展方向和办学宗旨都以服务地区经济及社会发展为基本导向，培养学生成为实干人才、鼓励教师成为创业好手逐步成为该校服务地方精神的一种传承，在学校的发展中，与政府、企业、其他科研机构的协同合作逐步构建了一个良性的循环体系。地方政府、区域企业乃至社会各行各业都持续关注慕尼黑应用科技大学的发展。综上，获得政府及相关机构的鼎力相助、联动企业和地区经济社会发展、明确服务地方的办学定位应是当前我国应用型高校发展的重点考量。

第二，推动教师创业，加强与社会各界的合作。慕尼黑应用科技大学的历任校长均与拜仁州政府建立密切合作，这一点无疑加速了该校的创新创业步伐，甚至直接推动了慕尼黑应用科技大学的综合发展。因而，为了切实保障教师的创业活动发展并为学生的就业实践蓄力，大学应发挥区域资源优势，与政府和地区优秀企业保持长期的、密切的合作。慕尼黑应用科技大学与政府、企业的关系密切：一方面，该校创办校企联络中心，保持与企业项目相连接，能够时刻推动学校教师的科研成果转化以及充分发挥企业的资金、技术优势，携手促进教师学术创业的科技成果转化；另一方面，加强和政府的通力合作，吸引知名企业进驻校园，推动学校的创业文化和地区经济的快速发展。

第三，重视教师创业，培养"双师型"师资队伍。德国应用技术型大学普遍重视培养"双师型"师资团队，并形成专业化的管理体制和系统化的激励机制。以慕尼黑应用科技大学为例，首先，要求新晋教师或需要继续学习深造的教师深入企业一线，学习工艺、设备、生产、技术的整个流程和最新趋势，为解决专业困惑和实践问题奠定基础；其次，对教师学术创业采取实际的激励机制。不同于

---

① 于喆. 2019. 德国慕尼黑应用科技大学的办学特色及启示. 现代教育科学，（10）：145-150.

学术型大学传统的唯论文式的教师职称晋升制度，德国慕尼黑应用科技大学把教师在创业实践中创造的价值（如专利技术、产品开发等）作为职务晋升和职称评审时的重要评判标准。

## 第四节 应用型高校教师离岗创业的制度路径探索

近年来，教师创业政策在我国相继出台，并于应用型高校依次推进。离岗创业政策赋予高校教师自由的创业时间，教育部出台有利于高校创业教师以科研成果转化绩效为核心的评聘制度，同时地方政府也退出相应的政策给予支持，如南京"科技九条"规定给予创业人才足够的资金支持。教师创业获得"合法性"，却在具体的实施过程中出现了动力不足、政策单一、利益冲突等异化风险。总结美国和英国创业型大学、德国应用技术型大学教师学术创业的制度模式，对于探索我国高校教师离岗创业的制度路径具有重要的现实意义。

### 一、应用型高校教师离岗创业的制度路径之一：价值选择

《全球创业观察（GEM）2018/2019 中国报告》指出，中国有形基础设施、内部市场活力以及文化和社会规范是中国创业环境中具有优势的方面，而学校创业教育、研发转移以及商业和法律基础设施是中国创业环境中的相对短板。[1]通过对美国和英国创业型大学教师、德国应用技术型大学教师创业制度设计的梳理与分析，能够为我国应用型高校教师离岗创业的制度路径提供价值选择。

（一）文化选择：促进学术文化和创业文化圆融共生

学术活动与创业活动需要遵循不同的科学规范，其目标、性质、文化和导向也不尽相同。因而，教师传统的教学、科研工作与创业活动之间存在着某种利益冲突。这种"潜在的利益冲突"如果被过度放大，就会引起高校管理者对教师创业活动的态度有所保留。纵观德国应用技术型大学的教师创业，为了使学术文化、创业文化之间达到相对平衡，或者使高校的教学与科研活动能够以一种低冲

---

[1] 高建. 2019. 全球创业观察（GEM）2018/2019 中国报告. 海南：清华大学二十国集团创业研究中心，35.

突模式共生，学校积极创办了新的中介机构，制定了专门的学术创业规范。为了完善学术创业体系，我国应用型高校鼓励教师创业并积极营造创业的文化环境，但是正如一些学者所言，我国应用型高校教师创业的文化营造不仅要有"鼓励"，还要积极向"鼓励+规范"的策略靠拢。[①]我国应用型高校要积极纳入创业文化，将创业文化吸纳到学校原有的学术文化中，尝试培育学术文化和创业文化圆融而生的文化环境，使得教师既拥有知识资本又充分开展创业活动，以此维护教师学术创业的文化生态和价值导向。

同时，学术创业实践活动也是高校教师内化学校文化的有效证明。高校也要通过多种途径激发教师学术创业热情，通过榜样的力量也是有效途径之一。比如，美国斯坦福大学1/4的在职教授热爱创业，并至少有过一次创业经历，这些都是青年教师学习的典范，有助于在校园内部营造形成浓厚的创业文化和良性循环，鼓舞越来越多的教师融入创业实践中。[②]

我国应用型高校还须以评价为导向，建立学术研究和创业实践同等地位的评价体系。将创业实践纳入评价标准能够推动教师主动兼任学者和创业者的双重身份。比如，英国一些创业型大学认为教师的学术成果与创收成果应并驾齐驱，共同服务知识传播和知识创造的高校使命，从而促进教师主动参与到创业的过程中，积极融入学术文化和创业文化和谐共生的校园文化中。

（二）角色认同：引导学者教师向学术企业家过渡

2017年9月印发的《中共中央 国务院关于营造企业家健康成长环境弘扬优秀企业家精神更好发挥企业家作用的意见》中用40个字提出了新时代企业家精神：爱国敬业、遵纪守法、艰苦奋斗、创新发展、专注品质、追求卓越、诚信守约、履行责任、勇于担当、服务社会。纵观学术创业的全过程，学者教师和学术企业家的角色不是非此即彼的绝对对立，而是相互依赖、相互促进、能够发生联系的存在。对于创业教师而言，参与创业活动的目的并非单纯获取经济效益，而是坚守自己学术创业的初衷，探究学术研究的价值，并将这种价值最大化。因此，学术创业教师不管是将教学科研工作渗透到科学研究中，抑或借助创业产品反哺相关科学知识，都是创业教师连接学者角色和企业家角色的共同点、平衡并

---

[①] 付八军. 2020. 大学教师学术创业：内涵、价值与路径. 清华大学教育研究，（5）：28-36.
[②] 殷朝晖，李瑞君. 2018. 美国研究型大学教师学术创业及其启示. 教育科学，34（3）：88-94.

弱化其差异的具体尝试。基于此，我国应用型高校可以充分发挥校园创业文化的育人功效，融合学校的办学理念、教育使命、办学特色、育人导向等文化要素与学术创业于一体，引导教师向学术企业家角色转型。

应用型高校应转变创业教师理念，关注同辈及其模范效应，培育创业的组织文化，敦促教师个人和组织的创业价值观和谐一致。[1]学校一方面积极鼓励教师创业、营造创业文化，另一方面通过创业模范"以点带面"，深度挖掘创业文化"和风化雨"的浸润作用，引领创业教师走出角色认知的桎梏，积极纾解角色认同的矛盾，引导学者企业家将"学术之我"与"创业之我"有效融合。同时，应用型高校也要帮助教师明确其学者角色第一、企业家角色第二的认知，这样才能最大限度地激发教师的创业热情，避免教师过分追求经济利益，导致本末倒置。

（三）制度设计：完善科技成果披露制度

2020年2月印发的《教育部 国家知识产权局 科技部关于提高高等学校专利质量促进转化运用的若干意见》提出，高校应"逐步建立完善职务科技成果披露制度"，从而更有效地促进高校对创新创业成果的管理和服务。完善科技成果披露制度，有利于打造学术文化与创业文化共生的校园文化，并有效缓解教师学术和创业的冲突，为教师学术创业的初始阶段奠定良好的基础。然而在具体实施过程中，关于是否披露财务利益方面，教师与管理者意见相左。一般情况下，教师不愿学校加大管理力度，从而窥探其个人利益问题，也不愿透露其在外部企业中的财务利益。事实上，教师学术创业从教师向技术转移办公室提交发明披露时开始，教师若不想披露研究成果，或未通过技术转移办公室而直接与外部企业合作，其学术创业活动不再显性，与创业活动有关的冲突也变得越来越隐性，那么潜在的冲突就不易被缓解，教师创业的进程也随之缓慢。

另外，关于专利方面的成果披露，目前我国高校因存在"重数量轻质量""重申请轻实施"的问题，有些教师隐瞒、不上报或延迟向学校披露科技成果的现象也时有发生。因此，我国应用型高校需转变教师观念，完善并细化利益分配制度，促进教师收益和成果披露相耦合，从而缓解利益相关者之间的收益分配矛盾；以技术转移办公室为中介，量化教师创业的科技成果，并披露于其绩效评估当中，从多元协同的多重视角完善科技成果披露制度。

---

[1] 邓燕红. 2022. 美国研究型大学教师学术创业冲突研究. 西南大学硕士学位论文.

## （四）赋能组织：突破"教师–高校–企业"沟通界限

德国应用技术型大学给予创新创业教育建设和教师创业活动很大的空间并激发其较高的热情，充分发挥出高校和企业内外联动的作用。我国应用型高校凝聚学术创业文化的同时，也要全面考察地区经济和社会发展的优势和需求，整合优势资源，协同多方形成合力。教师的创业活动应该符合地区经济特征和动态发展的需要，保持与相关产业、企业的良性合作，激发内外联动、多方协同的合力，将行业企业的参与贯穿于教师的创新创业聘任、培训、评估和奖励等方面[①]，从而吸引大批有声望的科研人员、企业家和投资商，为教师创业的顺利开展和后续发展添砖加瓦。教师结合创业实践结果更有目标地开发具有区域经济发展特色的创业项目，进一步积累创业经验、提升学术创业水平，还能培养输出更多优秀的创新创业人才服务于区域经济发展。

2008年以来，我国已确立6批国家技术转移示范机构。其中第一批的76家示范机构中，高校的科技成果转化中心、技术转移办公室、科技园、科技成果与知识产权管理办公室包括16家，所占比例达到21%，在之后的5批示范机构中其所占比例还在继续上升。[②]2019年，我国首批共有47所高校的科技成果转移转化基地获得教育部认定。[③]技术转移办公室连接着教师、院校以及企业，作为中介组织和缓冲教师创业冲突的"中转站"，在推动产学研有效协作和经济社会发展方面起着不可替代的重要作用。因此，加强高校内部中介组织的建设非常必要，通过整合校内外资源，定期对中介组织人员进行技能培训，提升其对教师创业的专业服务能力，在教师创业的整个过程中十分必要，因为他们能够调节教师、高校与企业间的利益冲突，形成"教师–高校–企业"稳定和谐的局面。

## 二、应用型高校教师离岗创业的制度路径之二：改革思路

美国的创业教育从1947年哈佛商学院开设第一门创业教育课程开始，是全球创业教育最成功的国家之一。[④]美国的创新创业教育成就斐然，从政府层面、高

---

① 孙婷. 2017. 美国高校创新创业师资建设及启示. 当代职业教育，（3）：107-112.
② 邓燕红. 2022. 美国研究型大学教师学术创业冲突研究. 西南大学硕士学位论文.
③ 付八军，王佳桐. 2020. 大学教师学术创业本政策的顶层设计与落地策略. 高校教育管理（6）：68-76.
④ 赵来，谷家川. 2017. 应用型本科院校创新创业师资队伍建设思考：借鉴美国的经验和启示. 黑龙江工业学院学报（综合版），（5）：23-29.

校层面、个人层面不断完善创业制度。我国在探索应用型高校教师离岗创业的制度路径时可以此为鉴，厘清改革思路。

（一）政府层面：完善并落实多样化的学术创业政策

随着学术创业的新使命的兴起，对具有路径依赖性的组织结构的要求越来越高，高校组织的现状与发展趋势受到历史因素的制约，一旦步入某一路径，不管结果是好是坏，都可能沿着既定的道路走下去，最终形成"锁定"的局面。路径依赖的主要驱动力是自身的强化，路径依赖的突破则主要取决于其自身的逻辑。因为组织结构存在惯性和惰性，组织的决策程序会随着更高效的替代方案出现或面临外部环境的改变而持续地重复某些规则，"锁定"的发生会使组织的潜在效率下降，这是因为被限制在一个现有路径上，无法做出更好的选择。[1]为维护社会契约义务而设立的传统的知识分享制度，在某种程度上制约了教师的学术创业。

美国政府重视创新创业教育体系的顶层设计，从20世纪中叶就先后颁布了系列法律，在制度上为创新创业提供了保障。另外，美国政府于近些年先后制定了专项政策，以积极推动高校创新创业教育继续前行。基于相关法律和政策的基本保障和充分鼓励，美国高校在创新创业方面发挥了积极作用，也为创业师资队伍建设和教师创业创建了有利的外部生态。因此，政府要整体规划，出台科学合理的政策法规，以确保创业师资队伍的健康发展和创业活动的有序进行。至于如何为我国应用型高校教师的离岗创业活动提供基本保障，首先要根据国内高校教师创业发展现状和区域行业、经济发展特点，制定一系列激励教师创业的法律、法规和政策；其次要加快推进政策执行和落实各项措施，在各级教育主管部门的领导下，加强对教师创业的政策倾斜以及创业资金扶持，不断丰富创业培训内容，以提升教师创业能力、培养教师创业精神；最后要在全国范围内搭建创业教师互动平台，激发教师参与创业活动的热情和积极性，并建立区域性的创新中心和创业基地，整合校企优势资源，推动科技成果转化。[2]

（二）高校层面：提供系统的学术创业支持

第一，高校为教师创业提供统一的政策支持。组织支持理论的相关研究表

---

[1] 苏洋. 2021. 美国一流大学促进教师学术创业的动因、策略及启示. 高教探索，(12)：89-95.
[2] 王志鹏，高晟，张启望. 2017. 美国高校创新创业师资队伍建设的启示. 黑龙江高教研究，(1)：63-65.

明，如果创业教师获得的组织支持感越多，选择留在学校既做学术又进行创业的概率越大；如果创业教师获得的组织支持感越少，选择离开学校放弃岗位进行创业的可能性越大。①也就是说，组织层面的决策直接影响着高校教师的学术创业活动意愿，可以认为每个组织层面的制度均会施加影响于高校教师的创业活动。对于高校教师而言，首先是所在院系（拥有一定自主权的组织单位）的一员，其次是所在高校的一员，而高校归属地区管辖，地区又归属国家管理。因此，为了避免产生角色和利益冲突并激励教师学术创业的积极性，院系层面在制定相关政策时应该与高校层面的政策相一致，而高校层面在出台相关制度时应该与地区、国家的制度相统一。自上而下一致的学术创业支持计划激发了教师学术创业的热情，教师学术创业的观望态度逐步转向主动，认为学术创业的前景也越来越明朗。相关研究能够证实，积极的结果预期能够提高教师参与学术创业的意愿，进而产生创业行为。②比如，美国得克萨斯州农工大学把学术创业纳入教师职位晋升与终身教职政策之后，教师发明披露数量增加了一倍，而尚未获得终身教职的年轻教师也决定披露新的想法。③再如，密歇根州立大学晋升与终身教职标准修订后的6年间，全校有13%的教师参与了学术创业，工程学院教师的比例更高达36%。④

第二，高校为创业教师提供良好的创业生态。首先，健全对创业教师的考评与激励机制。目前，我国高校的创业教师还存在信念不稳、能力不足、动力不稳等问题。如何完善高校教师的考评机制和激励机制，是促进高校创业人才培养的关键。怎么评估？由于创业教育的实际成效往往不能马上体现出来，因此必须在一定的聘期内对教师进行绩效评估，使其与聘期考核有机地结合起来。怎么考核？可以采取"全方位考核"的方式，即由主管方、教师、学生、同事、社会关联方等全方位地对教师进行评估。在评价指标上，要根据教师在教学中所发挥的

---

① Nicolaou N, Souitaris V. 2016. Can perceived support for entrepreneurship keep great faculty in the face of spinouts？Journal of Product Innovation Management，33（3）：298-319.

② 苏洋，赵文华. 2019. 我国研究型大学教师学术创业影响因素的实证研究——基于计划行为理论视角. 教育发展研究，（1）：70-76+84.

③ Schwartz D. 2014-06-25. Call for Changes to Promotion and Tenure Policies Grows Louder. https://techtransfercentral.com/2014/06/25/call changes-promotion-tenure-policies-grows-louder/.

④ Michigan State University. University Outreach at Michigan State University：Extending Knowledge to Serve Society. https://outreach.msu.edu/documents/ProvostCommitteeReport_2009ed.pdf.

作用，采用不同比例的定量与定性的指标。①怎样激励？对优秀的教师，可以通过发放荣誉证书、奖励绩效、评职称优先、调岗等举措。其次，要完善高校创业教师的管理机制、组织机制。建立专门的创业教育组织机构指导和协调创业教育相关工作，是做好创业教育的根本保障：一是建立由党政领导、学生、教务、科技、人事等部门等构成的创业领导小组，为进一步做好创业教育工作的顶层设计做整体规划；二是建立创业教育教学指导委员会，就创业教育课程、创业教育教材、创业教育实训、创业教育教学质量标准等方面提出意见和建议；三是建立学校的二级组织机构，即"创业教育中心"或"创业学院"，负责创业教师的聘用、考核、评价、培训和管理；四是在创业教育机构或创业学校内设立创业教育教研室、创业教育教学研究小组，搭建起桥梁，让创业教师相互帮助、学习、合作；五是建立创业实习基地，加强教师的创业实践，促进科技成果的转化。

（三）个人层面：明确创业教师的角色定位

第一，担任自己擅长的创业职位。具有学术创业能力的教师往往具有较高的科学研究水平和领先市场的技术水准，但仅仅依靠技术还不足以实现学术创业，还需要企业管理、统筹规划、市场运作和人际关系能力等。②在美国，许多有创业念头的大学教师不会立即采取创业行动，而是先到别的公司兼职，或与别人合作创办公司，积累一些经验，学会经营流程和管理方式，找到合适的时间再自己创办公司。另外，许多成功创业的大学教师往往不会担任首席执行官的职位，而是去做自己最擅长的工作（比如担任首席技术官），聘请职业经理人来经营公司。通过这种方式，企业不仅能够稳步、迅速地发展，而且能使创业教师有更多的时间从事教育和研究。

第二，合理选择学术创业的方式。学术创业的方式多种多样，包括咨询顾问、合同研究、专利许可、技术转让、成立公司等。在高校中，不同的学术创业形式与传统高校教师的角色定位存在差异，在企业中担任顾问或从事合同研究与高校教师的角色定位差别最小，在专利授权和技术转移方面存在角色上的差别居中，而创办公司的角色差别最大。所以，美国研究型大学教师通常选择相对于传

---

① 周杨. 2018. 我国高校创业教育师资队伍建设研究：基于6所美国大学的启示. 太原城市职业技术学院学报，（1）：147-148.

② 殷朝晖，李瑞君. 2018. 美国研究型大学教师学术创业及其启示. 教育科学，（3）：88-94.

统角色差别不大的学术创业模式，如顾问咨询、合同研究等；如果选择创办公司，则代表着学术和创业交融的"混合角色"（既是学者又是企业家），而且是循序渐进地成功转型，在某种意义上，可以避免学者和创业者的角色冲突。①

## 三、应用型高校教师离岗创业的制度路径之三：具体路径

在国家实施创新驱动发展战略的背景下，我国应用型高校之间的竞争日趋激烈，教师创业的成果逐步成为应用型高校是否具备核心竞争力的重要体现。②结合美、英、德大学教师学术创业的政策与规章制度，充分分析我国应用型高校教师离岗创业的现状，能够为我国应用型高校教师离岗创业指引具体路径。

### （一）优化顶层制度设计，激发教师离岗创业动力

面对目前我国教师创业政策依然停留在宏观层面、实施力度不够的现实状况，需要不断优化顶层制度设计并对此进行科学规划，既要厘清目前出台的政策对创业教师的激励作用是否到位，还要深挖教师创业内在动力不足的原因。建议从以下四个维度出台针对性强、操作性强的激励制度与政策。其一，建立规范的岗位分类聘任制度，尊重教师的多元角色与需求，明确学术创业型教师的具体职责。与传统的教学科研型教师相比，学术创业专职岗位不需要完成大量的教学和科研任务，以保证充足的时间和精力用来参与创业活动。其二，构建科学的教师创业评价机制，在关系到教师切身利益的工资待遇、职称评定和职务晋升方面，制定切实可行的激励措施。比如在进行职级晋升时，可以把对高校产学研合作的贡献、科研成果转化率、所创公司纳税额或市场化需求等突出"学术价值"和"社会贡献"的指标作为重要依据进行评价。其三，构建多渠道的教师创业资金保障体系，确保除了政府的专项科研经费投入和非政府机构或基金的出资赞助外，高校能够结合自身的特色和优势，通过科技成果转让、创办衍生公司、校企合作等方式获得创业资金。其四，构建系统的创业教师培训机制，满足协同性强、开放度高、信息多元化等要求，提供创业流程、模型发展、企业计划、市场

---

① Jain S，George G，Maltarich M. 2009. Academics or entrepreneurs? Investigating role identity modification of university scientists involved in commercialization activity. Research Policy，38（6）：922-935.

② 赵来，谷家川. 2017. 应用型本科院校创新创业师资队伍建设思考：借鉴美国的经验和启示. 黑龙江工业学院学报（综合版），（5）：23-29.

营销等培训内容，提高教师的创业能力，鼓励并支持教师的学术创业实践活动，以此解决我国应用型高校中学术技术带头人、青年骨干教师、"双师型"教师、课程建设能力等培训内容占主导地位而创新创业培训并不多见的问题。

（二）落实利益冲突政策，监管教师离岗创业流程

高校创业教师往往身兼数职，传统的教学科研与学术创业活动之间具备不同的性质、目的、导向以及科学规范，往往存在角色和潜在的利益冲突。美国一流大学的学术创业实践证明，通过细化利益冲突政策、设计合理的标准与措施，教学科研与学术创业之间可以实现某种程度的平衡，或者至少以低冲突的形式圆融共生。

基于此，应用型高校可以从以下两方面来落实利益冲突政策内容，从而降低教师创业风险。其一，以"传统使命为上"为基本原则，划定创业教师的行为边界。在创业实践方面，学术创业教师如果创办高校衍生公司，教师本人能以"公司顾问"的身份参与管理，但不允许担任该公司的管理要职，也不允许接受该公司任何形式的资金赞助。在创业时长方面，无论是离岗创业还是在职创业，都需合理限制具体的时间，确保教师不会因为创业活动而抛弃高校教师的传统使命和降低对学校的忠诚度。至于所产生的潜在冲突，应设立专业机构（包括利益冲突委员会、教师创业监管部门等），定期检查创业教师经济利益披露报告和财务利益清单，并决定冲突是否可控以及是否实施中断举措。其二，以"损益补偿"为基本规律，平衡创业活动中的所有收益。高校教师的学术创业活动所包括的利益相关者是教师自己、教师所在部门、教师所在院系、教师所在学校、技术转移办公室、相关企业。除去应扣除的相关费用，应用型高校应该制定合理的收益分配政策，保证教师学术创业积极性的同时，兼顾其他相关利益者的参与积极性，从而保证教师专心创业活动，不会因其他事务分心。

（三）健全配套服务组织，规范教师离岗创业生态

目前国内众多应用型高校成立了创新创业中心，但与专业的融合不理想。良好的创业生态环境不仅能够激发教师创业的积极性，还能够促进创业型企业的生存与发展。建议应以高校为主体，加强与政府、社会、其他高校的协同效应，以共同规范教师学术创业生态。其一，健全学术创业的服务组织。落实"校企合

作"机制，加快建设高校的技术转移办公室，协助创业教师申请知识产权以及获得商业化资金；不断完善创业中心、科技园、创业实训基地，教师创业孵化基地等，在市场评估、产品开发、资金筹集等方面发挥重要作用，不仅为有意愿的教师提供创业实践体验，而且为科技成果转化提供"孵化"空间，有利于缓解创业教师资金和时间上的压力，也为积极发展高校衍生公司奠定良好基础。其二，提升相匹配的创业服务能力。尽管部分应用型高校已经设立科技园、技术转移办公室、产学研中心等配套的创业服务组织，且组织的管理人员拥有高学历和高职称，但队伍结构较为单一，缺乏多样化的学科比例、专业培训和实践经验，无法保证创业服务能力的高效性。因此，在人员配置方面，可以丰富不同学科背景的管理人员，形成高素质的学术创业服务团队；在业务能力方面，定期组织专业化的创业指导培训，使创业服务人员熟知科研成果所有权保护、股权、专利、创办公司的具体流程等相关规章制度和法律措施，整体提升业务水平。

（四）巩固专业发展内核，增强教师创业文化认同

应用型高校多数创业教师具有丰富的知识储备以及专业的创业经历，其创新创业信念是对学术创业和创新创业基本观点的真实反馈，影响着教师的学术创业行为和对学术创业文化的认同。

首先，应用型高校教师从事学术创业工作，要保持理性头脑对学术创业活动拥有正确认识，切勿将其视为职称评比或职位晋升的筹码，抑或将学术创业过程简单理解为创业知识的增长和创业技能的尝试，而应将最新的研究成果回馈社会和服务广泛的公共利益。这不仅是保持教师学术创业文化认同的根本，还是高校教师学术创业不同于其他社会组织创业的逻辑起点。

其次，应用型高校教师学术创业实践和培训需适应现代教育发展要求，不断提升教师的学术创业能力，巩固其专业发展内核，不仅使教师对所从事的学术创业活动始终有自豪感与责任感，也使社会各界对高校教师学术创业文化增加一份肯定与认同。另外，学术创业活动整个流程的动态变化及某些程序的复杂琐碎均要求创业教师时刻反思专业发展、提升专业素养。专业素养包括理论知识结构和创业实践能力两个维度：在理论知识结构维度，学术创业教师应通过主动参加教学研讨班、专题讲座、学术沙龙、校本培训等在岗研修方式拓展自己在创业学、管理学、经济学、心理学等跨学科领域的综合知识；在创业实践能力维度，学术

创业教师应该从企业兼职迈出第一步，过渡到企业担任职位、开办初创企业或孵化公司等方式，稳步提升学术创业能力。

最后，形成专业且高效的应用型教师创业培训体系，能够推动创业教师专注个人的专业发展，构建正确的文化认知，形成合理的创业规划，提升多元的创业能力。应用型高校在对创业教师进行师资培训时，存在学科跨度较大、对教师的综合能力要求较高的现实挑战，因此相较于整体集中的教师培训体系，分散控制的培训模式更有助于提高培训的效率和目标针对性，整合优势资源高效传递知识与技能，极大降低了师资培训成本。[1]我国的应用型高校应该重视对学术创业教师的专业化培训，形成一套切实可行的培训方案。

---

[1] Lynch J P, Law K H. 2011-11-25. Decentralized Control Techniques for Large-scale Civil Structural Systems. http://171.67.88.83/publications/jerry_lynch/IMACXXPaper2Control.pdf.

# 后 记
## AFTERWORD

获悉本书即将付梓出版，我如释重负！我深知，这不仅是我的个人成果，更是我们团队多年来共同努力的结晶。

这本专著是我主持的国家社科基金教育学一般项目"应用型高校教师离岗创业的动力机制与制度路径研究"的成果。几年来，我和我的研究团队在充分吸收政策决策与执行理论、学术资本转化理论、利益相关者理论、成本收益分析以及新制度主义等理论营养的基础上，通过大量的实地调研、深入访谈和案例分析，对应用型高校教师离岗创业的动力机制与制度路径进行了较为深入的研究，做了较具创新性的探索。比如，应用型高校教师离岗创业不仅具有经济学意义，更具有教育学价值：教师的离岗创业为大学生的创新创业提供了学习和借鉴的典范与标杆、创新创业的平台与机会、创新创业的成功案例与经验叙事等。教师离岗创业结束，回归原岗位工作后，具有更加丰富的创业经验和实践实训的能力，这也有利于一流师资队伍建设。这些都是建设一流本科教育的有效路径。我们的研究表明，应从多个维度激发应用型高校教师的离岗创业动力：一是要从高校领导的特色办学理念与创新创业政策认同、应用型高校的使命拓展与社会责任认知、离岗创业教师对高校创业教育的多元反哺、高校人力资源管理代价等方面激发应用型高校对教师离岗创业的支持。二是要激发教师个体自我成就内驱力，提升教师自身创业核心素养能力，加强社会家庭外在环境的保障力等。三是要完善政府规制性政策与高校规范性制度，形成高校教师离岗创业的制度合力，政府创业文化建设、社会创业环境影响以及社会对教师离岗创业的价值认同形成创业文化和价值的聚合力。制度合力和社会文化聚合力作为高校教师离岗创业的外部环境因素构成推动教师离岗创业的外部推动力量，这些外部动力与教师创业的内生变革动力共同作用、联合发力，构建推动教师离岗创业的联动动力机制。我们期望通过这一研究为各级政府机构政策决策、应用型高校对教师离岗创业态度，以及教师离岗创业的意愿提升与绩效增进等提供学理支持和行动建议。

专著的出版是一个艰辛而又充实的过程。本书的总体设计、框架结构与主要观点假设的凝练、课题研究的统筹实施等主要由罗红艳和唐香玉完成；第一章主要由王若南、郁涵阳完成；第二章主要由胡潇萌完成；第三章主要由郁涵阳完成；第四章主要由吴丹完成；第五章主要由武晶完成；第六章主要由杨莉完成；第七章主要由吉冰冰完成。后期，团队成员克服困难，加班加点，在一年多的时间里完成了十余轮的修改完善和反复打磨，为本书的顺利出版奠定了坚实的基础。尤其是唐香玉老师和吴丹博士，全程参与了书稿统筹、修改、排版和校对等工作。在此，向他们的辛苦付出表示衷心的感谢！

衷心感谢河南师范大学教育学部卫倩平老师、李双侠老师在问卷编制和数据处理等过程中提供的大力支持和帮助！此外，我的博士生董华明、刘一夫、吕莹、吕莎、郭玲玲、崔静、李晓静、段娜、葛元涛等以及部分硕士生也参与了书稿后期的校对修改过程中工作。

衷心感谢科学出版社崔文燕编辑！她对本书稿进行了严格的审阅，提出了宝贵的修改意见，她严谨认真、专业高效、精益求精的精神也令我们印象深刻并深感钦佩！

衷心感谢全国教育科学规划办公室对我们项目的资助和支持，感谢河南师范大学党委常委和副校长李雪山教授、副校长宋晔教授及社科处同仁对课题研究与书稿撰写的关心、支持。没有这些支持，这本专著无法如期完成，它是每一位支持者共同努力的成果，也是对我们团队最大的鼓励和肯定！

最后，我想再次向所有参与本书研究和出版的团队成员致以诚挚的谢意，感谢你们的辛勤付出和坚定信念。无论是在研究的日日夜夜，还是在编写的紧张时刻，每个人都为这本专著贡献了自己的力量。愿这本专著能够引起更多相关领域的学者和从业者的关注，促进更多深入的讨论和研究，共同推动应用型高校良性转型，最大限度地激发应用型高校教师积极投身国家"双创"战略的内生动力，进而激发全社会创新动能，最终汇聚成推动教育科技人才一体化推进中国式现代化的磅礴力量！